权威·前沿·原创

**皮书系列为
"十二五"国家重点图书出版规划项目**

社长致辞

我们是图书出版者,更是人文社会科学内容资源供应商;

我们背靠中国社会科学院,面向中国与世界人文社会科学界,坚持为人文社会科学的繁荣与发展服务;

我们精心打造权威信息资源整合平台,坚持为中国经济与社会的繁荣与发展提供决策咨询服务;

我们以读者定位自身,立志让爱书人读到好书,让求知者获得知识;

我们精心编辑、设计每一本好书以形成品牌张力,以优秀的品牌形象服务读者,开拓市场;

我们始终坚持"创社科经典,出传世文献"的经营理念,坚持"权威、前沿、原创"的产品特色;

我们"以人为本",提倡阳光下创业,员工与企业共享发展之成果;

我们立足于现实,认真对待我们的优势、劣势,我们更着眼于未来,以不断的学习与创新适应不断变化的世界,以不断的努力提升自己的实力;

我们愿与社会各界友好合作,共享人文社会科学发展之成果,共同推动中国学术出版乃至内容产业的繁荣与发展。

社会科学文献出版社社长
中国社会学会秘书长

2015 年 1 月

社会科学文献出版社　　　　　　　　**皮书系列**

❖ 皮书起源 ❖

"皮书"起源于十七、十八世纪的英国,主要指官方或社会组织正式发表的重要文件或报告,多以"白皮书"命名。在中国,"皮书"这一概念被社会广泛接受,并被成功运作、发展成为一种全新的出版形态,则源于中国社会科学院社会科学文献出版社。

❖ 皮书定义 ❖

皮书是对中国与世界发展状况和热点问题进行年度监测,以专业的角度、专家的视野和实证研究方法,针对某一领域或区域现状与发展态势展开分析和预测,具备权威性、前沿性、原创性、实证性、时效性等特点的连续性公开出版物,由一系列权威研究报告组成。皮书系列是社会科学文献出版社编辑出版的蓝皮书、绿皮书、黄皮书等的统称。

❖ 皮书作者 ❖

皮书系列的作者以中国社会科学院、著名高校、地方社会科学院的研究人员为主,多为国内一流研究机构的权威专家学者,他们的看法和观点代表了学界对中国与世界的现实和未来最高水平的解读与分析。

❖ 皮书荣誉 ❖

皮书系列已成为社会科学文献出版社的著名图书品牌和中国社会科学院的知名学术品牌。2011年,皮书系列正式列入"十二五"国家重点出版规划项目;2012~2014年,重点皮书列入中国社会科学院承担的国家哲学社会科学创新工程项目;2015年,41种院外皮书使用"中国社会科学院创新工程学术出版项目"标识。

经 济 类

经济类皮书涵盖宏观经济、城市经济、大区域经济，提供权威、前沿的分析与预测

经济蓝皮书
2015年中国经济形势分析与预测

李 扬 / 主编　　2014年12月出版　　定价：69.00元

◆ 本书课题为"总理基金项目"，由著名经济学家李扬领衔，联合数十家科研机构、国家部委和高等院校的专家共同撰写，对2014年中国宏观及微观经济形势进行了深入分析，并且提出了2015年经济走势的预测。

城市竞争力蓝皮书
中国城市竞争力报告 No.13

倪鹏飞 / 主编　　2015年5月出版　　估价：89.00元

◆ 本书由中国社会科学院城市与竞争力研究中心主任倪鹏飞主持编写，汇集了众多研究城市经济问题的专家学者关于城市竞争力研究的最新成果。本报告构建了一套科学的城市竞争力评价指标体系，采用第一手数据材料，对国内重点城市年度竞争力格局变化进行客观分析和综合比较、排名，对研究城市经济及城市竞争力极具参考价值。

西部蓝皮书
中国西部发展报告（2015）

姚慧琴　徐璋勇 / 主编　　2015年7月出版　　估价：89.00元

◆ 本书由西北大学中国西部经济发展研究中心主编，汇集了源自西部本土以及国内研究西部问题的权威专家的第一手资料，对国家实施西部大开发战略进行年度动态跟踪，并对2015年西部经济、社会发展态势进行预测和展望。

皮书系列 重点推荐 — 经济类

中部蓝皮书
中国中部地区发展报告（2015）

喻新安 / 主编　　2015 年 5 月出版　　估价 :69.00 元

◆ 本书敏锐地抓住当前中部地区经济发展中的热点、难点问题，紧密地结合国家和中部经济社会发展的重大战略转变，对中部地区经济发展的各个领域进行了深入、全面的分析研究，并提出了具有理论研究价值和可操作性强的政策建议。

世界经济黄皮书
2015 年世界经济形势分析与预测

王洛林　张宇燕 / 主编　　2015 年 1 月出版　　定价 :69.00 元

◆ 本书为"十二五"国家重点图书出版规划项目，中国社会科学院创新工程学术出版资助项目，作者来自中国社会科学院世界经济与政治研究所。该书总结了 2014 年世界经济发展的热点问题，对 2015 年世界经济形势进行了分析与预测。

中国省域竞争力蓝皮书
中国省域经济综合竞争力发展报告（2013~2014）

李建平　李闽榕　高燕京 / 主编　　2015 年 2 月出版　　定价 :198.00 元

◆ 本书充分运用数理分析、空间分析、规范分析与实证分析相结合、定性分析与定量分析相结合的方法，建立起比较科学完善、符合中国国情的省域经济综合竞争力指标评价体系及数学模型，对 2012~2013 年中国内地 31 个省、市、区的经济综合竞争力进行全面、深入、科学的总体评价与比较分析。

城市蓝皮书
中国城市发展报告 No.8

潘家华　魏后凯 / 主编　　2015 年 9 月出版　　估价 :69.00 元

◆ 本书由中国社会科学院城市发展与环境研究中心编著，从中国城市的科学发展、城市环境可持续发展、城市经济集约发展、城市社会协调发展、城市基础设施与用地管理、城市管理体制改革以及中国城市科学发展实践等多角度、全方位地立体展示了中国城市的发展状况，并对中国城市的未来发展提出了建议。

金融蓝皮书

中国金融发展报告（2015）

李扬 王国刚 / 主编 2014 年 12 月出版 定价 :75.00 元

◆ 由中国社会科学院金融研究所组织编写的《中国金融发展报告（2015）》，概括和分析了 2014 年中国金融发展和运行中的各方面情况,研讨和评价了 2014 年发生的主要金融事件。本书由业内专家和青年精英联合编著,有利于读者了解掌握 2014 年中国的金融状况,把握 2015 年中国金融的走势。

低碳发展蓝皮书

中国低碳发展报告（2015）

齐晔 / 主编 2015 年 4 月出版 估价 :89.00 元

◆ 本书对中国低碳发展的政策、行动和绩效进行科学、系统、全面的分析。重点是通过归纳中国低碳发展的绩效,评估与低碳发展相关的政策和措施,分析政策效应的制度背景和作用机制,为进一步的政策制定、优化和实施提供支持。

经济信息绿皮书

中国与世界经济发展报告（2015）

杜平 / 主编 2014 年 12 月出版 定价 :79.00 元

◆ 本书由国家信息中心继续组织有关专家编撰。由国家信息中心组织专家队伍编撰,对 2014 年国内外经济发展环境、宏观经济发展趋势、经济运行中的主要矛盾、产业经济和区域经济热点、宏观调控政策的取向进行了系统的分析预测。

低碳经济蓝皮书

中国低碳经济发展报告（2015）

薛进军 赵忠秀 / 主编 2015 年 5 月出版 估价 :69.00 元

◆ 本书是以低碳经济为主题的系列研究报告,汇集了一批罗马俱乐部核心成员、IPCC 工作组成员、碳排放理论的先驱者、政府气候变化问题顾问、低碳社会和低碳城市计划设计人等世界顶尖学者、对气候变化政策制定、特别是中国的低碳经济经济发展有特别参考意义。

社 会 政 法 类

社会政法类皮书聚焦社会发展领域的热点、难点问题，
提供权威、原创的资讯与视点

社会蓝皮书

2015年中国社会形势分析与预测

李培林　陈光金　张 翼／主编　2014年12月出版　定价：69.00元

◆ 本报告是中国社会科学院"社会形势分析与预测"课题组2014年度分析报告，由中国社会科学院社会学研究所组织研究机构专家、高校学者和政府研究人员撰写。对2014年中国社会发展的各个方面内容进行了权威解读，同时对2015年社会形势发展趋势进行了预测。

法治蓝皮书

中国法治发展报告No.13（2015）

李 林　田 禾／主编　2015年3月出版　定价：105.00元

◆ 本年度法治蓝皮书一如既往秉承关注中国法治发展进程中的焦点问题的特点，回顾总结了2014年度中国法治发展取得的成就和存在的不足，并对2015年中国法治发展形势进行了预测和展望。

环境绿皮书

中国环境发展报告（2015）

刘鉴强／主编　　2015年5月出版　　估价：79.00元

◆ 本书由民间环保组织"自然之友"组织编写，由特别关注、生态保护、宜居城市、可持续消费以及政策与治理等版块构成，以公共利益的视角记录、审视和思考中国环境状况，呈现2014年中国环境与可持续发展领域的全局态势，用深刻的思考、科学的数据分析2014年的环境热点事件。

社会政法类　皮书系列 重点推荐

反腐倡廉蓝皮书

中国反腐倡廉建设报告 No.4

李秋芳　张英伟 / 主编　2014 年 12 月出版　　定价 :79.00 元

◆ 本书抓住了若干社会热点和焦点问题，全面反映了新时期新阶段中国反腐倡廉面对的严峻局面，以及中国共产党反腐倡廉建设的新实践新成果。根据实地调研、问卷调查和舆情分析，梳理了当下社会普遍关注的与反腐败密切相关的热点问题。

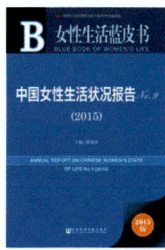

女性生活蓝皮书

中国女性生活状况报告 No.9（2015）

韩湘景 / 主编　2015 年 4 月出版　估价 :79.00 元

◆ 本书由中国妇女杂志社、华坤女性生活调查中心和华坤女性消费指导中心组织编写，通过调查获得的大量调查数据，真实展现当年中国城市女性的生活状况、消费状况及对今后的预期。

华侨华人蓝皮书

华侨华人研究报告 (2015)

贾益民 / 主编　2015 年 12 月出版　估价 :118.00 元

◆ 本书为中国社会科学院创新工程学术出版资助项目，是华侨大学向世界提供最新涉侨动态、理论研究和政策建议的平台。主要介绍了相关国家华侨华人的规模、分布、结构、发展趋势，以及全球涉侨生存安全环境和华文教育情况等。

政治参与蓝皮书

中国政治参与报告（2015）

房　宁 / 主编　2015 年 7 月出版　估价 :105.00 元

◆ 本书作者均来自中国社会科学院政治学研究所，聚焦中国基层群众自治的参与情况介绍了城镇居民的社区建设与居民自治参与和农村居民的村民自治与农村社区建设参与情况。其优势是其指标评估体系的建构和问卷调查的设计专业，数据量丰富，统计结论科学严谨。

行业报告类

行业报告类皮书立足重点行业、新兴行业领域，
提供及时、前瞻的数据与信息

房地产蓝皮书
中国房地产发展报告No.12（2015）

魏后凯　李景国/主编　　2015年5月出版　　估价:79.00元

◆ 本书汇集了众多研究城市房地产经济问题的专家、学者关于城市房地产方面的最新研究成果。对2014年我国房地产经济发展状况进行了回顾，并做出了分析，全面翔实而又客观公正，同时，也对未来我国房地产业的发展形势做出了科学的预测。

保险蓝皮书
中国保险业竞争力报告（2015）

姚庆海　王力/主编　2015年12出版　　估价:98.00元

◆ 本皮书主要为监管机构、保险行业和保险学界提供保险市场一年来发展的总体评价，外在因素对保险业竞争力发展的影响研究；国家监管政策、市场主体经营创新及职能发挥、理论界最新研究成果等综述和评论。

企业社会责任蓝皮书
中国企业社会责任研究报告（2015）

黄群慧　彭华岗　钟宏武　张蒽/编著
2015年11月出版　　估价:69.00元

◆ 本书系中国社会科学院经济学部企业社会责任研究中心组织编写的《企业社会责任蓝皮书》2015年分册。该书在对企业社会责任进行宏观总体研究的基础上，根据2014年企业社会责任及相关背景进行了创新研究，在全国企业中观层面对企业健全社会责任管理体系提供了弥足珍贵的丰富信息。

行业报告类　皮书系列 重点推荐

投资蓝皮书
中国投资发展报告（2015）
杨庆蔚 / 主编　　2015 年 4 月出版　　估价：128.00 元

◆ 本书是中国建银投资有限责任公司在投资实践中对中国投资发展的各方面问题进行深入研究和思考后的成果。投资包括固定资产投资、实业投资、金融产品投资、房地产投资等诸多领域，尝试将投资作为一个整体进行研究，能够较为清晰地展现社会资金流动的特点，为投资者、研究者、甚至政策制定者提供参考。

住房绿皮书
中国住房发展报告（2014~2015）
倪鹏飞 / 主编　　2014 年 12 月出版　　定价：79.00 元

◆ 本报告从宏观背景、市场主体、市场体系和公共政策四个方面，对中国住宅市场体系做了全面系统的分析、预测与评价，并给出了相关政策建议，并在评述 2013~2014 年住房及相关市场走势的基础上，预测了 2014~2015 年住房及相关市场的发展变化。

人力资源蓝皮书
中国人力资源发展报告（2015）
余兴安 / 主编　　2015 年 9 月出版　　估价：79.00 元

◆ 本书是在人力资源和社会保障部部领导的支持下，由中国人事科学研究院汇集我国人力资源开发权威研究机构的诸多专家学者的研究成果编写而成。作为关于人力资源的蓝皮书，本书通过充分利用有关研究成果，更广泛、更深入地展示近年来我国人力资源开发重点领域的研究成果。

汽车蓝皮书
中国汽车产业发展报告（2015）
国务院发展研究中心产业经济研究部　中国汽车工程学会
大众汽车集团（中国）/ 主编　　2015 年 7 月出版　　估价：128.00 元

◆ 本书由国务院发展研究中心产业经济研究部、中国汽车工程学会、大众汽车集团（中国）联合主编，是关于中国汽车产业发展的研究性年度报告，介绍并分析了本年度中国汽车产业发展的形势。

国别与地区类

国别与地区类皮书关注全球重点国家与地区，提供全面、独特的解读与研究

亚太蓝皮书

亚太地区发展报告（2015）

李向阳 / 主编　　2015年1月出版　　定价：59.00元

◆ 本书是由中国社会科学院亚太与全球战略研究院精心打造的品牌皮书，关注时下亚太地区局势发展动向里隐藏的中长趋势，剖析亚太地区政治与安全格局下的区域形势最新动向以及地区关系发展的热点问题，并对2015年亚太地区重大动态做出前瞻性的分析与预测。

日本蓝皮书

日本研究报告（2015）

李 薇 / 主编　　2015年4月出版　　估价：69.00元

◆ 本书由中华日本学会、中国社会科学院日本研究所合作推出，是以中国社会科学院日本研究所的研究人员为主完成的研究成果。对2014年日本的政治、外交、经济、社会文化作了回顾、分析与展望，并收录了该年度日本大事记。

德国蓝皮书

德国发展报告（2015）

郑春荣 伍慧萍 / 主编　　2015年6月出版　　估价：69.00元

◆ 本报告由同济大学德国研究所组织编撰，由该领域的专家学者对德国的政治、经济、社会文化、外交等方面的形势发展情况，进行全面的阐述与分析。德国作为欧洲大陆第一强国，与中国各方面日渐紧密的合作关系，值得国内各界深切关注。

国际形势黄皮书
全球政治与安全报告（2015）

李慎明 张宇燕 / 主编　2015年1月出版　定价:69.00元

◆ 本书为"十二五"国家重点图书出版规划项目、中国社会科学院创新工程学术出版资助项目，为"国际形势黄皮书"系列年度报告之一。报告旨在对本年度国际政治及安全形势的总体情况和变化进行回顾与分析，并提出一定的预测。

拉美黄皮书
拉丁美洲和加勒比发展报告（2014~2015）

吴白乙 / 主编　2015年4月出版　估价:89.00元

◆ 本书是中国社会科学院拉丁美洲研究所的第14份关于拉丁美洲和加勒比地区发展形势状况的年度报告。本书对2014年拉丁美洲和加勒比地区诸国的政治、经济、社会、外交等方面的发展情况做了系统介绍，对该地区相关国家的热点及焦点问题进行了总结和分析，并在此基础上对该地区各国2015年的发展前景做出预测。

美国蓝皮书
美国研究报告（2015）

黄平　郑秉文 / 主编　2015年7月出版　估价:89.00元

◆ 本书是由中国社会科学院美国所主持完成的研究成果，它回顾了美国2014年的经济、政治形势与外交战略，对2014年以来美国内政外交发生的重大事件以及重要政策进行了较为全面的回顾和梳理。

大湄公河次区域蓝皮书
大湄公河次区域合作发展报告（2015）

刘稚 / 主编　2015年9月出版　估价:79.00元

◆ 云南大学大湄公河次区域研究中心深入追踪分析该区域发展动向，以把握全面、突出重点为宗旨，系统介绍和研究大湄公河次区域合作的年度热点和重点问题，展望次区域合作的发展趋势，并对新形势下我国推进次区域合作深入发展提出相关对策建议。

地方发展类

地方发展类皮书关注大陆各省份、经济区域，提供科学、多元的预判与咨政信息

北京蓝皮书
北京公共服务发展报告（2014~2015）

施昌奎 / 主编　2015年1月出版　定价：69.00元

◆ 本书是由北京市政府职能部门的领导、首都著名高校的教授、知名研究机构的专家共同完成的关于北京市公共服务发展与创新的研究成果。内容涉及了北京市公共服务发展的方方面面，既有综述性的总报告，也有细分的情况介绍，既有对北京各个城区的综合性描述，也有对局部、细部、具体问题的分析，对年度热点问题也都有涉及。

上海蓝皮书
上海经济发展报告（2015）

沈开艳 / 主编　2015年1月出版　定价:69.00元

◆ 本书系上海社会科学院系列之一，报告对2015年上海经济增长与发展趋势的进行了预测，把握了上海经济发展的脉搏和学术研究的前沿。

广州蓝皮书
广州经济发展报告（2015）

李江涛　朱名宏 / 主编　2015年5月出版　估价:69.00元

◆ 本书是由广州市社会科学院主持编写的"广州蓝皮书"系列之一，本报告对广州2014年宏观经济运行情况作了深入分析，对2015年宏观经济走势进行了合理预测，并在此基础上提出了相应的政策建议。

 文化传媒类 皮书系列 重点推荐

文化传媒类

文化传媒类皮书透视文化领域、文化产业，探索文化大繁荣、大发展的路径

新媒体蓝皮书
中国新媒体发展报告 No.5（2015）

唐绪军 / 主编　　2015 年 6 月出版　　估价 :79.00 元

◆ 本书由中国社会科学院新闻与传播研究所和上海大学合作编写，在构建新媒体发展研究基本框架的基础上，全面梳理 2014 年中国新媒体发展现状，发表最前沿的网络媒体深度调查数据和研究成果，并对新媒体发展的未来趋势做出预测。

舆情蓝皮书
中国社会舆情与危机管理报告（2015）

谢耘耕 / 主编　　2015 年 8 月出版　　估价 :98.00 元

◆ 本书由上海交通大学舆情研究实验室和危机管理研究中心主编，已被列入教育部人文社会科学研究报告培育项目。本书以新媒体环境下的中国社会为立足点，对 2014 年中国社会舆情、分类舆情等进行了深入系统的研究，并预测了 2015 年社会舆情走势。

文化蓝皮书
中国文化产业发展报告（2015）

张晓明　王家新　章建刚 / 主编　　2015 年 4 月出版　　估价 :79.00 元

◆ 本书由中国社会科学院文化研究中心编写。从 2012 年开始，中国社会科学院文化研究中心设立了国内首个文化产业的研究类专项资金——"文化产业重大课题研究计划"，开始在全国范围内组织多学科专家学者对我国文化产业发展重大战略问题进行联合攻关研究。本书集中反映了该计划的研究成果。

经济类

G20国家创新竞争力黄皮书
二十国集团（G20）国家创新竞争力发展报告（2015）
著(编)者：黄茂兴 李闽榕 李建平 赵新力
2015年9月出版 / 估价:128.00元

产业蓝皮书
中国产业竞争力报告（2015）
著(编)者：张其仔 2015年5月出版 / 估价:79.00元

长三角蓝皮书
2015年全面深化改革中的长三角
著(编)者：张伟斌 2015年10月出版 / 估价:69.00元

城乡一体化蓝皮书
中国城乡一体化发展报告（2015）
著(编)者：付崇兰 汝信 2015年12月出版 / 估价:79.00元

城市创新蓝皮书
中国城市创新报告（2015）
著(编)者：周天勇 旷建伟 2015年8月出版 / 估价:69.00元

城市竞争力蓝皮书
中国城市竞争力报告（2015）
著(编)者：倪鹏飞 2015年5月出版 / 估价:89.00元

城市蓝皮书
中国城市发展报告NO.8
著(编)者：潘家华 魏后凯 2015年9月出版 / 估价:69.00元

城市群蓝皮书
中国城市群发展指数报告（2015）
著(编)者：刘新静 刘士林 2015年10月出版 / 估价:59.00元

城乡统筹蓝皮书
中国城乡统筹发展报告（2015）
著(编)者：潘晨光 程志强 2015年4月出版 / 估价:59.00元

城镇化蓝皮书
中国新型城镇化健康发展报告（2015）
著(编)者：张占斌 2015年5月出版 / 估价:79.00元

低碳发展蓝皮书
中国低碳发展报告（2015）
著(编)者：齐晔 2015年4月出版 / 估价:89.00元

低碳经济蓝皮书
中国低碳经济发展报告（2015）
著(编)者：薛进军 赵忠秀 2015年5月出版 / 估价:69.00元

东北蓝皮书
中国东北地区发展报告（2015）
著(编)者：马克 黄文艺 2015年8月出版 / 估价:79.00元

发展和改革蓝皮书
中国经济发展和体制改革报告（2015）
著(编)者：邹东涛 2015年11月出版 / 估价:98.00元

工业化蓝皮书
中国工业化进程报告（2015）
著(编)者：黄群慧 吕铁 李晓华 2015年11月出版 / 估价:89.00元

国际城市蓝皮书
国际城市发展报告（2015）
著(编)者：屠启宇 2015年1月出版 / 定价:79.00元

国家创新蓝皮书
中国创新发展报告（2015）
著(编)者：陈劲 2015年6月出版 / 估价:59.00元

环境竞争力绿皮书
中国省域环境竞争力发展报告（2015）
著(编)者：李建平 李闽榕 王金南
2015年12月出版 / 估价:198.00元

金融蓝皮书
中国金融发展报告（2015）
著(编)者：李扬 王国刚 2014年12月出版 / 定价:75.00元

金融信息服务蓝皮书
金融信息服务发展报告（2015）
著(编)者：鲁广锦 殷剑峰 林义相 2015年6月出版 / 估价:89.00元

经济蓝皮书
2015年中国经济形势分析与预测
著(编)者：李扬 2014年12月出版 / 定价:69.00元

经济蓝皮书·春季号
2015年中国经济前景分析
著(编)者：李扬 2015年5月出版 / 估价:79.00元

经济蓝皮书·夏季号
中国经济增长报告（2015）
著(编)者：李扬 2015年7月出版 / 估价:69.00元

经济信息绿皮书
中国与世界经济发展报告（2015）
著(编)者：杜平 2014年12月出版 / 定价:79.00元

就业蓝皮书
2015年中国大学生就业报告
著(编)者：麦可思研究院 2015年6月出版 / 估价:98.00元

临空经济蓝皮书
中国临空经济发展报告（2015）
著(编)者：连玉明 2015年9月出版 / 估价:79.00元

民营经济蓝皮书
中国民营经济发展报告（2015）
著(编)者：王钦敏 2015年12月出版 / 估价:79.00元

农村绿皮书
中国农村经济形势分析与预测（2014~2015）
著(编)者：中国社会科学院农村发展研究所 国家统计局农村社会经济调查司
2015年4月出版 / 估价:69.00元

农业应对气候变化蓝皮书
气候变化对中国农业影响评估报告（2015）
著(编)者：矫梅燕 2015年8月出版 / 估价:98.00元

皮书系列 2015全品种

经济类・社会政法类

企业公民蓝皮书
中国企业公民报告（2015）
著(编)者：邹东涛　2015年12月出版／估价：79.00元

气候变化绿皮书
应对气候变化报告（2015）
著(编)者：王伟光　郑国光　2015年10月出版／估价：79.00元

区域蓝皮书
中国区域经济发展报告（2015）
著(编)者：梁昊光　2015年4月出版／估价：79.00元

全球环境竞争力绿皮书
全球环境竞争力报告（2015）
著(编)者：李建建　李闽榕　李建平　王金南
2015年12月出版／估价：198.00元

人口与劳动绿皮书
中国人口与劳动问题报告No.15
著(编)者：蔡昉　2015年1月出版／定价：59.00元

世界经济黄皮书
2015年世界经济形势分析与预测
著(编)者：王洛林　张宇燕　2015年1月出版／定价：69.00元

世界旅游城市绿皮书
世界旅游城市发展报告（2015）
著(编)者：鲁勇　周正宇　宋宇　2015年6月出版／估价：88.00元

商务中心区蓝皮书
中国商务中心区发展报告No.1（2014）
著(编)者：魏后凯　李国红　2015年1月出版／定价：89.00元

西北蓝皮书
中国西北发展报告（2015）
著(编)者：赵宗福　孙发平　苏海红　鲁顺元　段庆林
2014年12月出版／定价：79.00元

西部蓝皮书
中国西部发展报告（2015）
著(编)者：姚慧琴　徐璋勇　2015年7月出版／估价：89.00元

新型城镇化蓝皮书
新型城镇化发展报告（2015）
著(编)者：李伟　2015年10月出版／估价：89.00元

新兴经济体蓝皮书
金砖国家发展报告（2015）
著(编)者：林跃勤　周文　2015年7月出版／估价：79.00元

中部竞争力蓝皮书
中国中部经济社会竞争力报告（2015）
著(编)者：教育部人文社会科学重点研究基地
　　　　　南昌大学中国中部经济社会发展研究中心
2015年9月出版／估价：79.00元

中部蓝皮书
中国中部地区发展报告（2015）
著(编)者：喻新安　2015年5月出版／估价：69.00元

中国省域竞争力蓝皮书
中国省域经济综合竞争力发展报告（2013~2014）
著(编)者：李建平　李闽榕　高燕京
2015年2月出版／定价：198.00元

中三角蓝皮书
长江中游城市群发展报告（2015）
著(编)者：秦尊文　2015年10月出版／估价：69.00元

中小城市绿皮书
中国中小城市发展报告（2015）
著(编)者：中国城市经济学会中小城市经济发展委员会
　　　　　《中国中小城市发展报告》编纂委员会
　　　　　中小城市发展战略研究院
2015年10月出版／估价：98.00元

中央商务区蓝皮书
中国中央商务区发展报告（2015）
著(编)者：中国商务区联盟
　　　　　中国社会科学院城市发展与环境研究所
2015年10月出版／估价：69.00元

中原蓝皮书
中原经济区发展报告（2015）
著(编)者：李英杰　2015年6月出版／估价：88.00元

社会政法类

北京蓝皮书
中国社区发展报告（2015）
著(编)者：于燕燕　2015年6月出版／估价：69.00元

殡葬绿皮书
中国殡葬事业发展报告（2015）
著(编)者：李伯森　2015年4月出版／估价：59.00元

城市管理蓝皮书
中国城市管理报告（2015）
著(编)者：谭维克　刘林　2015年12月出版／估价：158.00元

城市生活质量蓝皮书
中国城市生活质量报告（2015）
著(编)者：中国经济实验研究院　2015年6月出版／估价：59.00元

城市政府能力蓝皮书
中国城市政府公共服务能力评估报告（2015）
著(编)者：何艳玲　2015年7月出版／估价：59.00元

创新蓝皮书
创新型国家建设报告（2015）
著(编)者：詹正茂　2015年4月出版／估价：69.00元

慈善蓝皮书
中国慈善发展报告（2015）
著(编)者：杨团　2015年5月出版／估价：79.00元

大学生蓝皮书
中国大学生生活形态研究报告（2015）
著(编)者：张新洲　2015年12月出版／估价：69.00元

15

皮书系列 2015全品种　社会政法类

地方法治蓝皮书
中国地方法治发展报告No.1（2014）
著（编）者：李林　田禾　　2015年1月出版 / 定价:98.00元

法治蓝皮书
中国法治发展报告No.13（2015）
著（编）者：李林　田禾　　2015年3月出版 / 定价:105.00元

反腐倡廉蓝皮书
中国反腐倡廉建设报告No.4
著（编）者：李秋芳　张英伟　2014年12月出版 / 定价:79.00元

非传统安全蓝皮书
中国非传统安全研究报告（2015）
著（编）者：余潇枫　魏志江　2015年6月出版 / 估价:79.00元

妇女发展蓝皮书
中国妇女发展报告（2015）
著（编）者：王金玲　　2015年9月出版 / 估价:148.00元

妇女教育蓝皮书
中国妇女教育发展报告（2015）
著（编）者：张李玺　　2015年1月出版 / 估价:78.00元

妇女绿皮书
中国性别平等与妇女发展报告（2015）
著（编）者：谭琳　　2015年12月出版 / 估价:99.00元

公共服务蓝皮书
中国城市基本公共服务力评价（2015）
著（编）者：钟君　吴正杲　2015年12月出版 / 估价:79.00元

公共服务满意度蓝皮书
中国城市公共服务评价报告（2015）
著（编）者：胡伟　　2015年12月出版 / 估价:69.00元

公民科学素质蓝皮书
中国公民科学素质报告（2015）
著（编）者：李群　许佳军　2015年6月出版 / 估价:79.00元

公益蓝皮书
中国公益发展报告（2015）
著（编）者：朱健刚　　2015年5月出版 / 估价:78.00元

管理蓝皮书
中国管理发展报告（2015）
著（编）者：张晓东　　2015年9月出版 / 估价:98.00元

国际人才蓝皮书
中国国际移民报告（2015）
著（编）者：王辉耀　　2015年2月出版 / 定价:79.00元

国际人才蓝皮书
中国海归发展报告（2015）
著（编）者：王辉耀　苗绿　2015年4月出版 / 估价:69.00元

国际人才蓝皮书
中国留学发展报告（2015）
著（编）者：王辉耀　苗绿　2015年9月出版 / 估价:69.00元

国家安全蓝皮书
中国国家安全研究报告（2015）
著（编）者：刘慧　　2015年5月出版 / 估价:98.00元

行政改革蓝皮书
中国行政体制改革报告（2014~2015）
著（编）者：魏礼群　　2015年4月出版 / 估价:89.00元

华侨华人蓝皮书
华侨华人研究报告（2015）
著（编）者：贾益民　　2015年12月出版 / 估价:118.00元

环境绿皮书
中国环境发展报告（2015）
著（编）者：刘鉴强　　2015年5月出版 / 估价:79.00元

基金会蓝皮书
中国基金会发展报告（2015）
著（编）者：刘忠祥　　2015年6月出版 / 估价:69.00元

基金会绿皮书
中国基金会发展独立研究报告（2015）
著（编）者：基金会中心网　2015年8月出版 / 估价:88.00元

基金会透明度蓝皮书
中国基金会透明度发展研究报告（2015）
著（编）者：基金会中心网　清华大学廉政与治理研究中心
2015年9月出版 / 估价:78.00元

教师蓝皮书
中国中小学教师发展报告（2015）
著（编）者：曾晓东　　2015年7月出版 / 估价:59.00元

教育蓝皮书
中国教育发展报告（2015）
著（编）者：杨东平　　2015年5月出版 / 估价:79.00元

科普蓝皮书
中国科普基础设施发展报告（2015）
著（编）者：任福君　　2015年6月出版 / 估价:59.00元

劳动保障蓝皮书
中国劳动保障发展报告（2015）
著（编）者：刘燕斌　　2015年6月出版 / 估价:89.00元

老龄蓝皮书
中国老年宜居环境发展报告(2015)
著（编）者：吴玉韶　　2015年9月出版 / 估价:79.00元

连片特困区蓝皮书
中国连片特困区发展报告（2015）
著（编）者：冷志明　游俊　2015年4月出版 / 估价:79.00元

民间组织蓝皮书
中国民间组织报告(2015)
著（编）者：潘晨光　黄晓勇　2015年8月出版 / 估价:69.00元

民调蓝皮书
中国民生调查报告（2015）
著（编）者：谢耘耕　　2015年5月出版 / 估价:128.00元

民族发展蓝皮书
中国民族区域自治发展报告（2015）
著（编）者：王希恩　郝时远　2015年6月出版 / 估价:98.00元

女性生活蓝皮书
中国女性生活状况报告No.9（2015）
著（编）者：《中国妇女》杂志社　华坤女性生活调查中心　华坤女性消费指导中心
2015年4月出版 / 估价:79.00元

16　权威 前沿 原创

皮书系列 2015全品种 — 社会政法类

企业公众透明度蓝皮书
中国企业公众透明度报告(2014~2015)No.1
著(编)者：黄速建　王晓光　肖红军
2015年1月出版　定价：98.00元

企业国际化蓝皮书
中国企业国际化报告(2015)
著(编)者：王辉耀　2015年10月出版　估价：79.00元

汽车社会蓝皮书
中国汽车社会发展报告（2015）
著(编)者：王俊秀　2015年4月出版　估价：59.00元

青年蓝皮书
中国青年发展报告No.3
著(编)者：廉思　2015年4月出版　估价：59.00元

区域人才蓝皮书
中国区域人才竞争力报告（2015）
著(编)者：桂昭明　王辉耀　2015年6月出版　估价：69.00元

群众体育蓝皮书
中国群众体育发展报告（2015）
著(编)者：刘国永　杨桦　2015年8月出版　估价：69.00元

人才蓝皮书
中国人才发展报告（2015）
著(编)者：潘晨光　2015年8月出版　估价：85.00元

人权蓝皮书
中国人权事业发展报告（2015）
著(编)者：中国人权研究会　2015年8月出版　估价：99.00元

森林碳汇绿皮书
中国森林碳汇评估发展报告（2015）
著(编)者：闫文德　胡文臻　2015年9月出版　估价：79.00元

社会保障绿皮书
中国社会保障发展报告（2015）
著(编)者：王延中　2015年6月出版　估价：79.00元

社会工作蓝皮书
中国社会工作发展报告（2015）
著(编)者：民政部社会工作研究中心
2015年8月出版　估价：79.00元

社会管理蓝皮书
中国社会管理创新报告（2015）
著(编)者：连玉明　2015年9月出版　估价：89.00元

社会蓝皮书
2015年中国社会形势分析与预测
著(编)者：李培林　陈光金　张翼
2014年12月出版　定价：69.00元

社会体制蓝皮书
中国社会体制改革报告（2015）
著(编)者：龚维斌　2015年5月出版　估价：79.00元

社会心态蓝皮书
中国社会心态研究报告（2015）
著(编)者：王俊秀　杨宜音　2015年10月出版　估价：69.00元

社会组织蓝皮书
中国社会组织评估发展报告（2015）
著(编)者：徐家良　廖鸿　2015年12月出版　估价：69.00元

生态城市绿皮书
中国生态城市建设发展报告（2015）
著(编)者：刘举科　孙伟平　胡文臻
2015年6月出版　估价：98.00元

生态文明绿皮书
中国省域生态文明建设评价报告（ECI 2015）
著(编)者：严耕　2015年9月出版　估价：85.00元

世界社会主义黄皮书
世界社会主义跟踪研究报告（2015）
著(编)者：李慎明　2015年4月出版　估价：198.00元

水与发展蓝皮书
中国水风险评估报告（2015）
著(编)者：王浩　2015年9月出版　估价：69.00元

土地整治蓝皮书
中国土地整治发展研究报告No.2
著(编)者：国土资源部土地整治中心　2015年5月出版　估价：89.00元

危机管理蓝皮书
中国危机管理报告（2015）
著(编)者：文学国　2015年8月出版　估价：89.00元

形象危机应对蓝皮书
形象危机应对研究报告（2015）
著(编)者：唐钧　2015年6月出版　估价：149.00元

医改蓝皮书
中国医药卫生体制改革报告（2015～2016）
著(编)者：文学国　房志武　2015年12月出版　估价：79.00元

医疗卫生绿皮书
中国医疗卫生发展报告（2015）
著(编)者：申宝忠　韩玉珍　2015年4月出版　估价：75.00元

应急管理蓝皮书
中国应急管理报告（2015）
著(编)者：宋英华　2015年10月出版　估价：69.00元

政治参与蓝皮书
中国政治参与报告（2015）
著(编)者：房宁　2015年7月出版　估价：105.00元

政治发展蓝皮书
中国政治发展报告（2015）
著(编)者：房宁　杨海蛟　2015年5月出版　估价：88.00元

中国农村妇女发展蓝皮书
流动女性城市融入发展报告（2015）
著(编)者：谢丽华　2015年11月出版　估价：69.00元

宗教蓝皮书
中国宗教报告（2015）
著(编)者：金泽　邱永辉　2015年9月出版　估价：59.00元

行业报告类

保险蓝皮书
中国保险业竞争力报告（2015）
著(编)者：王力　2015年12月出版 / 估价：98.00元

彩票蓝皮书
中国彩票发展报告（2015）
著(编)者：益彩基金　2015年10月出版 / 估价：69.00元

餐饮产业蓝皮书
中国餐饮产业发展报告（2015）
著(编)者：邢颖　2015年6月出版 / 估价：69.00元

测绘地理信息蓝皮书
智慧中国地理空间智能体系研究报告（2015）
著(编)者：库热西·买合苏提　2015年12月出版 / 估价：98.00元

茶业蓝皮书
中国茶产业发展报告（2015）
著(编)者：杨江帆　李闽榕　2015年10月出版 / 估价：78.00元

产权市场蓝皮书
中国产权市场发展报告（2015）
著(编)者：曹和平　2015年12月出版 / 估价：79.00元

电子政务蓝皮书
中国电子政务发展报告（2015）
著(编)者：洪毅　杜平　2015年11月出版 / 估价：79.00元

杜仲产业绿皮书
中国杜仲橡胶资源与产业发展报告（2014~2015）
著(编)者：杜红岩　胡文臻　俞锐
2015年1月出版 / 定价：85.00元

房地产蓝皮书
中国房地产发展报告No.12（2015）
著(编)者：魏后凯　李景国　2015年5月出版 / 估价：79.00元

服务外包蓝皮书
中国服务外包产业发展报告（2015）
著(编)者：王晓红　刘德军　2015年6月出版 / 估价：89.00元

工业设计蓝皮书
中国工业设计发展报告（2015）
著(编)者：王晓红　于炜　张立群　2015年9月出版 / 估价：138.00元

互联网金融蓝皮书
中国互联网金融发展报告（2015）
著(编)者：芮晓武　刘烈宏　2015年8月出版 / 估价：79.00元

会展蓝皮书
中外会展业动态评估年度报告（2015）
著(编)者：张敏　2015年1月出版 / 估价：78.00元

金融监管蓝皮书
中国金融监管报告（2015）
著(编)者：胡滨　2015年5月出版 / 估价：69.00元

金融蓝皮书
中国商业银行竞争力报告（2015）
著(编)者：王松奇　2015年12月出版 / 估价：69.00元

客车蓝皮书
中国客车产业发展报告（2014~2015）
著(编)者：姚蔚　2015年2月出版 / 定价：85.00元

老龄蓝皮书
中国老年宜居环境发展报告（2015）
著(编)者：吴玉韶　党俊武　2015年9月出版 / 估价：79.00元

流通蓝皮书
中国商业发展报告（2015）
著(编)者：荆林波　2015年5月出版 / 估价：89.00元

旅游安全蓝皮书
中国旅游安全报告（2015）
著(编)者：郑向敏　谢朝武　2015年5月出版 / 估价：98.00元

旅游景区蓝皮书
中国旅游景区发展报告（2015）
著(编)者：黄安民　2015年7月出版 / 估价：79.00元

旅游绿皮书
2014~2015年中国旅游发展分析与预测
著(编)者：宋瑞　2015年1月出版 / 定价：98.00元

煤炭蓝皮书
中国煤炭工业发展报告（2015）
著(编)者：岳福斌　2015年12月出版 / 估价：79.00元

民营医院蓝皮书
中国民营医院发展报告（2015）
著(编)者：庄一强　2015年10月出版 / 估价：75.00元

闽商蓝皮书
闽商发展报告（2015）
著(编)者：王日根　李闽榕　2015年12月出版 / 估价：69.00元

能源蓝皮书
中国能源发展报告（2015）
著(编)者：崔民选　王军生　2015年8月出版 / 估价：79.00元

农产品流通蓝皮书
中国农产品流通产业发展报告（2015）
著(编)者：贾敬敦　张东科　张玉玺　孔令羽　张鹏毅
2015年9月出版 / 估价：89.00元

企业蓝皮书
中国企业竞争力报告（2015）
著(编)者：金碚　2015年11月出版 / 估价：89.00元

企业社会责任蓝皮书
中国企业社会责任研究报告（2015）
著(编)者：黄群慧　彭华岗　钟宏武　张蒽
2015年11月出版 / 估价：69.00元

行业报告类

皮书系列 2015全品种

汽车安全蓝皮书
中国汽车安全发展报告（2015）
著(编)者：中国汽车技术研究中心　2015年4月出版　/　估价：79.00元

汽车蓝皮书
中国汽车产业发展报告（2015）
著(编)者：国务院发展研究中心产业经济研究部
中国汽车工程学会 大众汽车集团（中国）
2015年7月出版　/　估价：128.00元

清洁能源蓝皮书
国际清洁能源发展报告（2015）
著(编)者：国际清洁能源论坛（澳门）
2015年9月出版　/　估价：89.00元

人力资源蓝皮书
中国人力资源发展报告（2015）
著(编)者：余兴安　2015年9月出版　/　估价：79.00元

融资租赁蓝皮书
中国融资租赁业发展报告（2014~2015）
著(编)者：李光荣　王力　2015年1月出版　/　定价：89.00元

软件和信息服务业蓝皮书
中国软件和信息服务业发展报告（2015）
著(编)者：陈新河　洪京一　2015年12月出版　/　估价：198.00元

上市公司蓝皮书
上市公司质量评价报告（2015）
著(编)者：张跃文　王力　2015年10月出版　/　估价：118.00元

食品药品蓝皮书
食品药品安全与监管政策研究报告（2015）
著(编)者：唐民皓　2015年7月出版　/　估价：69.00元

世界能源蓝皮书
世界能源发展报告（2015）
著(编)者：黄晓勇　2015年6月出版　/　估价：99.00元

碳市场蓝皮书
中国碳市场报告（2015）
著(编)者：低碳发展国际合作联盟
2015年11月出版　/　估价：69.00元

体育蓝皮书
中国体育产业发展报告（2015）
著(编)者：阮伟　钟秉枢　2015年4月出版　/　估价：69.00元

投资蓝皮书
中国投资发展报告（2015）
著(编)者：杨庆蔚　2015年4月出版　/　估价：128.00元

物联网蓝皮书
中国物联网发展报告（2015）
著(编)者：黄桂田　2015年4月出版　/　估价：59.00元

西部工业蓝皮书
中国西部工业发展报告（2015）
著(编)者：方行明　甘犁　刘方健　姜凌　等
2015年9月出版　/　估价：79.00元

西部金融蓝皮书
中国西部金融发展报告（2015）
著(编)者：李忠民　2015年8月出版　/　估价：75.00元

新能源汽车蓝皮书
中国新能源汽车产业发展报告（2015）
著(编)者：中国汽车技术研究中心
日产（中国）投资有限公司 东风汽车有限公司
2015年8月出版　/　估价：69.00元

信托市场蓝皮书
中国信托业市场报告（2014~2015）
著(编)者：用益信托工作室　2015年2月出版　/　定价：198.00元

信息产业蓝皮书
世界软件和信息技术产业发展报告（2015）
著(编)者：洪京一　2015年8月出版　/　估价：79.00元

信息化蓝皮书
中国信息化形势分析与预测（2015）
著(编)者：周宏仁　2015年8月出版　/　估价：98.00元

信用蓝皮书
中国信用发展报告（2015）
著(编)者：田侃　2015年4月出版　/　估价：69.00元

休闲绿皮书
2015年中国休闲发展报告
著(编)者：刘德谦　2015年6月出版　/　估价：59.00元

医药蓝皮书
中国中医药产业园战略发展报告（2015）
著(编)者：裴长洪　房丰亭　吴篠心　2015年5月出版　/　估价：89.00元

邮轮绿皮书
中国邮轮产业发展报告（2015）
著(编)者：汪泓　2015年9月出版　/　估价：79.00元

支付清算蓝皮书
中国支付清算发展报告（2015）
著(编)者：杨涛　2015年5月出版　/　估价：45.00元

中国上市公司蓝皮书
中国上市公司发展报告（2015）
著(编)者：许雄斌　张平　2015年9月出版　/　估价：98.00元

中国总部经济蓝皮书
中国总部经济发展报告（2015）
著(编)者：赵弘　2015年5月出版　/　估价：79.00元

住房绿皮书
中国住房发展报告（2014~2015）
著(编)者：倪鹏飞　2014年12月出版　/　定价：79.00元

资本市场蓝皮书
中国场外交易市场发展报告（2015）
著(编)者：高峦　2015年8月出版　/　估价：79.00元

资产管理蓝皮书
中国资产管理行业发展报告（2015）
著(编)者：智信资产管理研究院　2015年7月出版　/　估价：79.00元

文化传媒类

传媒竞争力蓝皮书
中国传媒国际竞争力研究报告（2015）
著(编)者:李本乾　2015年9月出版 / 估价:88.00元

传媒蓝皮书
中国传媒产业发展报告（2015）
著(编)者:崔保国　2015年4月出版 / 估价:98.00元

传媒投资蓝皮书
中国传媒投资发展报告（2015）
著(编)者:张向东　2015年7月出版 / 估价:89.00元

动漫蓝皮书
中国动漫产业发展报告（2015）
著(编)者:卢斌 郑玉明 牛兴侦　2015年7月出版 / 估价:79.00元

非物质文化遗产蓝皮书
中国非物质文化遗产发展报告（2015）
著(编)者:陈平　2015年4月出版 / 估价:79.00元

非物质文化遗产蓝皮书
中国少数民族非物质文化遗产发展报告（2015）
著(编)者:肖远平 柴立　2015年4月出版 / 估价:79.00元

广电蓝皮书
中国广播电影电视发展报告（2015）
著(编)者:杨明品　2015年7月出版 / 估价:98.00元

广告主蓝皮书
中国广告主营销传播趋势报告（2015）
著(编)者:黄升民　2015年5月出版 / 估价:148.00元

国际传播蓝皮书
中国国际传播发展报告（2015）
著(编)者:胡正荣 李继东 姬德强
2015年7月出版 / 估价:89.00元

国家形象蓝皮书
2015年国家形象研究报告
著(编)者:张昆　2015年5月出版 / 估价:79.00元

纪录片蓝皮书
中国纪录片发展报告（2015）
著(编)者:何苏六　2015年9月出版 / 估价:79.00元

科学传播蓝皮书
中国科学传播报告（2015）
著(编)者:詹正茂　2015年4月出版 / 估价:69.00元

两岸文化蓝皮书
两岸文化产业合作发展报告（2015）
著(编)者:胡惠林 李保宗　2015年7月出版 / 估价:79.00元

媒介与女性蓝皮书
中国媒介与女性发展报告（2015）
著(编)者:刘利群　2015年8月出版 / 估价:69.00元

全球传媒蓝皮书
全球传媒发展报告（2015）
著(编)者:胡正荣　2015年12月出版 / 估价:79.00元

世界文化发展蓝皮书
世界文化发展报告（2015）
著(编)者:张庆宗 高乐田 郭熙煌
2015年5月出版 / 估价:89.00元

视听新媒体蓝皮书
中国视听新媒体发展报告（2015）
著(编)者:庞井君　2015年6月出版 / 估价:148.00元

文化创新蓝皮书
中国文化创新报告（2015）
著(编)者:于平 傅才武　2015年4月出版 / 估价:79.00元

文化建设蓝皮书
中国文化发展报告（2015）
著(编)者:江畅 孙伟平 戴茂堂
2015年4月出版 / 估价:138.00元

文化科技蓝皮书
文化科技创新发展报告（2015）
著(编)者:于平 李凤亮　2015年10月出版 / 估价:89.00元

文化蓝皮书
中国文化产业供需协调检测报告（2015）
著(编)者:王亚南　2015年2月出版 / 定价:79.00元

文化蓝皮书
中国文化消费需求景气评价报告（2015）
著(编)者:王亚南　2015年2月出版 / 定价:79.00元

文化蓝皮书
中国文化产业发展报告（2015）
著(编)者:张晓明 王家新 章建刚
2015年4月出版 / 估价:79.00元

文化蓝皮书
中国公共文化投入增长测评报告(2015)
著(编)者:王亚南　2014年12月出版 / 定价:79.00元

文化蓝皮书
中国文化政策发展报告（2015）
著(编)者:傅才武 宋文玉 燕东升　2015年9月出版 / 估价:98.00元

文化品牌蓝皮书
中国文化品牌发展报告（2015）
著(编)者:欧阳友权　2015年4月出版 / 估价:79.00元

文化遗产蓝皮书
中国文化遗产事业发展报告（2015）
著(编)者:刘世锦　2015年12月出版 / 估价:89.00元

文学蓝皮书
中国文情报告（2015）
著(编)者:白烨　2015年5月出版 / 估价:49.00元

新媒体蓝皮书
中国新媒体发展报告（2015）
著(编)者:唐绪军　2015年6月出版 / 估价:79.00元

文化传媒类・地方发展类

皮书系列
2015全品种

新媒体社会责任蓝皮书
中国新媒体社会责任研究报告（2015）
著(编)者：钟瑛　2015年10月出版／估价：79.00元

移动互联网蓝皮书
中国移动互联网发展报告（2015）
著(编)者：官建文　2015年6月出版／估价：79.00元

舆情蓝皮书
中国社会舆情与危机管理报告（2015）
著(编)者：谢耘耕　2015年8月出版／估价：98.00元

地方发展类

安徽经济蓝皮书
芜湖创新型城市发展报告（2015）
著(编)者：杨少华　王开玉　2015年4月出版／估价：69.00元

安徽蓝皮书
安徽社会发展报告（2015）
著(编)者：程桦　2015年4月出版／估价：79.00元

安徽社会建设蓝皮书
安徽社会建设分析报告（2015）
著(编)者：黄家海　王开玉　蔡宪　2015年4月出版／估价：69.00元

澳门蓝皮书
澳门经济社会发展报告（2015）
著(编)者：吴志良　郝雨凡　2015年4月出版／估价：79.00元

北京蓝皮书
北京公共服务发展报告（2014~2015）
著(编)者：施昌奎　2015年1月出版／定价：69.00元

北京蓝皮书
北京经济发展报告（2015）
著(编)者：杨松　2015年4月出版／估价：79.00元

北京蓝皮书
北京社会治理发展报告（2015）
著(编)者：殷星辰　2015年4月出版／估价：79.00元

北京蓝皮书
北京文化发展报告（2015）
著(编)者：李建盛　2015年4月出版／估价：79.00元

北京蓝皮书
北京社会发展报告（2015）
著(编)者：缪青　2015年5月出版／估价：79.00元

北京蓝皮书
北京社区发展报告（2015）
著(编)者：于燕燕　2015年1月出版／定价：79.00元

北京旅游绿皮书
北京旅游发展报告（2015）
著(编)者：北京旅游学会　2015年7月出版／估价：88.00元

北京律师蓝皮书
北京律师发展报告（2015）
著(编)者：王隽　2015年12月出版／估价：75.00元

北京人才蓝皮书
北京人才发展报告（2015）
著(编)者：于淼　2015年4月出版／估价：89.00元

北京社会心态蓝皮书
北京社会心态分析报告（2015）
著(编)者：北京社会心理研究所　2015年4月出版／估价：69.00元

北京社会组织蓝皮书
北京社会组织发展研究报告(2015)
著(编)者：李东松　唐军　2015年4月出版／估价：79.00元

北京社会组织蓝皮书
北京社会组织发展报告（2015）
著(编)者：温庆云　2015年9月出版／估价：69.00元

滨海金融蓝皮书
滨海新区金融发展报告（2015）
著(编)者：王爱俭　张锐钢　2015年9月出版／估价：79.00元

城乡一体化蓝皮书
中国城乡一体化发展报告（北京卷）（2015）
著(编)者：张宝秀　黄序　2015年4月出版／估价：69.00元

创意城市蓝皮书
北京文化创意产业发展报告（2015）
著(编)者：张京成　2015年11月出版／估价：65.00元

创意城市蓝皮书
无锡文化创意产业发展报告（2015）
著(编)者：谭军　张鸣年　2015年10月出版／估价：75.00元

创意城市蓝皮书
武汉市文化创意产业发展报告（2015）
著(编)者：袁堃　黄永林　2015年11月出版／估价：85.00元

创意城市蓝皮书
重庆创意产业发展报告（2015）
著(编)者：程宇宁　2015年4月出版／估价：89.00元

创意城市蓝皮书
青岛文化创意产业发展报告（2015）
著(编)者：马达　张丹妮　2015年6月出版／估价：79.00元

福建妇女发展蓝皮书
福建省妇女发展报告（2015）
著(编)者：刘群英　2015年10月出版／估价：58.00元

皮书系列 2015全品种 — 地方发展类

甘肃蓝皮书
甘肃舆情分析与预测（2015）
著(编)者：陈双梅 郝树声　2015年1月出版 / 定价:79.00元

甘肃蓝皮书
甘肃文化发展分析与预测（2015）
著(编)者：安文华 周小华　2015年1月出版 / 定价:79.00元

甘肃蓝皮书
甘肃社会发展分析与预测（2015）
著(编)者：安文华 包晓霞　2015年1月出版 / 定价:79.00元

甘肃蓝皮书
甘肃经济发展分析与预测（2015）
著(编)者：朱智文 罗哲　2015年1月出版 / 定价:79.00元

甘肃蓝皮书
甘肃县域经济综合竞争力评价（2015）
著(编)者：刘进军　2015年4月出版 / 估价:69.00元

甘肃蓝皮书
甘肃县域社会发展评价报告（2015）
著(编)者：刘进军 柳民 王建兵　2015年1月出版 / 定价:79.00元

广东蓝皮书
广东省电子商务发展报告（2015）
著(编)者：程晓　2015年12月出版 / 估价:69.00元

广东蓝皮书
广东社会工作发展报告（2015）
著(编)者：罗观翠　2015年6月出版 / 估价:89.00元

广东社会建设蓝皮书
广东省社会建设发展报告（2015）
著(编)者：广东省社会工作委员会　2015年10月出版 / 估价:89.00元

广东外经贸蓝皮书
广东对外经济贸易发展研究报告（2015）
著(编)者：陈万灵　2015年5月出版 / 估价:79.00元

广西北部湾经济区蓝皮书
广西北部湾经济区开放开发报告（2015）
著(编)者：广西北部湾经济区规划建设管理委员会办公室 广西社会科学院广西北部湾发展研究院
2015年8月出版 / 估价:79.00元

广州蓝皮书
广州社会保障发展报告（2015）
著(编)者：蔡国萱　2015年4月出版 / 估价:65.00元

广州蓝皮书
2015年中国广州社会形势分析与预测
著(编)者：张强 陈怡霓 杨秦　2015年5月出版 / 估价:69.00元

广州蓝皮书
广州经济发展报告（2015）
著(编)者：李江涛 朱名宏　2015年5月出版 / 估价:69.00元

广州蓝皮书
广州商贸业发展报告（2015）
著(编)者：李江涛 王旭东 荀振英　2015年6月出版 / 估价:69.00元

广州蓝皮书
2015年中国广州经济形势分析与预测
著(编)者：庾建设 沈奎 郭志勇　2015年6月出版 / 估价:79.00元

广州蓝皮书
中国广州文化发展报告（2015）
著(编)者：徐俊忠 陆志强 顾涧清　2015年6月出版 / 估价:69.00元

广州蓝皮书
广州农村发展报告（2015）
著(编)者：李江涛 汤锦华　2015年8月出版 / 估价:69.00元

广州蓝皮书
中国广州城市建设与管理发展报告（2015）
著(编)者：董皞 冼伟雄　2015年7月出版 / 估价:69.00元

广州蓝皮书
中国广州科技和信息化发展报告（2015）
著(编)者：邹采荣 马正勇 冯元　2015年7月出版 / 估价:79.00元

广州蓝皮书
广州创新型城市发展报告（2015）
著(编)者：李江涛　2015年7月出版 / 估价:69.00元

广州蓝皮书
广州文化创意产业发展报告（2015）
著(编)者：甘新　2015年8月出版 / 估价:79.00元

广州蓝皮书
广州志愿服务发展报告（2015）
著(编)者：魏国华 张强　2015年9月出版 / 估价:69.00元

广州蓝皮书
广州城市国际化发展报告（2015）
著(编)者：朱名宏　2015年9月出版 / 估价:59.00元

广州蓝皮书
广州汽车产业发展报告（2015）
著(编)者：李江涛 杨再高　2015年9月出版 / 估价:69.00元

贵州房地产蓝皮书
贵州房地产发展报告（2015）
著(编)者：武廷方　2015年10月出版 / 估价:89.00元

贵州蓝皮书
贵州人才发展报告（2015）
著(编)者：于杰 吴大华　2015年4月出版 / 估价:69.00元

贵州蓝皮书
贵州社会发展报告（2015）
著(编)者：王兴骥　2015年4月出版 / 估价:69.00元

贵州蓝皮书
贵州法治发展报告（2015）
著(编)者：吴大华　2015年4月出版 / 估价:69.00元

贵州蓝皮书
贵州国有企业社会责任发展报告（2015）
著(编)者：郭丽　2015年10月出版 / 估价:79.00元

海淀蓝皮书
海淀区文化和科技融合发展报告（2015）
著(编)者：孟景伟 陈名杰　2015年5月出版 / 估价:75.00元

地方发展类　皮书系列 2015全品种

海峡西岸蓝皮书
海峡西岸经济区发展报告（2015）
著(编)者：黄端　　2015年9月出版 / 估价：65.00元

杭州都市圈蓝皮书
杭州都市圈发展报告（2015）
著(编)者：董祖德 沈翔　　2015年5月出版 / 估价：89.00元

杭州蓝皮书
杭州妇女发展报告（2015）
著(编)者：魏颖　　2015年6月出版 / 估价：75.00元

河北经济蓝皮书
河北省经济发展报告（2015）
著(编)者：马树强 金浩 张贵　　2015年4月出版 / 估价：79.00元

河北蓝皮书
河北经济社会发展报告（2015）
著(编)者：周文夫　　2015年1月出版 / 定价：79.00元

河南经济蓝皮书
2015年河南经济形势分析与预测
著(编)者：胡五岳　　2015年2月出版 / 定价：69.00元

河南蓝皮书
河南城市发展报告（2015）
著(编)者：谷建全 王建国　　2015年3月出版 / 定价：79.00元

河南蓝皮书
2015年河南社会形势分析与预测
著(编)者：刘道兴 牛苏林　　2015年4月出版 / 估价：69.00元

河南蓝皮书
河南工业发展报告（2015）
著(编)者：龚绍东 赵西三　　2015年1月出版 / 定价：79.00元

河南蓝皮书
河南文化发展报告（2015）
著(编)者：卫绍生　　2015年3月出版 / 定价：79.00元

河南蓝皮书
河南经济发展报告（2015）
著(编)者：喻新安　　2014年12月出版 / 定价：79.00元

河南蓝皮书
河南法治发展报告（2015）
著(编)者：丁同民 闫德民　　2015年4月出版 / 估价：69.00元

河南蓝皮书
河南金融发展报告（2015）
著(编)者：喻新安 谷建全　　2015年4月出版 / 估价：69.00元

河南商务蓝皮书
河南商务发展报告（2015）
著(编)者：焦锦淼 穆荣国　　2015年5月出版 / 估价：88.00元

黑龙江产业蓝皮书
黑龙江产业发展报告（2015）
著(编)者：于渤　　2015年9月出版 / 估价：79.00元

黑龙江蓝皮书
黑龙江经济发展报告（2015）
著(编)者：曲伟　　2015年1月出版 / 定价：79.00元

黑龙江蓝皮书
黑龙江社会发展报告（2015）
著(编)者：张新颖　　2015年1月出版 / 定价：79.00元

湖北文化蓝皮书
湖北文化发展报告（2015）
著(编)者：江畅 吴成国　　2015年5月出版 / 估价：89.00元

湖南城市蓝皮书
区域城市群整合
著(编)者：童中贤 韩未名　　2015年12月出版 / 估价：79.00元

湖南蓝皮书
2015年湖南电子政务发展报告
著(编)者：梁志峰　　2015年4月出版 / 估价：128.00元

湖南蓝皮书
2015年湖南社会发展报告
著(编)者：梁志峰　　2015年4月出版 / 估价：128.00元

湖南蓝皮书
2015年湖南产业发展报告
著(编)者：梁志峰　　2015年4月出版 / 估价：128.00元

湖南蓝皮书
2015年湖南经济展望
著(编)者：梁志峰　　2015年4月出版 / 估价：128.00元

湖南蓝皮书
2015年湖南县域经济社会发展报告
著(编)者：梁志峰　　2015年4月出版 / 估价：128.00元

湖南蓝皮书
2015年湖南两型社会发展报告
著(编)者：梁志峰　　2015年4月出版 / 估价：128.00元

湖南县域绿皮书
湖南县域发展报告No.2
著(编)者：朱有志　　2015年4月出版 / 估价：69.00元

沪港蓝皮书
沪港发展报告（2015）
著(编)者：尤安山　　2015年9月出版 / 估价：89.00元

吉林蓝皮书
2015年吉林经济社会形势分析与预测
著(编)者：马克　　2015年2月出版 / 定价：89.00元

济源蓝皮书
济源经济社会发展报告（2015）
著(编)者：喻新安　　2015年4月出版 / 估价：69.00元

健康城市蓝皮书
北京健康城市建设研究报告（2015）
著(编)者：王鸿春　　2015年4月出版 / 估价：79.00元

江苏法治蓝皮书
江苏法治发展报告（2015）
著(编)者：李力 龚廷泰　　2015年9月出版 / 估价：98.00元

京津冀蓝皮书
京津冀发展报告（2015）
著(编)者：文魁 祝尔娟　　2015年4月出版 / 估价：79.00元

地方发展类

经济特区蓝皮书
中国经济特区发展报告（2015）
著(编)者：陶一桃　　2015年4月出版 / 估价：89.00元

辽宁蓝皮书
2015年辽宁经济社会形势分析与预测
著(编)者：曹晓峰　张晶　梁启东　2014年12月出版 / 定价：79.00元

南京蓝皮书
南京文化发展报告（2015）
著(编)者：南京文化产业研究中心
2015年12月出版 / 估价：79.00元

内蒙古蓝皮书
内蒙古反腐倡廉建设报告（2015）
著(编)者：张志华　无极　　2015年12月出版 / 估价：69.00元

浦东新区蓝皮书
上海浦东经济发展报告（2015）
著(编)者：沈开艳　陆沪根　2015年1月出版 / 定价：69.00元

青海蓝皮书
2015年青海经济社会形势分析与预测
著(编)者：赵宗福　　2014年12月出版 / 定价：69.00元

人口与健康蓝皮书
深圳人口与健康发展报告（2015）
著(编)者：曾序春　　2015年12月出版 / 估价：89.00元

山东蓝皮书
山东社会形势分析与预测（2015）
著(编)者：张华　唐洲雁　2015年6月出版 / 估价：89.00元

山东蓝皮书
山东经济形势分析与预测（2015）
著(编)者：张华　唐洲雁　2015年6月出版 / 估价：89.00元

山东蓝皮书
山东文化发展报告（2015）
著(编)者：张华　唐洲雁　2015年6月出版 / 估价：98.00元

山西蓝皮书
山西资源型经济转型发展报告（2015）
著(编)者：李志强　　2015年5月出版 / 估价：98.00元

陕西蓝皮书
陕西经济发展报告（2015）
著(编)者：任宗哲　白宽犁　裴成荣　2015年1月出版 / 定价：69.00元

陕西蓝皮书
陕西社会发展报告（2015）
著(编)者：任宗哲　白宽犁　牛昉　2015年1月出版 / 定价：69.00元

陕西蓝皮书
陕西文化发展报告（2015）
著(编)者：任宗哲　白宽犁　王长寿　2015年1月出版 / 估价：65.00元

陕西蓝皮书
丝绸之路经济带发展报告（2015）
著(编)者：任宗哲　石英　白宽犁
2015年8月出版 / 估价：79.00元

上海蓝皮书
上海文学发展报告（2015）
著(编)者：陈圣来　　2015年1月出版 / 定价：69.00元

上海蓝皮书
上海文化发展报告（2015）
著(编)者：荣跃明　　2015年1月出版 / 定价：74.00元

上海蓝皮书
上海资源环境发展报告（2015）
著(编)者：周冯琦　汤庆合　任文伟
2015年1月出版 / 定价：69.00元

上海蓝皮书
上海社会发展报告（2015）
著(编)者：杨雄　周海旺　2015年1月出版 / 定价：69.00元

上海蓝皮书
上海经济发展报告（2015）
著(编)者：沈开艳　　2015年1月出版 / 定价：69.00元

上海蓝皮书
上海传媒发展报告（2015）
著(编)者：强荧　焦雨虹　2015年1月出版 / 定价：69.00元

上海蓝皮书
上海法治发展报告（2015）
著(编)者：叶青　　2015年4月出版 / 估价：69.00元

上饶蓝皮书
上饶发展报告（2015）
著(编)者：朱寅健　　2015年4月出版 / 估价：128.00元

社会建设蓝皮书
2015年北京社会建设分析报告
著(编)者：宋贵伦　冯虹　2015年7月出版 / 估价：79.00元

深圳蓝皮书
深圳劳动关系发展报告（2015）
著(编)者：汤庭芬　　2015年6月出版 / 估价：75.00元

深圳蓝皮书
深圳经济发展报告（2015）
著(编)者：张骁儒　　2015年7月出版 / 估价：79.00元

深圳蓝皮书
深圳社会发展报告（2015）
著(编)者：叶民辉　张骁儒　2015年7月出版 / 估价：89.00元

深圳蓝皮书
深圳法治发展报告（2015）
著(编)者：张骁儒　　2015年4月出版 / 估价：79.00元

四川蓝皮书
四川文化产业发展报告（2015）
著(编)者：侯水平　　2015年4月出版 / 估价：69.00元

四川蓝皮书
四川企业社会责任研究报告（2015）
著(编)者：侯水平　盛毅　2015年3月出版 / 定价：79.00元

地方发展类·国别与地区类

皮书系列 2015全品种

四川蓝皮书
四川法治发展报告(2015)
著(编)者：郑泰安　2015年1月出版 / 定价：69.00元

四川蓝皮书
2015年四川生态建设报告
著(编)者：四川省社会科学院
2015年4月出版 / 估价：69.00元

四川蓝皮书
四川城镇化发展报告(2015)
著(编)者：四川省城镇发展研究中心
2015年4月出版 / 估价：69.00元

四川蓝皮书
2015年四川社会发展形势分析与预测
著(编)者：郭晓鸣　李羚　2015年5月出版 / 估价：69.00元

四川蓝皮书
2015年四川经济发展形势分析与预测
著(编)者：杨钢　2015年1月出版 / 定价：89.00元

四川法治蓝皮书
四川依法治省年度报告No.1(2015)
著(编)者：李林　杨天宗　田禾　2015年3月出版 / 定价：108.00元

天津金融蓝皮书
天津金融发展报告(2015)
著(编)者：王爱俭　杜强　2015年9月出版 / 估价：89.00元

图们江区域合作蓝皮书
中国图们江区域合作开发发展报告(2015)
著(编)者：李铁　朱显平　吴成章　2015年4月出版 / 估价：79.00元

温州蓝皮书
2015年温州经济社会形势分析与预测
著(编)者：潘忠强　王春光　金浩　2015年4月出版 / 估价：69.00元

扬州蓝皮书
扬州经济社会发展报告(2015)
著(编)者：丁纯　2015年12月出版 / 估价：89.00元

云南蓝皮书
中国面向西南开放重要桥头堡建设发展报告(2015)
著(编)者：刘绍怀　2015年12月出版 / 估价：69.00元

长株潭城市群蓝皮书
长株潭城市群发展报告(2015)
著(编)者：张萍　2015年4月出版 / 估价：69.00元

郑州蓝皮书
2015年郑州文化发展报告
著(编)者：王哲　2015年9月出版 / 估价：65.00元

中医文化蓝皮书
北京中医文化发展报告(2015)
著(编)者：毛嘉陵　2015年4月出版 / 估价：69.00元

珠三角流通蓝皮书
珠三角商圈发展研究报告(2015)
著(编)者：林至颖　王先庆　2015年7月出版 / 估价：98.00元

国别与地区类

阿拉伯黄皮书
阿拉伯发展报告(2015)
著(编)者：马晓霖　2015年4月出版 / 估价：79.00元

北部湾蓝皮书
泛北部湾合作发展报告(2015)
著(编)者：吕余生　2015年8月出版 / 估价：69.00元

大湄公河次区域蓝皮书
大湄公河次区域合作发展报告(2015)
著(编)者：刘稚　2015年9月出版 / 估价：79.00元

大洋洲蓝皮书
大洋洲发展报告(2015)
著(编)者：喻常森　2015年8月出版 / 估价：89.00元

德国蓝皮书
德国发展报告(2015)
著(编)者：郑春荣　伍慧萍　2015年6月出版 / 估价：69.00元

东北亚黄皮书
东北亚地区政治与安全(2015)
著(编)者：黄凤志　刘清才　张慧智
2015年5月出版 / 估价：69.00元

东盟黄皮书
东盟发展报告(2015)
著(编)者：崔晓麟　2015年5月出版 / 估价：75.00元

东南亚黄皮书
东南亚地区发展报告(2015)
著(编)者：王勤　2015年4月出版 / 估价：79.00元

俄罗斯黄皮书
俄罗斯发展报告(2015)
著(编)者：李永全　2015年7月出版 / 估价：79.00元

非洲黄皮书
非洲发展报告(2015)
著(编)者：张宏明　2015年7月出版 / 估价：79.00元

国别与地区类

国际形势黄皮书
全球政治与安全报告（2015）
著(编)者:李慎明 张宇燕　2015年1月出版 / 定价:69.00元

韩国蓝皮书
韩国发展报告（2015）
著(编)者:刘宝全 牛林杰　2015年8月出版 / 估价:79.00元

加拿大蓝皮书
加拿大发展报告（2015）
著(编)者:仲伟合　2015年4月出版 / 估价:89.00元

拉美蓝皮书
拉丁美洲和加勒比发展报告（2014~2015）
著(编)者:吴白乙　2015年4月出版 / 估价:89.00元

美国蓝皮书
美国研究报告（2015）
著(编)者:黄平 郑秉文　2015年7月出版 / 估价:89.00元

缅甸蓝皮书
缅甸国情报告（2015）
著(编)者:李晨阳　2015年8月出版 / 估价:79.00元

欧洲蓝皮书
欧洲发展报告（2015）
著(编)者:周弘　2015年6月出版 / 估价:89.00元

葡语国家蓝皮书
葡语国家发展报告（2015）
著(编)者:对外经济贸易大学区域国别研究所　葡语国家研究中心
2015年4月出版 / 估价:89.00元

葡语国家蓝皮书
中国与葡语国家关系发展报告·巴西（2014）
著(编)者:澳门科技大学　2015年4月出版 / 估价:89.00元

日本经济蓝皮书
日本经济与中日经贸关系研究报告（2015）
著(编)者:王洛林 张季风　2015年5月出版 / 估价:79.00元

日本蓝皮书
日本研究报告（2015）
著(编)者:李薇　2015年4月出版 / 估价:69.00元

上海合作组织黄皮书
上海合作组织发展报告（2015）
著(编)者:李进峰 吴宏伟 李伟
2015年9月出版 / 估价:89.00元

世界创新竞争力黄皮书
世界创新竞争力发展报告（2015）
著(编)者:李闽榕 李建平 赵新力
2015年12月出版 / 估价:148.00元

土耳其蓝皮书
土耳其发展报告（2015）
著(编)者:郭长刚 刘义　2015年7月出版 / 估价:89.00元

亚太蓝皮书
亚太地区发展报告（2015）
著(编)者:李向阳　2015年1月出版 / 定价:59.00元

印度蓝皮书
印度国情报告（2015）
著(编)者:吕昭义　2015年5月出版 / 估价:89.00元

印度洋地区蓝皮书
印度洋地区发展报告（2015）
著(编)者:汪戎　2015年4月出版 / 估价:79.00元

中东黄皮书
中东发展报告（2015）
著(编)者:杨光　2015年11月出版 / 估价:89.00元

中欧关系蓝皮书
中欧关系研究报告（2015）
著(编)者:周弘　2015年12月出版 / 估价:98.00元

中亚黄皮书
中亚国家发展报告（2015）
著(编)者:孙力 吴宏伟　2015年9月出版 / 估价:89.00元

中国皮书网

www.pishu.cn

发布皮书研创资讯，传播皮书精彩内容
引领皮书出版潮流，打造皮书服务平台

栏目设置：

- 资讯：皮书动态、皮书观点、皮书数据、皮书报道、皮书发布、电子期刊
- 标准：皮书评价、皮书研究、皮书规范
- 服务：最新皮书、皮书书目、重点推荐、在线购书
- 链接：皮书数据库、皮书博客、皮书微博、在线书城
- 搜索：资讯、图书、研究动态、皮书专家、研创团队

中国皮书网依托皮书系列"权威、前沿、原创"的优质内容资源，通过文字、图片、音频、视频等多种元素，在皮书研创者、使用者之间搭建了一个成果展示、资源共享的互动平台。

自 2005 年 12 月正式上线以来，中国皮书网的 IP 访问量、PV 浏览量与日俱增，受到海内外研究者、公务人员、商务人士以及专业读者的广泛关注。

2008 年、2011 年，中国皮书网均在全国新闻出版业网站荣誉评选中获得"最具商业价值网站"称号；2012 年，获得"出版业网站百强"称号。

2014 年，中国皮书网与皮书数据库实现资源共享，端口合一，将提供更丰富的内容，更全面的服务。

权威报告　热点资讯　海量资源

当代中国与世界发展的高端智库平台

皮书数据库 www.pishu.com.cn

皮书数据库是专业的人文社会科学综合学术资源总库,以大型连续性图书——皮书系列为基础,整合国内外相关资讯构建而成。包含七大子库,涵盖两百多个主题,囊括了近十几年间中国与世界经济社会发展报告,覆盖经济、社会、政治、文化、教育、国际问题等多个领域。

皮书数据库以篇章为基本单位,方便用户对皮书内容的阅读需求。用户可进行全文检索,也可对文献题目、内容提要、作者名称、作者单位、关键字等基本信息进行检索,还可对检索到的篇章再做二次筛选,进行在线阅读或下载阅读。智能多维度导航,可使用户根据自己熟知的分类标准进行分类导航筛选,使查找和检索更高效、便捷。

权威的研究报告,独特的调研数据,前沿的热点资讯,皮书数据库已发展成为国内最具影响力的关于中国与世界现实问题研究的成果库和资讯库。

皮书俱乐部会员服务指南

1. 谁能成为皮书俱乐部成员?
- 皮书作者自动成为俱乐部会员
- 购买了皮书产品(纸质书/电子书)的个人用户

2. 会员可以享受的增值服务
- 免费获赠皮书数据库100元充值卡
- 加入皮书俱乐部,免费获赠该纸质图书的电子书
- 免费定期获赠皮书电子期刊
- 优先参与各类皮书学术活动
- 优先享受皮书产品的最新优惠

3. 如何享受增值服务?
(1) 免费获赠100元皮书数据库体验卡

第1步 刮开皮书附赠充值的涂层(右下);

第2步 登录皮书数据库网站(www.pishu.com.cn),注册账号;

第3步 登录并进入"会员中心"—"在线充值"—"充值卡充值",充值成功后即可使用。

(2) 加入皮书俱乐部,凭数据库体验卡获赠该书的电子书

第1步 登录社会科学文献出版社官网(www.ssap.com.cn),注册账号;

第2步 登录并进入"会员中心"—"皮书俱乐部",提交加入皮书俱乐部申请;

第3步 审核通过后,再次进入皮书俱乐部,填写页面所需图书、体验卡信息即可自动兑换相应电子书。

4. 声明
解释权归社会科学文献出版社所有

皮书俱乐部会员可享受社会科学文献出版社其他相关免费增值服务,有任何疑问,均可与我们联系。

图书销售热线: 010-59367070/7028　图书服务QQ: 800045692　图书服务邮箱: duzhe@ssap.cn

数据库服务热线: 400-008-6695　数据库服务QQ: 2475522410　数据库服务邮箱: database@ssap.cn

欢迎登录社会科学文献出版社官网(www.ssap.com.cn)和中国皮书网(www.pishu.cn)了解更多信息

中国社会科学院创新工程学术出版资助项目

亚太地区发展报告
（2015）

ANNUAL REPORT ON DEVELOPMENT OF ASIA-PACIFIC
(2015)

一带一路

中国社会科学院亚太与全球战略研究院
主　编／李向阳

社会科学文献出版社
SOCIAL SCIENCES ACADEMIC PRESS (CHINA)

图书在版编目(CIP)数据

亚太地区发展报告.一带一路.2015/李向阳主编.
—北京:社会科学文献出版社,2015.1（2015.5重印）
（亚太蓝皮书）
ISBN 978-7-5097-6915-7

Ⅰ.①亚… Ⅱ.①李… Ⅲ.①经济发展-研究报告-
亚太地区-2015 ②政治-研究报告-亚太地区-2015
Ⅳ.①F114.46 ②D730.0

中国版本图书馆CIP数据核字（2014）第297605号

亚太蓝皮书
亚太地区发展报告（2015）
——一带一路

主　　编/李向阳

出 版 人/谢寿光
项目统筹/祝得彬　高明秀
责任编辑/王晓卿　沈晓雷

出　　版/社会科学文献出版社·全球与地区问题出版中心（010）59367004
　　　　　地址:北京市北三环中路甲29号院华龙大厦　邮编:100029
　　　　　网址:www.ssap.com.cn
发　　行/市场营销中心（010）59367081　59367090
　　　　　读者服务中心（010）59367028
印　　装/北京季蜂印刷有限公司
规　　格/开　本:787mm×1092mm　1/16
　　　　　印　张:17　字　数:296千字
版　　次/2015年1月第1版　2015年5月第2次印刷
书　　号/ISBN 978-7-5097-6915-7
定　　价/59.00元

皮书序列号/B-2001-012

本书如有破损、缺页、装订错误,请与本社读者服务中心联系更换

▲ 版权所有 翻印必究

亚太蓝皮书编委会

主　编　李向阳

编　委（以拼音为序）

　　　　韩　锋　李　文　朴光姬　朴键一　王灵桂
　　　　王玉主　许利平　张　洁　赵江林

主编简介

李向阳 男，中国社会科学院亚太与全球战略研究院院长、研究员。1979~1983年就读于中央财政金融学院（现中央财经大学），获经济学学士学位；1985~1988年就读于中国社会科学院研究生院，获经济学硕士学位；1995~1998年就读于中国社会科学院研究生院，获经济学博士学位。他于1983~1985年在河南银行学校任教；1988~2009年工作于中国社会科学院世界经济与政治研究所，任副所长、研究员；2009~2011年任中国社会科学院亚太研究所所长、研究员；2011年至今任中国社会科学院亚太与全球战略研究院院长、研究员。

他的代表作包括：

《世界经济研究前沿问题》（上、下册），社会科学文献出版社，2008年；《世界经济形势分析与预测》（2004~2009年），社会科学文献出版社；《经济全球化与世界经济》，社会科学文献出版社，2002年；《企业信誉、企业行为与市场机制》，经济科学出版社，1999年；《市场缺陷与政府干预：对新凯恩斯经济学的一项研究》，中国金融出版社，1994年。

摘 要

如果说2013年底的中央周边外交工作会议是新时期中国周边战略或周边外交起点的话，那么2014年则是它的开局之年。中国发挥主场外交优势，2014年上半年以亚信峰会为平台，提出的"亚洲新安全观"获得了众多周边国家的认可；2014年下半年以APEC峰会为契机，中国所倡导的亚太自由贸易区方案成为北京峰会的最大亮点，也为APEC未来的发展注入了新的活力。中国在支持重启WTO多边贸易谈判的同时，也在全力推动区域和双边自贸区的谈判，为此完成了中韩自贸区和中澳自贸区的实质性谈判。最受人们瞩目的要属"一带一路"倡议。该倡议不仅适应了亚洲发展的多元性需求，而且为新时期中国的对外开放与经济外交提供了最重要的平台。所有这些新的实质性进展背后都体现了中国周边外交的"亲诚惠容"理念。

在亚洲经济领域，2014年绝大多数国家的经济延续了过去三年增速放慢的走势，从而验证了我们在两年前所做出的一个基本判断：亚洲新兴经济体高速增长阶段已经出现了结构性的拐点，经济增速将进入一个较快速的发展阶段。换言之，经济增速虽然会低于以往，但仍然会高于全球平均增速，亚洲仍然是全球经济增长的火车头。为实现经济发展阶段的转型，亚洲新兴经济体面临的优先任务是进行结构调整与改革。以政府领导人更迭为标志，中国、印度、印度尼西亚（也包括日本）都在顺应这一发展趋势，改革步入了实质性的阶段。尽管各国结构调整与改革的重点有所不同，但未来一个时期较快速的经济增长与结构调整改革将是亚洲国家的新常态。从影响亚洲经济增长的短期因素看，国际油价下跌与美联储退出量化宽松政策构成了两个影响方向相反的因素。

正如我们在《亚太地区发展报告（2013）》中所指出的，大国的亚洲战

略调整正在改变亚洲的竞争格局,进而也成为影响中国周边环境最重要的因素。在过去的一年中,美国的"亚太再平衡"战略与日本的"正常国家"战略构成了越来越明显的互动,美国在中日钓鱼岛争端中不选边站的立场也已经放弃。面对日本的政治右翼化加强、修改和平宪法与寻求"正常国家",美国的"容忍度"将取决于美国对中国和平崛起的"认可度"。如果美国认为中国崛起对美国的威胁足够大,那么它对日本寻求"正常国家"的"容忍度"就会足够大;反之,美国则会对日本的行为加以"约束"。在大国的战略调整中,因乌克兰危机,俄罗斯战略中心东移趋势最为引人瞩目。一个战略重心转向亚洲的俄罗斯无疑会强化中俄之间的合作,但它绝不会把所有的鸡蛋都放到一个篮子里。本地区的另一个大国——印度,在人民党获得压倒性大选胜利之后,其亚洲政策走向同样受到人们的关注。尽管新政府没有明确强调继承上届政府的"东向"战略,但印度参与东亚事务的欲望与上届政府相比有过之而无不及。

中国周边环境的变化与自身的变化同样巨大,并且两者存在着越来越强的互动关系,因而,构建新时期的中国周边战略任重而道远。

目 录

BⅠ 总报告

B.1 2014~2015年亚太形势回顾与展望 …………………… 李向阳 / 001
  一 亚洲经济的温和增长与经济改革正在成为一种
    新常态 ……………………………………………………… / 002
  二 美国"亚太再平衡"战略日益呈现出"离岸平衡"
    特征 ………………………………………………………… / 006
  三 俄罗斯战略重心东移已经成为一个不可阻挡的趋势 …… / 007
  四 印度新政府的亚洲战略处于形成阶段 ………………………… / 008
  五 以"亲诚惠容"为理念的中国周边战略浮出水面 ……… / 010

BⅡ 专题:"一带一路"

B.2 "一带一路"战略推行的经济基础 ………………… 赵江林 / 013
B.3 21世纪海上丝绸之路与互联互通 ………………… 王金波 / 025
B.4 海上丝绸之路与东亚区域合作 ……………………… 王玉主 / 037

B.5 21世纪海上丝绸之路与中国—东盟命运共同体 ………… 许利平 / 048

B.6 构建"一带一路"的安全环境问题概述 ………………… 朴键一 / 059

BⅢ 区域经济合作

B.7 北京APEC峰会：议题回顾与评述 …………………… 刘均胜 / 076

B.8 跨太平洋伙伴关系协定与美日战略利益的
契合及分歧 …………………………………………… 葛　成 / 091

B.9 RCEP与亚太区域经济一体化进程 …………………… 王金波 / 105

BⅣ 地区热点问题

B.10 南海问题的四大变局 …………………………………… 钟飞腾 / 118

B.11 亚信会议机制的发展现状及其前景 …………………… 杨丹志 / 130

B.12 泰国"5·22"军事政变的过程、原因与前景 ……… 周方冶 / 142

B.13 2014年总统大选对阿富汗政治及安全局势的影响 …… 叶海林 / 154

BⅤ 中国与地区大国关系

B.14 中日关系：转型中的博弈与磨合 ……………………… 李成日 / 167

B.15 中韩关系的现状及其走向探析 ………………………… 李永春 / 178

B.16 大选后的印度尼西亚与中国关系 ……………………… 许利平 / 190

B.17 中印关系：增信释疑与双轨政策 ……………………… 吴兆礼 / 202

B.18 阿博特政府外交动向、经济困局与中澳关系 ………… 高　程 / 213

Ⅵ 附录

B.19 亚太地区大事记 …………………………………………… / 225

B.20 后记 …………………………………………………………… / 245

Contents …………………………………………………………… / 246

总报告
General Report

2014～2015年亚太形势回顾与展望

李向阳*

摘　要：　受全球经济复苏缓慢与自身结构调整的影响，2014年亚洲经济保持温和复苏。但相比之下，亚洲经济仍然是全球经济增长的主要引擎。2015年，主要亚洲国家在加快经济结构调整与改革的同时，经济增速也将有所加快。"亚太再平衡"战略越来越呈现出"离岸平衡"的特征，美国依托其亚洲盟国实施其战略目标，由此带来两个明显的后果：一是日本的"正常国家"进程与美国的"亚太再平衡"战略形成了互动之势；二是声索国利用"亚太再平衡"损害中国核心利益。受乌克兰危机的影响，俄罗斯的战略重心向亚洲转移已成为一个不可避免的趋势。中国周边的另一个

---

* 李向阳，中国社会科学院亚太与全球战略研究院院长，研究员。

大国——印度在大选结束之后,其亚洲战略虽然没有明晰化,但已经成为各国关注的焦点。过去一年中,以"亲诚惠容"为基础的我国周边战略取得了重大进展:在亚信峰会中国首先提出亚洲新安全观;以APEC北京峰会为契机,亚太自由贸易区获得共识;中国与韩国、澳大利亚的自由贸易区完成了实质性谈判;"一带一路"倡议即将进入实施阶段。

关键词: 亚太再平衡战略 亚洲新安全观 亚太自由贸易区 中国周边战略 一带一路

一 亚洲经济的温和增长与经济改革正在成为一种新常态

由于中国、印度、东盟与日本经济减速,2014年的亚洲经济延续了过去3年的增速放慢态势,从而确认了我们的一个基本判断:亚洲新兴经济体高速增长的时代已经终结①(参见表1)。但考虑到全球经济仍处于温和复苏阶段,亚洲作为全球经济的引擎地位无人取代。

2015年亚洲新兴经济体的增长前景面临两大外部因素:石油价格下跌与美国退出量化宽松政策。受全球经济复苏乏力与美国页岩气革命的制约,油价已经降至5年来的最低点。尽管油价继续下跌后有可能出现小幅反弹,但下跌已成为不可避免的趋势。对于高度依赖石油进口的亚洲新兴经济体而言,这是一项重大利好,通胀压力减轻,经常账户也会

---

① 李向阳:《2013~2014年亚太形势回顾与展望》,《亚太地区发展报告(2014):中国的周边环境》,社会科学文献出版社,2014。

因此而受惠。① 另一方面，鉴于美国经济复苏进程加快，2015年美联储在退出量化宽松政策之后选择加息将是一个大概率事件。在美联储退出量化宽松政策的同时，日本央行与欧洲央行仍将会维持宽松货币政策，但都不足以抵消美联储退出量化宽松政策所带来的冲击。如果说油价下跌对亚洲新兴经济体经济增长的积极影响较为确定的话，那么美联储退出量化宽松政策所带来的负面冲击则难以做出确定性的评估。

从内部来看，亚洲新兴经济体短期内普遍面临消化国际金融危机后遗症的压力，即经济增速放慢的同时，国内资产价格与通胀压力仍然存在。

表1 2014~2015年亚洲经济增长的前景

单位：%

	经济增长率			消费价格指数			经常账户差额/GDP		
	2013	2014	2015	2013	2014	2015	2013	2014	2015
亚洲总体	5.5	5.5	5.6	3.8	3.7	3.7	1.4	1.4	1.5
亚洲发达经济体	2.1	2.1	2.2	1.1	2.3	2.3	1.9	2.1	2.1
亚洲发展中国家	6.6	6.5	6.6	4.7	4.1	4.2	1.0	1.0	1.1
亚洲新兴经济体	6.6	6.5	6.6	4.6	4.0	4.1	1.1	1.1	1.2
东盟五国	5.2	4.7	5.4	4.6	4.6	5.0	0.0	0.7	0.6
日本	1.5	0.9	0.8	0.4	2.7	2.0	0.7	1.0	1.1
中国	7.7	7.4	7.1	2.6	2.3	2.5	1.9	1.8	2.0
印度	5.0	5.6	6.4	9.5	7.8	7.5	-1.7	-2.1	-2.2

注：2013年为实际数，2014年、2015年为预测数。亚洲发达经济体：日本、韩国、澳大利亚、新西兰、新加坡、中国香港、中国台湾。东盟五国：印尼、泰国、越南、马来亚、菲律宾。亚洲新兴经济体：东盟五国、中国、印度。

资料来源：IMF, *World Economic Outlook*: *Legacies*, *Clouds*, *and Uncertainties*, October 2014, P55.

面对高速增长阶段的终结，亚洲经济的出路在于结构调整与改革。过去两年间，以领导人更迭为契机，日本、中国、印度、印尼等先后启动了新一

---

① 国际货币基金组织估算，2014年下半年全球油价下跌会使日本、德国、意大利等石油进口国经济提振1个百分点。摩根大通经济学家估计油价下跌未来半年会使全球经济提升0.7个百分点。参见《油价重挫引发对全球经济增长的新预期》，中国经济新闻网，2014年12月9日。

轮的改革。

以"安倍经济学"为代表的日本经济改革在取得初步成效（通货紧缩得到初步遏制，投资者信心开始恢复，证券市场大幅回升，日元汇率贬值等）之后陷入了停滞阶段。在"安倍经济学"的"第三支箭"（结构改革）迟迟未发的背景下，私人消费与投资因消费税的提升而受到巨大打击。2014年第二和第三季度经济增长率（折合年率）连续下滑6.7%和1.9%，其中私人消费贡献度分别为-12%与0.8%，私人投资贡献度分别为1.2%和-3.2%。①全年的经济增速预计只有0.9%。为此，安倍政府已经决定推迟第二次提高消费税的时间。尽管如此，这并不意味着安倍政府会放弃经济改革，未来经济改革还将继续。②对日本而言，没有全方位的经济改革，经济摆脱多年的停滞困境将是一句空话，安倍政府继续执政的基础也将会丧失。

在印度，莫迪当选后，新政府开启了新一轮的改革进程。其经济政策的核心由三部分组成：一是创造更多的就业机会；二是吸引外国直接投资；三是优先发展制造业。这三项目标是密切相关的。据估算，印度需要每个月新创造100万个新就业机会才能适应不断增加的劳动力供给。在创造新的就业机会中，服务业固然重要，但未来发展的重点是振兴制造业。印度制造业产值占国内生产总值的比例仅有15%，远低于其他亚洲新兴经济体（大致在25%~35%）的水平。融入亚洲国际生产网络之中是印度振兴制造业的突破口。为此，吸引更多的外国直接投资是关键。③为实现上述目标，新政府需要在众多领域推进改革。第一，外资法，包括外资持股比例、额度审批、投资领域等。第二，土地征用法规。长期以来，印度基础设施建设面临土地征用法规的严重制约，而基础设施发展滞后又成为吸引外资和发展

---

① Federal Reserve Bank of New York, "Global Economic Indicators," 2014, http：//www. newyorkfed. org/research/global_ economy/globalindicators. html.
② Economists, "Japan and Abenomics: Moment of Reckoning," Dec. 6th, 2014, From the print edition.
③ Anwarul Hoda and Durgesh Kumar Rai, "Revitalising India's Manufacturing Industry," East Asia Forum, 24 September 2014.

制造业的瓶颈之一。第三，劳工法。现行的劳工法对企业雇佣和解聘工人有着非常严格的规定。第四，公司税法。莫迪在竞选期间曾指责国大党在公司税方面是"税收恐怖主义"，导致印度成为对企业专制和敌视的国家。第五，粮食与能源价格补贴机制。粮食与能源价格补贴是印度财政赤字的重要来源。反过来，这又涉及低收入阶层的生活问题。[1] 第六，中央政府与地方政府的权力分配机制。印度实行联邦制，地方政府拥有很多立法权。中央政府推行的政策能否有效得到实施很大程度上取决于地方政府的合作。比如，商品与服务税（GST）的改革就直接涉及中央政府与地方政府的财政分权。[2]

印尼新总统佐科在竞选期间的一句口号"印尼需要一场思想革命"充分反映了民众对改革的期望。新政府提出了世界海洋轴心理论，并以此为基础开始制定新的经济发展规划，其中包括：扩大对外开放，保持贸易平衡；简化程序，改善投资环境；加大基础设施投资，构建海上高速公路；建设工业园区，振兴制造业，促进地区平衡发展；加强农业发展，实现粮食自给自足；削减燃油补贴；等等。政府通过这些政策，既要实现经济增长，又要兼顾民生。

除此之外，其他亚洲新兴经济体也在致力于改革和调整原有的经济发展模式。菲律宾现政府为清除腐败、减少贫困所采取的一系列改革措施已经取得初步成效，近年来其经济增长率已成为东盟国家中最高的。即便是处于政治转型期的泰国和缅甸也都在加快经济改革的步伐。[3]

不同于宏观经济政策的调整，经济发展模式的调整不可能在一朝一夕内完成，甚至难以在短期内取得成效。这就注定了未来一个时期内，亚洲新兴经济体的温和增长与经济改革并行成为一种新常态。

---

[1] Sourabh Gupta, "Obama and Modi Must Cook up a Solution on Food Subsidies and the WTO," East Asia Forum, 28 September 2014.
[2] Economists, "Tax reform in India: The truck stops here," Nov. 8th, 2014, from the print edition.
[3] Cyn - Young Park, "Myanmar Can not Afford to Pass up Reform," East Asia Forum, 1 October 2014.

亚太蓝皮书

二 美国"亚太再平衡"战略日益呈现出"离岸平衡"特征

美国"亚太再平衡"战略一直受到国内外各种因素的制约，如经济复苏缓慢、财政压力巨大、民主党在中期选举中大败、应对"伊斯兰国"恐怖主义的军事威胁、乌克兰危机及其对俄罗斯的制裁，等等。但正如我们一直强调的，"亚太再平衡"战略不会因美国内外部的制约因素而终止或停滞。过去一年，我们目睹了为适应内外部环境的变化，这一战略日益呈现出"离岸平衡"的特征，即构建和扩大其亚洲同盟体系服务于"亚太再平衡"的战略目标。以2014年4月奥巴马的亚洲之行为例，在日本，他明确宣布《美日安全条约》适用于钓鱼岛，强调所谓应对单方面改变地区现状的挑战。美国在中日钓鱼岛争端中已经放弃了不选边站的立场。在韩国，奥巴马强调美日韩三方及中国与其他各方协调对朝政策。在马来西亚，奥巴马重申双方在"跨太平洋伙伴关系协定"（TPP）层面的合作。在菲律宾，美菲签署了《增强防卫合作协定》（Enhanced Cooperation Agreement），这一协定是建立在双方1951年签署的《共同防卫条约》基础之上的。此外，美国还要求其亚太盟友不要参与中国所倡导的亚洲基础设施投资银行。不久前，美国国务院网站发表题为"海洋界限——中国在南中国海的海洋主张"报告，表明美国在南海争端中的选边站立场开始调整。

"亚太再平衡"战略的"离岸平衡"特征最突出的表现还要属美国对待日本修改和平宪法、追求"正常国家"的立场。2014年7月1日，安倍政府通过内阁决议，重新解释宪法第九条，消除了自卫队使用武力的限制。这标志着日本在修改"和平宪法"的道路上迈出了实质性的步伐，而在这一变化的背后是美国的"容忍"和支持。

在《亚太地区发展报告（2014）》中，我们指出日本挑起钓鱼岛争端有三个层面的目标：第一个层面的目标是，对钓鱼岛要实现从实际控制到法理控制；第二个层面的目标是，以钓鱼岛争端为借口，夸大"中国威胁"，修改和平宪法，追求成为所谓的"正常国家"；第三个层面的目标是，在实现"正常国家"目标的前提下，建立"价值观外交"同盟体系，遏制中国的和平崛起，主导未来亚洲的格局与秩序。

从日本挑起钓鱼岛争端开始已经过去了两年。从上述三个目标来看，日本在第一个层面的目标上没有取得成功，它不仅没有实现对钓鱼岛的法理控制，而且中国成功地打破了日本对钓鱼岛的实际控制。针对第二个层面的目标，日本可以说取得了成功。通过夸大"中国威胁"修改和平宪法进程，既克服了国内的民意障碍，也在国际上得到了美国及其盟友的"认可"。至于第三个层面的目标，日本的目标与美国"亚太再平衡"战略的目标正在寻求越来越多的交集。

展望未来，美国对日本修改和平宪法、追求所谓"正常国家"目标的"容忍度"将取决于美国对中国和平崛起的认可度。如果美国认定中国的和平崛起对其威胁足够大，那么它对日本追求所谓"正常国家"战略的"容忍度"就会无限大；反之，美国则会对日本的行为加以"约束"。这是美国"亚太再平衡"战略的"离岸平衡"特征派生出的必然结果。

三 俄罗斯战略重心东移已经成为一个不可阻挡的趋势

多年来，俄罗斯重视亚太战略基本上停留在口头之上。2012年APEC峰会在俄罗斯的符拉迪沃斯托克举行，为此，俄罗斯政府曾一度承诺加大对远东地区的投资，并制定发展远东的中长期规划。然而实际结果显示，这只是一个临时的口号。俄罗斯以欧洲作为战略重心的格局没有发生任何变化。

2014年初的乌克兰危机改变了俄罗斯长期以来的战略导向。过去一年间，因乌克兰危机西方国家不断加大对俄罗斯的政治、经济制裁，加上国际油价大幅下跌，俄罗斯经济受到了严重的打击：外资流出，卢布贬值，财政压力加大，经济增速放慢。据多数国际经济组织的预测，2014年俄罗斯经济会接近零增长。迄今为止，乌克兰危机还在继续发酵，西方国家对俄罗斯

的制裁还有可能继续升级。俄罗斯把这种行为称为西方试图在俄周边打造新铁幕。

乌克兰危机对俄罗斯与西方关系的损害将是持久的。俄罗斯与欧洲国家最重要的经济联系是能源合作。乌克兰危机之后，欧洲国家已经开始讨论从美国进口天然气，以改变对俄罗斯油气的依赖格局。另一方面，俄罗斯也在考虑扩大与亚太国家的能源经济合作。正如普京总统在不久前的国情咨文中所提到的，"俄罗斯作为一个亚太地区大国，会全面地利用这一巨大的潜能"。除了经济领域的合作之外，俄罗斯与西方国家合作的理念也在发生变化。俄罗斯著名学者谢尔盖·卡拉加诺夫认为，在有关俄罗斯与西方关系破裂的讨论中，克里米亚入俄、乌克兰的未来以及对俄制裁这些问题固然重要，但并非最重要的，问题的根源在于莫斯科决心改变西方在过去25年中强加给它的规则，俄罗斯不能也不愿受制于西方模式，因此不再寻求成为西方世界的一部分。①

当然，俄罗斯战略重心的东移绝不意味着它会放弃与欧洲乃至整个西方世界的合作。同时，作为一个大国，俄罗斯在战略重心东移过程中也不会把所有的鸡蛋都放到一个篮子里。除了中国之外，未来俄罗斯会加强与其传统盟友的合作关系，如印度、越南、蒙古、朝鲜等。为了适应战略重心的东移，俄罗斯还将在本地区拓展新的合作伙伴，如日本。无论是在经济领域，还是在政治、安全领域，俄罗斯战略重心的东移对亚太地区格局的影响都将是深远的。

四 印度新政府的亚洲战略处于形成阶段

莫迪执政半年来，印度新政府的对外政策一直是世界关注的焦点。从新政府半年来的外交布局看，其亚洲战略可以概括为：继续奉行独立的外交政

---

① 转引自《俄罗斯敦促西方结束欧洲的冷战》，载北京大学国际战略研究院《海外智库观点要览》2014年第3期。

策，在大国之间寻求平衡，以期走出南亚，成为亚太乃至全球大国。

第一，改善与巴基斯坦的关系，为南盟注入新的动力，确立在南亚地区的领导地位。印巴之间的矛盾是根深蒂固的，但莫迪在总理就任仪式上招待了以巴基斯坦总理谢里夫为首的南亚区域合作联盟（SAARC，简称南盟）的所有加盟国首脑及代理人，同时还接受了谢里夫总理访巴的邀请，彰显了印度南亚"地区领导者"的身份。

第二，在东亚地区，印度寻求在中日两个大国之间的外交平衡。莫迪所代表的人民党是政治上民族主义与经济上自由主义的混合体。发展经济，尤其是摆脱金融危机之后经济增速大幅放缓的困境是新政府的优先目标，因而加强与中日的经济合作是一种必然选择。对于印日经济关系，2010年辛格政府就与日本签署了双边自贸区协定，莫迪上任后出访的第一站就选择了日本。而对于印中经济关系，近年来中印不仅在双边层面的合作进程加快，而且在金砖国家层面也已经建立起机制化合作，如金砖开发银行。面对存在矛盾的中日关系，印度既不会明确成为安倍政府遏制中国"价值观外交"的成员，也不会轻易与中国构建全方位的合作关系。

第三，加强与东盟的合作，积极参与南海争端，平衡中国在这一地区的影响力。印度传统上把东南亚视为其"后院"，同时也把东南亚当作进入东亚的跳板。20世纪90年代印度推行"东向"政策的起点就是从加强与东盟合作开始的。近年来，印度与东盟的合作在一定程度上是为了平衡中国在这一地区的影响，比如在中国—东盟自贸区协议达成之后，印度也随即启动了与东盟的自贸区谈判，印度参与在南海由越南所提供区域的石油开采，等等。

第四，深化与俄罗斯的传统伙伴关系，平衡中巴之间的盟友关系，扩大在中亚地区的影响。① 冷战时期，印度就是苏联在亚洲的主要合作伙伴。冷战结束之后，俄罗斯一直是印度军备的主要提供者；在"入常"、加入上海合作组织等涉及印度重大战略关切的领域，俄罗斯也一直站在印度一边。反过来，印度在国际事务中也对俄罗斯给予回报，比如乌克兰危机之后，印度

---

① C. Raja Mohan, "Delhi's Dance with the Great Powers," East Asia Forum, 14 May 2014.

就明确反对西方国家对俄罗斯的制裁。伴随俄罗斯战略中心的东移，印度与俄罗斯的合作关系会进一步提升。

第五，强化与美国的合作，在全球层面寻求中美之间的平衡。因2002年莫迪出任古吉拉特邦首席部长时默认了伊斯兰教徒的虐杀事件，从2005年开始美国政府拒绝为其发放签证。然而，这并没有阻碍美国政府试图把印度纳入到亚洲同盟体系之内的努力。上届国务卿希拉里所倡导的"印太"概念让怀有"大国梦"的印度深感受用。莫迪当选之后，奥巴马政府就明确表示出改善美印关系的意愿，而莫迪随后对美国的访问也给奥巴马以积极的回应。对印度来说，强化与美国的合作既符合其"东向"战略的目标，也有助于在中美之间实现战略平衡。

五 以"亲诚惠容"为理念的中国周边战略浮出水面

以2013年召开的中央周边外交工作会议为标志，以"亲诚惠容"为理念的新时期中国周边战略开始成型，同时周边在中国对外战略中的地位进一步提升。2014年围绕"亲诚惠容"理念，中国周边战略取得了一系列重大进展。

第一，以举办亚信峰会为契机，中国所倡导的亚洲新安全观获得了广泛的认可。倡导共同、综合、合作、可持续的亚洲安全观，搭建地区安全和合作新架构是中国对地区安全做出的新诠释。"共同"安全观理念体现了构建命运共同体的发展方向；"综合"安全观理念适应了当今非传统安全日趋重要的发展趋势；"合作"安全观理念改变了一部分国家结盟对抗另一部分国家的冷战思维；"可持续"安全观理念明晰了发展与安全的辩证关系。在当今亚洲，促进经济领域的合作已经获得了基本的共识，但区域外大国经常打着维护地区安全、提供安全保障的旗号挑起区域内的争端。由此带来的结果是，亚洲区域经济合作与地区安全合作出现了脱节现象。在"亚太再平衡"的战略背景下，一些亚洲国家甚至明确奉行"经济上依赖中国，安全上依赖美国"的政策。实际上，经济合作与安全合作的脱节已经损害到了经济合作。因而，倡导并践行符合亚洲发展实际和共同利益的新安全观是亚洲国家的普遍诉求。

第二，以APEC北京峰会为平台，中国所倡导的亚太自贸区（FTAAP）为APEC注入了新的活力。APEC已经走过了25年的发展历程，它所达成的《茂物宣言》曾经对区域内的贸易投资自由化与经济发展起到了积极的作用。但近年来，由于美国把推进贸易投资自由化的重心转向了TPP，APEC已经逐渐沦落为一个"清谈俱乐部"。作为2014年APEC峰会的东道主，中国积极倡导建立亚太自贸区，获得了各成员方的支持。亚太自贸区并不是一个新方案，在APEC成立的早期阶段，美国曾是这一方案的倡导者。后来美国把TPP与它结合起来，宣称以TPP为基础，逐渐扩大新成员，最终实现亚太自贸区。但这一路径有可能引发一个巨大的风险：APEC本身被架空。原因是，在亚太自贸区实现之前，率先加入TPP的成员会把重心放在TPP建设之上，而没有加入TPP的成员则可能被边缘化。中国所倡导的亚太自贸区方案强调，亚太自贸区的建设应以所有APEC成员参与为前提。尽管构建亚太自贸区的具体路径还有待于进一步探讨，但中国所倡导的理念无疑将会给APEC未来的发展注入新的活力。

目前，亚太地区的区域经济合作呈现出"三驾马车"并存的局面：前景尚不明朗的中日韩自贸区、不包括中国的TPP与不包括美国的区域全面伙伴关系协定（RCEP）。显然，要摆脱亚太区域经济合作中目前的困境，亚太自贸区是一个理想的出路。这对于中国全面参与亚太区域经济合作也有着十分重要的意义。

第三，适应区域主义的发展趋势，中国与周边国家的双边自贸区谈判取得了重大进展。进入21世纪以来，大国对待多边主义与区域主义的立场发生了重大变化，几乎所有的大国都从多边主义转向了区域主义。为适应这种发展趋势，中国在积极推动亚洲区域经济一体化的同时，也在加快与周边国家的双边自贸区谈判。2014年中国先后完成了中韩、中澳自贸区实质性谈判。此前，中国达成的双边自贸区协定主要是与发展中国家（东盟国家、巴基斯坦、秘鲁等）及经济规模较小的发达国家（新西兰、瑞士、冰岛等）。中韩与中澳自贸区所涉及的都是发达国家，并且都是中国的主要贸易伙伴，因而对中国经济的影响将是巨大的。此外，中韩自贸区的达成还会对未来的中日韩自贸区谈判产生间接的影响。这标志着中国的自贸区战略正在迈入一个新的发展阶段。

第四，"一带一路"倡议将为亚洲提供一种新型的区域经济合作选择。自2013年底习近平主席提出"一带一路"倡议以来，该倡议已经进入到实施阶段。我们认为，"一带一路"对外适应了亚洲发展的多元性特征，中国并不寻求建立一个统一的自由贸易区（或关税同盟、经济共同体等）。"一带一路"对内有两个基本定位：其一，它应该是中国新一轮对外开放的一项重大举措。过去三十余年的对外开放进程一定程度上限于沿海地区，广大的内陆地区开放步伐明显滞后，而"一带一路"将把内陆地区纳入进来，实现全方位的开放。其二，它应该是中国新时期经济外交的主要平台。伴随中国的和平崛起进程，作为一个大国，单纯强调外交为经济服务显然已经不适应发展的需要，构建能够体现"亲诚惠容"理念的经济外交是一项必然要求。当然，"一带一路"还有助于服务于新时期的周边战略、服务于海洋强国战略等。

基于对"一带一路"的上述定位，我们可以把它界定为：以运输通道为纽带，以互联互通为基础，以多元化合作机制为特征，以打造命运共同体为目标的新型区域合作安排。① 与以自贸区为代表的现有区域合作机制不同，"一带一路"将会以开放多元的特征推进区域合作的进程，并有可能成为最终推动全球贸易投资自由化的一个新途径。

总之，构建中国周边战略的基本理念已经形成，并已经进入实质性构建阶段。

---

① 李向阳：《论海上丝绸之路的多元化合作机制》，《世界经济与政治》2014年第11期。

专题:"一带一路"

Topics on "One Belt and One Road"

"一带一路"战略推行的经济基础

赵江林*

摘　要:	"一带一路"是新时期中国稳定、繁荣周边的战略性安排,是实现中国国内与外部特别是周边环境长治久安的主要路径。"一带一路"战略以中国与周边国家经济关系转型为基础,期望建立共同增长的经济体系。
关键词:	海上丝绸之路　丝绸之路经济带　经济关系

"一带一路",即"丝绸之路经济带"和"21世纪海上丝绸之路",是国家主席习近平于2013年下半年分别出访中亚和东盟国家时提出的新时

---

* 赵江林,中国社会科学院亚太与全球战略研究院国际经济关系室主任,研究员、博士生导师。

期中国对外开放大战略之一,是稳定周边、繁荣周边、放眼世界的战略性安排。

本文主要从中国与周边国家经济关系的角度出发,探讨该战略推行的经济基础及总体思路。

一 "一带一路"战略的目标解析

作为新时期中国对外开放的大战略,"一带一路"所要达到的战略构想是实现中国国内与外部特别是周边环境的长治久安。研究表明,"一带一路"是中国新时期对外开放战略的新格局。①从战略布局来看,如果说过去30多年的改革开放推动了东部沿海省区的快速发展,进而推动中国成为亚洲第一大、世界第二大经济体的话,那么未来30年的改革开放将要推动的是中国边疆省区的快速发展,进而以绝对的实力成为世界第一大经济体。

第一,东部沿海省区的发展并不意味着中国发展的全部内涵。没有中西部特别是西部边疆省区的发展,中国将会因东西部地区经济发展水平的落差抑制整体的发展水平,并通过社会不稳定方式威胁已经发展起来的东部省区,因此"一带一路"战略的提出是基于实现中国经济社会的整体发展而做出的战略部署。

第二,中西部特别是西部边疆省区需要与周边邻国共同发展,这才是中西部发展的全部内涵。中国中西部地区与诸多邻国接壤,如果仅仅考虑中国自身的发展,势必会造成中国与周边邻国经济发展差距的拉大,给境外"三股势力"以生存和扩张的空间,反而会时时威胁中国陆上安全,② 进而侵蚀中国经济发展成果。因此,"一带"战略的提出不仅仅局限于中国自身的发展,也将带动中国周边国家的发展,通过共同繁荣消除中国陆上安全的

---

① 王志远:《丝绸之路经济带的国际战略内涵解析》,《新疆财经》2014年第3期。
② 张文木:《丝绸之路与中国西域安全——兼论中亚地区力量崛起的历史条件、规律及其因应战略》,《世界经济与政治》2014年第3期。

隐患。

第三，东部沿海的发展事关中国和平发展之后的大局。中国一向倡导和平发展，但是要证明中国走的是一条和平发展之路，还需要在行动上给出答案。如今，中国东部沿海省区面临的安全困境主要是与日本的钓鱼岛争端、与菲律宾和越南的南海争端。如何处理好发展之后的中国与邻国的关系的确考验中国的智慧。因此，"一路"战略的提出主要是应对发展之后的中国如何处理与周边国家的关系这个难题，需要在共同发展中消除不必要的误解和塑造新时期的大国形象。

应该说，"一带一路"战略的提出贯穿了中国一直倡导的和平发展、合作共赢、相互支持的外交理念。习近平主席多次在外交场合谈及中国对外关系的理念，反复强调上述三点。可以说，这三个理念是新时期中国发展与世界各国关系的精髓。和平发展是中国对自己提出的要求，即中国崛起是一条和平发展之路，大国不再以武力解决其面临的发展问题。合作共赢是中国对外部对自身要求的反馈，发展繁荣之后的中国将进一步通过合作扩大共同利益，并将中国的经济发展机会更多惠及周边国家，[①] 是分享而不是独享利益扩大的好处。相互支持是中国对外部的要求，中国期待外部支持中国的和平发展、和平崛起，与此同时，中国也将以对等的方式支持周边国家的发展与繁荣。[②]

当然，"一带一路"战略的提出是以国际安全环境不出现重大转变的判断为前提的。尽管当前的国际安全环境存在诸多的不稳定因素，包括地区冲突、中国周边环境的局部争端、三股势力等，但是这些都没有破坏经济发展繁荣的大局。安全是发展的条件，从这一意义上说，"一带一路"是有安全上的保障的；反过来，"一带一路"战略的实施又为安全提供了基础，有利于地区稳定和当地人民的安居乐业。

[①] 2013年10月25日习近平在周边外交工作座谈会上发表的重要讲话强调，"做好周边外交工作……为我国发展争取良好的周边环境，使我国发展更多惠及周边国家，实现共同发展"。

[②] 庄宇辉、李萍：《一带一路：实现我国与世界的共同繁荣——对张蕴岭的访谈》，《深圳特区报》2014年7月1日第B08版。

二 "一带一路"战略推行的经济基础

作为国家对外开放的大战略,"一带一路"塑造的是中国与周边国家实现共同增长的经济体系,以此为中国中西部地区和周边国家的繁荣与稳定创造必备的物质基础。① 当然,二者的不同之处是两个增长体系因实施的产业基础不同、条件不同,因而需要不同的顶层设计和配备不同的政策。

(一)中国与周边国家之间传统的经济关系

自改革开放以来,外部环境为中国长期、稳定、高速增长提供了有力的支持。一方面,外部环境有效地解决了中国经济增长中面临的要素供给短缺问题。中国是一个资源相对贫瘠的国家。在进入高增长阶段之后,资源的供求矛盾更加突出,如果没有外部包括"一带一路"沿线国家的支持,也就是说中国没有从外部获得大量资源,很难想象中国经济的高增长能一直保持相对稳定和可持续发展的态势。1993~2013 年的 20 年间,中国从世界进口的原油、铁矿石等工业用原料累计总量分别为 26.6 亿吨、58.7 亿吨,同时期中国自己生产的石油和铁矿石分别为 36.8 亿吨和 65.7 亿吨,中国经济增长需要的 2/5 左右的原油和近一半的铁矿石是从外部获得的。再有,1993~2013 年中国获得的外资累计为 1.36 万亿美元,特别是在 1993~2003 年外资约占中国固定资产投资的 11.7%,2003 年之后有所下降,2004~2013 年这一比重约为 2.7%。

另一方面,外部环境也补充了中国经济增长面临的市场需求不足问题。1993~2013 年,中国对世界出口的年均增长率为 17.2%,出口额占 GDP 的比例从 1993 年的 15% 上升到 2013 年的 24.1%,最高点是 2006 年的 35.7%,20 年所形成的贸易顺差累计为 2.1 万亿美元。以上表明,中国在

---

① 赵江林:《一带一路:构建以中国为核心的区域经济增长新体系》,《中国社会科学报》2014 年 10 月 24 日第 660 期。

发展的过程中对世界市场的依赖性在增强，中国与世界之间的关系也变得更加密切。

稳定的地区环境同样为中国经济的持续高增长做出了贡献，这也是我们通常所说的中国经济发展的国际战略机遇期的部分内涵。

可以说在过去相当长的一段时期里，外部支持中国经济增长构成了中国与外部的经济关系的主要特征，随着中国经济实力的提升，上述关系也随之发生转型，中国与外部之间的关系正在向包括资金、技术、市场、政策等多领域在内的相互促进、相互支持的方向转变。这一点已体现在中国领导人和其他国家领导人的意志里。以中国—东盟的关系为例，在2013年10月举办的中国—东盟领导人峰会上，中国重申，"一个团结、繁荣、充满活力的东盟符合中国的战略利益"；而东盟则强调，"中国的发展对本地区是重要机遇，东盟支持中国和平发展"。①

（二）中国与周边国家之间的新型经济关系

目前，中国与外部的经济关系正处于转型的新阶段。当前推出的"一带一路"战略正是中国与外部的经济关系调整的自然延伸，意味着中国正在努力将自身与周边国家的经济关系向相互支持的发展方向上调整。这种转变来自以下几个方面的动力。

一是中国经济本身正在步入新的发展阶段，这为中国与周边国家经济关系的转型提供了主导力量。目前中国已进入经济增长的"新常态"，即增长速度将从过去的10%左右下降到7%左右。上述变化提示我们，一方面，虽然中国仍需要外部市场需求的支持，但这种需求的态势呈减弱趋势，其原因在于中国的工业化进程尚未完结，仍然需要外部的支持，但是对外部的需求已经不像过去那么强烈。另一方面，中国经济实力的上升也在提升中国对周边国家经济增长的支持。例如，中国消费品进口占亚太地区全部消费品进口的比重从2000年的1.5%上升到2012年的5.3%，可以预计中国消费市场

---

① 参见2013年10月发表的《纪念中国-东盟建立战略伙伴关系10周年联合声明》。

的扩张对地区经济增长将起巨大的拉动作用。同样，中国对外投资的水平也在迅速提升，从2000年的几亿美元上升到2013年的901.7亿美元，累计对外投资5257亿美元，中国正在成为外部尤其是周边国家经济增长的推动力。过去，在多种外交场合，包括一些国际合作组织中，尽管中国愿意对外部尤其是周边国家的经济增长予以支持，但是限于自身的经济实力，这种支持更多地表现为一种意愿而在具体的行动上则常常力不从心，难有大动作。今天，中国对周边经济增长的支持已经发生了从意愿到行动的转变，例如中国推出500亿美元用于筹建亚洲基础设施投资银行。目前，中国在尽力向周边国家和地区提供促进当地经济增长的政策计划，包括中国与多个国家签署的货币互换协议的升级、中国人民币清算中心的建立、提供对外援助计划，等等。

二是现有的地区产业分工体系正在发生改变，从而为中国与周边国家新型经济关系的确立奠定了基础。过去，东亚地区生产网络是以日本为核心建立的，如今这一网络正在朝扁平化方向发展。越来越多的东亚国家如韩国和中国技术实力的提升正在打破以日本为核心的地区生产网络，使得地区产业分工等级正在朝减少的趋势发展。目前，中国制造业的规模和美国的不相上下，两者分别占世界制造业总规模的20%左右。按目前的发展态势，随着中国不断向外投资和将部分产业向外转移，中国将取代日本成为地区产业分工的核心角色。

三是周边经济体同样正处于经济增长与结构转型时期，这为中国与周边国家新型经济关系的确立创造了条件。目前，周边国家或地区正处于工业化进程的不同阶段，有的在从农业国向工业国迈进，有的在从工业化的初级阶段向中高级阶段迈进，有的在从工业化的中高级阶段向后工业化阶段过渡。这些国家的共同特点是经济处于快速增长与结构转换的巨变时期。在这一过程中，不同国家面临的问题有所不同，如资金短缺、基础设施短缺、技术短缺、部分制度或政策短缺等。为解决上述问题，周边国家正在通过合作以获得更多的外部资源。我国可利用这一良好时机促进周边国家的经济增长，当然，在这一过程中周边国家也将为我国的经济增长提供新的机遇。

(三)"一带一路"战略的可实施性

2008年全球金融危机之后,中国与外部的经济关系正处于正向的调整时期,具有如下三个特点,一是可合作性,即在能够促进中国和外部共同增长的领域里加强合作;二是可增长性,即中国和外部之间的经济关系有利于促进双方的经济增长;三是可持续性,即中国和外部的经济关系在未来较长时期内能够为彼此提供持续不断的增长动力。

丝绸之路经济带,即"一带"战略所要谋求的是打破传统的产业分工模式,即资源输出输入与制成品输入输出的关系,取而代之的是建立起现代的、综合的、可持续增长的分工关系。从传统来说,中国与中亚国家的产业分工关系主要是资源与制成品的互换,即中国对中亚国家输出制成品,中亚国家对中国输出石油、天然气等能源产品。这一传统格局在今后一段时期内仍是中国同中亚国家产业分工关系的主导模式,不过,未来双方需要创造新的经济增长点,将中国中西部地区打造成新一代的"硅谷"。

首先,中国中西部地区和中亚国家已经具备向新型经济关系迈进的条件。[1] 中国中西部地区和中亚国家经过长期的发展,已经初步具备了向下一个发展阶段转型的客观条件(见表1)。从主观意愿上看,部分中亚国家并不满足于现有的产业分工模式,已经提出新的经济发展战略,主要是以推进本国工业化进程、融入全球价值链体系为新的增长点。[2] 中国西部省区也有类似的发展要求,它们不愿意长期成为东部地区的资源输出基地,而是要

---

[1] 杨恕等认为,丝绸之路经济带的构想是一个可期待的目标,这是因为"丝绸之路沿线各国在经济发展、基础设施建设、国家间的沟通、协调与合作等方面已经取得了重要进展"。参见杨恕、王术森《丝绸之路经济带:战略构想及其挑战》,《兰州大学学报》(社会科学版)2014年第1期。

[2] 2012年哈萨克斯坦开始实施《2010~2014国家加速工业创新发展纲要》,把农业、冶金业以及石油加工、电力、化工和制药、信息通信和交通运输、建筑业列为优先引资发展方向。吉尔吉斯斯坦《2013~2017年稳定发展战略》把交通、电力、采矿、农业、轻工业、服务业等作为重点发展方向。2012年10月乌兹别克斯坦颁布了《关于促进外资吸引补充措施的总统令》,将石化、化工、纺织、机械制造、煤炭工业、医药、农产品加工、建材、石油和天然气勘探等领域作为优先发展领域并提供大量优惠政策。

建立自己的高附加价值工业体系（见表2）。简言之，中国中西部地区和中亚国家均处于谋求经济快速增长的阶段，这种内在的要求有助于中国中西部地区和中亚国家加强经济联系，从双方经济发展中获得益处。

表1　中国和中亚国家经济发展水平比较（2013年）

国家	人均GDP（美元）	GDP（亿美元）	工业占GDP比重(%)	出口占GDP比重(%)
中国	6747	9181	43.9	26.2
哈萨克斯坦	12843	2203	37.8	39.5
塔吉克斯坦	1045	85	26.7	20.2
土库曼斯坦	7112	406	48.4	—
乌兹别克斯坦	1868	565	32.4	27.7
吉尔吉斯斯坦	1280	72.3	25.7	47.2

资料来源：亚洲开发银行和国际货币基金组织。

表2　中国与中亚国家产业发展战略的主要考虑

国家/地区	优势产业	未来产业
中国中西部地区	石油化工、采矿、冶金、建筑装备制造等	基础产业：石油天然气工业、采矿冶金、装备制造、机械加工等 主导产业：高附加价值化工产业、绿色环保材料、新型元器件、仪器仪表、高附加值的机械制造业、核电、风电等新能源产业以及航天技术、港口贸易、新型材料、冷轧技术产业等 未来产业：科研、教育、金融、贸易、生物制药、特色旅游等
哈萨克斯坦	石油天然气开采、冶金和深加工、交通运输和通信、电力工业	
塔吉克斯坦	采矿业、冶金、水电、化学工业、轻工业	
土库曼斯坦	石油天然气开发、电力、化学工业、纺织业、农牧业	
乌兹别克斯坦	石油化学工业、冶金工业、机械制造工业、电力、化学工业	
吉尔吉斯斯坦	采矿业、电力、煤炭、机械制造	

资料来源：郭爱君、毛锦凰：《丝绸之路经济带：优势产业空间差异与产业空间布局战略研究》，《兰州大学学报》（社会科学版）2014年第1期。

其次，中国中西部地区和中亚国家发展的背后有中国东部地区的资金和技术的支持。过去，中国东部沿海地区一直享有西部地区的资源优惠条件，因而能够实现快速发展。如今，中国中西部地区和中亚国家同样需要发展之后的中国东部地区的支持。事实上，中国东部地区也已经具备一定的条件

"援助"中国中西部地区和中亚国家,如在资金和技术方面,在一定程度上能够满足它们的发展要求,支持中国中西部地区和中亚国家建立新的经济增长点。

再次,中亚国家具有独特的"政治"条件。俄罗斯作为中亚5国的重要邻国,在经济上难以提供支持它们经济增长的足够动力,而在安全上依靠俄罗斯、在经济上依靠中国的格局使得中亚5国有足够的经济发展空间。另外,其他国家也已经为中亚国家提供了基础设施、产业合作、金融等方面的支持或援助,未来的关键是如何将现有的条件整合到"一路"战略中。

21世纪海上丝绸之路,即"一路"战略所要建立的新的增长体系则是对东亚传统的产业分工体系的改造和创新,能够提升中国与东亚在全球产业价值链中的位置,为中国与周边国家寻求新的经济增长点。周边经济发展水平相对落后的国家仍然沿袭传统的东亚产业转移模式,但是具有一定发展水平的周边国家需要中国以新思维、新产业进行重新架构,以有助于中国和周边国家产业共同升级、可持续发展。

第一,中国东部沿海地区和部分周边国家产业分工关系早已形成,具备共同调整和升级产业的基础和前提。表3列出了中国和周边国家经济发展的基本情况,表4则列出了中国与周边国家未来产业发展的主要内容。从中可以看出,中国和周边国家经济发展水平相近,在发展经济的主观意愿方面具有一致性。

表3 中国与东盟国家经济发展水平比较(2013年)

国家	人均GDP(美元)	GDP(亿美元)	工业占GDP比重(%)	贸易占GDP比重(%)
中国	6747	9181	43.9	26.2
印度尼西亚	3510	8703	45.7	23.7
马来西亚	10548	3124	40.5	82.9
泰国	5674	3872	38.2	70.1
菲律宾	2790	2720	31.1	27.9
越南	1902	1706	38.3	83.9

资料来源:国际货币基金组织和亚洲开发银行。

表4 中国与东盟国家经济发展战略的主要考虑

国家/地区	未来产业发展
中国东部沿海地区	战略性新兴产业、现代服务业
印度尼西亚	农业、采矿、能源、工业、海洋、旅游、通信和战略区开发等8大项目22大经济产业
马来西亚	以知识经济为基础的服务业
泰国	5个重点战略集群产业,即世界厨房(食品集群)、亚洲底特律(汽车集群)、亚洲热带时装(时尚集群)、世界图形设计和动画中心(软件集群)及亚洲旅游之都(旅游集群)
菲律宾	旅游、商业流程外包、采矿、住房、农业经济、物流、造船和基础设施、汽车、造船
越南	电子信息、民用电器设备、炼油和石化、造船和生产其他运输工具制造业、物流业、旅游服务业、冶金等行业

资料来源:根据各国经济发展战略整理。

第二,其他资源条件,如金融、基础设施等正在成为产业升级的背后推动力量。在金融、基础设施、制度以及人文交流等领域,中国与东盟国家经过多年的交往已经实现了高度融合。2010年中国—东盟自由贸易区的建成,新时期中国领导人提出的打造中国—东盟的升级版等举措正在为中国—东盟产业升级创造制度条件。同时,人民币在新加坡的成功交易有力地推动了金融领域的融合,为产业升级创造了资金条件。目前拟议中的亚洲基础设施投资银行正在为亚洲国家基础设施的发展、解除产业升级的瓶颈创造环境条件。

第三,可资利用的非"一路"沿线国家的内在价值。尽管日本、韩国不是"一路"上的沿线国家,但是它们与"一路"沿线国家存在天然的合作关系,不可能因"一路"战略的实施而被切断,从某种程度上说,非"一路"沿线国家和中国在构建与"一路"沿线国家的关系上存在某种竞争关系,未来中国应加强与第三方的合作,尽可能将竞争转化为合力,共同促进"一路"沿线国家的发展。比如,日本和韩国在东亚地区所具有的资金技术优势是突出的,同时它们的技术水平仍在引领亚洲产业的发展,如何将日本和韩国的资金技术优势整合到"一路"战略中需要我们改变传统思维方式。

三 "一带一路"战略推行的思路及对策建议

由于"一带一路"战略涉及众多国家、众多领域以及众多环节,因此该战略的推行是一项复杂的系统工程,基本思路是中国应主动为"一带一路"国家提供可持续增长的支持,以此促进自身和外部国家的共同增长。

第一,通过深度经济体制改革,扩大内需,以此对周边国家形成较大的产品需求市场,拉动周边国家的经济增长。实际上,在中国将部分产业迁移到周边国家之后,自然会形成相应的消费需求缺口。同时,中国需要采取扩大内需的分配体制改革,让民众内在的消费潜力得到应有的释放,进而扩大对进口产品的新增需求。市场至少在未来一定时期内是中国维系周边经济关系的主要力量。

第二,继续发挥一些惯常的手段,如贸易和投资,进一步密切中国与周边国家的经济联系。例如,加大中国与外部国家之间产品和服务的相互进口,以此形成中国和外部市场之间的对称性的相互支持。目前的关键是将进口的产品结构从原材料、中间产品、资本品转化为消费品。

再有,中国应继续加大对周边国家的投资,在支持周边国家经济增长的同时,也有利于促进中国的经济增长。这里的重点是加强产业园区的建设。产业园区的建设,不仅有助于建立中国与周边国家内在经济联系的外化平台,同时也是共同增长体系形成的核心基础。

第三,加大金融合作,有助于人民币走出去。可考虑建立以新疆为中心的西部金融中心,用于满足中国西北地区与中亚5国的货币金融需求。另外,建立中国上海、中国香港与新加坡三地联动的服务人民币走出去的金融体系,进一步扩大人民币在周边国家的使用规模。

第四,加强交通基础设施建设。基础设施是建立中国与周边国家联系的硬件通道,也是民心沟通的"软件通道"。由于这方面的投入巨大,非一国国力可承担,需要周边国家及各个机构共同"投资入股"。为此,需要以亚洲基础设施投资银行为基础,加强与主要周边国家银行、企业等的合作,尽

早弥补基础设施的关键缺口,从而使"一带一路"得以早日惠及民众。

第五,尽管目前面对来自美国的跨太平洋伙伴关系协定(TPP)的挑战,但中国仍需要继续加快区内市场整合的进程,以此扩大地区市场对经济增长的拉动作用。目前仍处于碎片化的地区市场远远不能满足区内成员实现可持续的经济增长、应对全球风险的要求。以中国—东盟的关系为例,基础设施短缺无法满足当地经济发展和人民生活改善的客观要求;在贸易投资领域仍存在较大的障碍,不利于中国—东盟之间的贸易投资往来。贸易投资等问题尚且如此,国内政策体制衔接等更需要进一步地商讨,目前中国—东盟之间经常存在国内政策衔接不到位进而影响双方已有的合作协议执行的问题,其他如人员往来包括签证等方面也在阻碍人员交往的扩大等。

另外,作为一个大的系统工程,"一带一路"的战略目标难以在短期内实现,因此"早期收获"成为"一带一路"建设的重要推进点。在重点国家、重点领域和重点合作机制安排上应大力体现"早期收获"的安排,一方面有助于实现"一带一路"战略的推行,另一方面也有助于中国与外部经济关系的深化。当然,这里有必要加强阶段性成果的设计与实施。

B.3
21世纪海上丝绸之路与互联互通

王金波*

摘　要： "21世纪海上丝绸之路"与"丝绸之路经济带"一起构成了中国全方位对外开放新格局和经济外交战略的新框架。构建海上丝绸之路就是要以经济合作和人文交流为主线，以互联互通和贸易投资便利化为优先方向，在平等协商、循序渐进的基础上与沿线国家一起走出一条共同发展之路。构建海上丝绸之路并非从零开始，而是现有合作的延续和升级。互联互通和基础设施一体化将会对区域生产网络的完善、地区统一市场的构建、贸易和生产要素的优化配置起到积极的促进作用，也会为沿线国家提高发展质量带来新的历史机遇。

关键词： 海上丝绸之路　互联互通　区域基础设施一体化　要素流动

2013年，习近平主席在访问哈萨克斯坦和印度尼西亚时先后提出共建"丝绸之路经济带"和"21世纪海上丝绸之路"的倡议（合称"一带一路"），为中国对外开放战略的转型和新型区域合作模式的构建奠定了新的基础。

一　海上丝绸之路的历史传承与时代内涵

历史上，以中国为起点的海上丝绸之路主要有三条：第一条是自成都出

---

* 王金波，博士后，中国社会科学院亚太与全球战略研究院助理研究员。

发,经中国的云南和贵州、缅甸通往南亚印度洋沿岸的"茶马古道"(又称南方丝绸之路);第二条是从中国东南沿海出发,以东南亚地区为中枢,经马六甲海峡进印度洋,直抵阿拉伯及北非沿岸的海上陶瓷之路(又称香料之路);第三条是由中国东部沿海出发,面向东北亚的东海航线,以及16世纪后兴起的连接中国与墨西哥的拉美海上贸易通道。① 千百年来,丝绸之路不仅实现了中国与沿线各国商品的互通有无和技术、人员、思想的交流,也促进了不同文明间的对话与交融。

从历史回归现实,今天,同样是在丝绸之路沿线,中国业已成为全球70多个国家和地区的最大出口市场。中国与世界各国的货物贸易也由1978年的206亿美元增加至2013年的4.16万亿美元,占全球货物贸易总量的比重则由1978年的不足1%提高到2013年的12%。② 未来5年,随着中国经济的转型与升级,新型工业化、城镇化和对外开放战略与自贸区战略的进一步实施,预计中国将从世界各国进口货物达10万亿美元。③

作为新时期中国实现全方位开放新格局和东西部均衡协调发展的重大举措,"一带一路"一起构成了中国面向欧亚、亚太以及印度洋沿岸地区全方位对外开放战略的新格局和周边外交战略的新框架。"一带一路"构想就是要以经济合作和人文交流为主线,以基础设施互联互通和贸易投资便利化为优先方向,在平等协商、循序渐进的基础上与亚非欧各国共同打造合作共赢的利益共同体。按照这一构想,未来的"一带一路"将会形成一个以中国为起点,贯穿欧亚大陆,连接太平洋、印度洋的海陆丝绸之路经济带。与古丝绸之路的精神一脉相承,"一带一路"所展现的正是中国"亲诚惠容"的相处之道和中国"和"文化中天人合

---

① 蔡鹏鸿:《为构筑海上丝绸之路搭建平台:前景与挑战》,《当代世界》2014年第4期。
② 国务院新闻办公室:《中国的对外贸易》白皮书,http://news.xinhuanet.com/politics/2011-12/07/c_111222865.htm。
③ 习近平:《共同创造亚洲和世界的美好未来——在博鳌亚洲论坛2013年年会上的主旨演讲》,http://news.xinhuanet.com/politics/2013-04/07/c_115296408.htm。

一的宇宙观、协和万邦的国际观、和而不同的社会观和人心向善的道德观。①

二 海上丝绸之路的经略范围和优先方向

在中国古代,丝绸之路既是东西方物畅其流的象征,更是各国各地区文明交流的通路。今天,在欧亚各国经济联系更加紧密、相互合作更加深入、发展空间更加广阔的时代背景下,无论是丝绸之路经济带还是21世纪海上丝绸之路,"一带一路"的构建将会创立一种新的国际合作理念、一个新的合作平台、一条共同发展之路,符合中国与欧亚、亚太、印度洋沿岸地区各国从地区合作中共同获益的基本愿望。不过,考虑到亚太、欧亚区域合作的复杂性和多样性,以及中日东海、钓鱼岛问题可能会呈现长期化的趋势,确定南海和印度洋方向作为近期海上丝绸之路建设的优先方向并以经济合作机制为主或许更容易实现突破。

其中,东盟作为古代海上丝绸之路的"中枢",在古老的海上丝绸之路上曾经占据重要位置。今天,中国与东盟依然唇齿相依。2013年,中国与"一带一路"沿线国家的贸易额已经超过1万亿美元,约占中国对外贸易总额的1/4。而在海上丝绸之路沿线,中国与东盟的贸易额已由2002年的500亿美元增加至4400亿美元,年均增长23.6%,高出同期中国贸易总额增速8个百分点。② 未来一段时期,在升级版的中国—东盟自贸区和"区域全面经济伙伴关系协定"(RCEP)框架下,预计中国与东盟之间的贸易额将扩大至2020年的1万亿美元。客观而言,RCEP的顺利建成和中国—东盟自贸区的升级将会对东亚生产网络的完善和提升、地区统一市场的构建起到积极的促进作用,为东亚经济的内生发展提供新的动力。需要认识到,在当前东亚二元格局和东北亚治理机制碎片化的背景下,东盟作为东亚合作中心地

---

① 习近平:《在中国国际友好大会暨中国人民对外友好协会成立60周年纪念活动上的讲话》,http://news.xinhuanet.com/politics/2014-05/15/c_1110712488.htm。
② 数据来源:根据中国海关贸易统计数据计算得出。

位的地区国际关系条件并未完全丧失。这或许意味着，至少在东亚一体化进程中，东盟发挥功能性中心或地区合作平台作用的外部条件仍然存在。鉴于东盟特殊的地缘政治禀赋，在未来的海上丝绸之路建设中，东盟参与合作的意愿依然非常重要。

同样，作为古代海陆丝绸之路的"交汇点"，阿拉伯中东地区在东西方经贸往来和文明交流中也发挥过举足轻重的作用。今天，中东海湾地区已经成为中国最重要的石油供给来源（见表1）。①未来10年，随着中国经济的增长，国内资源禀赋和需求之间差距的扩大将会成为制约中国经济持续发展的最大瓶颈之一，寻找可靠的长期石油、天然气供应来源因此关乎中国的发展安全，②而发展在未来很长一段时间内都会涉及中国的核心利益。③

表1 2013年中国石油进口情况分析

排名	国家/地区	进口（万吨）	同比（%）	占比（%）	海运占比（%）
1	沙特	5389.9	0.0	19.1	100.0
2	安哥拉	4001.3	-0.4	14.2	100.0
3	阿曼	2548.2	30.2	9.0	100.0
4	俄罗斯	2444.6	0.5	8.7	36.0
5	伊拉克	2351.4	49.9	8.3	100.0
6	伊朗	2144.1	-2.6	7.6	100.0
7	委内瑞拉	1574.8	3.0	5.6	100.0
8	哈萨克斯坦	1198.1	11.9	4.2	1.2
9	阿联酋	1027.6	17.5	3.6	100.0
10	科威特	934.7	-10.9	3.3	100.0
	中东	14654.2	8.6	51.9	100.0
	非洲	6423.9	-0.7	22.8	100.0
	拉美	2770.3	0.7	9.8	100.0
	总计	28214.4	4.1	100.0	90.0

数据来源：笔者根据WTA、中国海关统计数据计算制成。

① 据中国海关统计，2013年，中国从海湾国家进口原油1.47亿吨，约占中国原油进口总量的51.9%，约占海湾国家原油出口总量的16.0%。
② 杨光：《中国与海湾国家的战略性经贸互利关系》，《国际经济评论》2014年第3期。
③ 王宏禹、罗洋：《国家营销视角下的中国外交战略分析》，《外交评论》2014年第4期。

与此相对应，受国际石油市场板块化和欧美发达国家石油供应来源多样化战略的影响，过去10年，中东海湾国家逐渐失去了欧美第一大石油供应来源的地位，寻找长期稳定的石油出口市场因此成为海湾国家的重大战略关切。① 而中国经济的快速增长、石油需求的迅速增加、中国与海合会自贸区和"一带一路"的构建、亚洲尤其是东亚国家的群体性崛起等，均为海湾国家解决石油、天然气出口安全问题提供了重大机遇。据英国石油公司（BP）统计，2013年，在中东国家9.64亿吨的原油出口总量中，只有1/5约2.0亿吨的原油流向了美国和欧洲，而出口到中国、印度和日本等海上丝绸之路沿线国家的原油则高达4.4亿吨，约占中东国家原油出口总量的45.6%。②

基于此，可以说今天的中阿海上丝绸之路已经不是一条单纯的贸易通道，更是一条能源通道。能源联系的长期性和双方核心利益即中国的发展安全与海湾国家石油出口安全需求的一致性，将为中国与中东海湾国家共建海上丝绸之路带来新的机遇和保障。尽管中国目前也在推行能源供应来源和运输的多元化战略，但受独联体（CIS）石油管道运力的限制以及非洲的资源约束和大国竞争因素的制约，③ 在可预见的将来，中国将很难扭转"主要依赖从海湾国家进口石油的局面"。正如中国学者杨光所言，中国与海湾国家在能源安全这个涉及各自发展的核心利益问题上，实际上处在同一个能源安全相互保障体系中。④ 在未来的海上丝绸之路建设中，中阿双方有必要以"中阿合作论坛"为支点，在加快中国—海合会自贸区建设的同时，继续推动在中阿"1+2+3"框架下的贸易、投资和通关便利化进程以及主权财富基金的合作与共同投资，为中阿合作的深化和"能源共生关系"的超越创

---

① 杨光：《中国与海湾国家的战略性经贸互利关系》，《国际经济评论》2014年第3期。
② 数据来源：BP, "Statistical Review of World Energy 2014," http://www.bp.com。
③ 截至2012年底，中国石油已探明储量只有24亿吨（约占全球总探明储量的1%），储采比只有11.4年；而2012年非洲的石油探明储量则只有177亿吨，远低于海湾国家的1090亿吨（占全球总探明储量的48%）。
④ 杨光：《中国与海湾国家的战略性经贸互利关系》，《国际经济评论》2014年第3期。

造条件、奠定基础。①

当然,将东南亚、阿拉伯地区等古代海上丝绸之路中枢或海陆丝绸之路的交汇点作为共建21世纪海上丝绸之路的优先方向,并不意味着要放弃与其他沿线国家进一步深化合作的可能性。从务实角度看,印度洋可以作为中国构建海上丝绸之路的中期目标,而东海则可以作为中长期目标。

印度洋是中国的能源和对外贸易战略通道,涉及中国原油进口的80%和中国对外贸易总额的40%。② 对这一地区能源和贸易的高度依赖,决定了中国与印度洋密不可分;而地缘政治与资源政治合二为一的特征,③ 则决定了印度洋及其毗邻水域将成为大国资源争夺和权力竞争的核心区域。④ 当美国的印太战略、印度的东向战略、日澳关系的"同盟化"交相投射到印度洋地区时,原本彼此分割的东亚和南亚、印度洋和太平洋随即成为一个互动频繁、联系紧密且具有高度竞争性的战略要地。⑤ 而各国的战略利益在该地区的同时延伸必然会影响到中国在印度洋的存在和海上丝绸之路的构建。

东海是我国的近海,是中国主权权益集中海域,确保东亚近海战略优势应是中国在这一海域所追求的主要目标。未来5~10年,中日在东海海域保持对峙或许会成为一种常态。⑥ 客观而言,中国重建海上丝绸之路的努力,在本地区可能遭遇的最主要障碍就是依托美日同盟的日本。东亚二元格局的形成决定了未来很长一段时期东亚合作将不会十分顺利,而东亚身份认同的缺失则注定了东亚共同体的建设不会是一个由经济到政治、安全、文化的线

---

① 〔黎〕纳萨·赛迪:《海湾国家应融入"新丝绸之路"》,http://www.shekebao.com.cn/shekebao/2012skb/hwdt/userobject1ai7498.html。
② 时宏远:《美国的印度洋政策及对中国的影响》,《国际问题研究》2012年第4期。
③ 印度洋地区拥有全球65%的战略性原材料储备,其中锰、钒、铬、铀的储量分别占世界总储量的85%、60%、86%和50%,石油占世界总储量的70%以上,而铁的储量则位居世界第一。宋志辉:《美印在印度洋上的博弈对双边关系的制约与推动》,《南亚研究季刊》2008年第3期。
④ 朱翠萍:《印度洋安全局势与中印面临的"合作困境"》,《南亚研究》2014年第3期。
⑤ 韦宗友:《美国在印太地区的战略调整及其地缘战略影响》,《世界经济与政治》2013年第10期。
⑥ 张洁等:《海上纷争与中美博弈——中国周边安全形势》,《世界知识》2013年第2期。

性推进过程。① 一个可能的选择是结合中韩、中日韩自贸区谈判，在区域合作框架下逐步推进东北亚方向海上丝绸之路和海陆互联互通体系的建设。在推进东北亚海上丝绸之路的建设过程中，与日、韩两国的机制性安排固然重要，但与俄罗斯能源管道运输的互联互通和区域能源资源保障体系的构建或许更具现实意义。② 不仅如此，随着北极海运航道的商业化、常态化运营，从中国东部沿海出发经白令海峡的东北亚海上丝绸之路不仅可以大幅缩短中国到欧美沿海港口的距离，③ 也为中国有效降低马六甲海峡风险提供了一个可能选项，为中国参与北极治理、维护北极航运利益提供了一个新的路径选择。④

三　海上丝绸之路与区域基础设施一体化的构建

需要强调的是，"构建海上丝绸之路并非从零开始，而是现有合作的延续和升级"。⑤ 构建丝绸之路首先要处理好与现有合作机制、合作平台的关系。"亚洲区域合作格局的变化与复杂性决定了中国在积极参与贸易自由化和地区经济一体化建设的同时，还要创造性地推动其他形式的经济合作"。⑥ 中国有必要以现有自由贸易协定（FTA）为基础，以贸易便利化和互联互通为两翼，进一步推动中国与沿线国家在经贸、投资、金融、人文、教育、海上互联互通、港口基础设施、海洋经济、能源资源、现代农业、先进制造

---

① 张建立、李薇：《构建东亚共同体的关键在于成功形塑东亚身份认同》，《国际经济评论》2014年第3期。
② 截至2012年底，我国管道长86912公里（约占世界的2.4%），其中天然气管道48502公里。2013年，中国自俄罗斯进口石油2444.6万吨，其中管道运输占64%；自哈萨克斯坦进口1198.1万吨，其中管道运输占98.8%。
③ 取道北极航线，从东北亚到欧洲、美国东海岸将比取道苏伊士运河和巴拿马运河减少40%左右的航程和20%~30%的运输成本。据挪威船级社预测，到2030年，将会有430艘船只取道东北航道。唐国强：《北极问题与中国的政策》，《国际问题研究》2014年第1期。
④ 肖洋：《北极理事会"域内自理化"与中国参与北极事务路径探析》，《现代国际关系》2014年第1期。
⑤ 王金波：《"一带一路"与基础设施互联互通》，《中国社会科学报》2014年第660期。
⑥ 李向阳主编《亚太地区发展报告（2014）》，社会科学文献出版社，2014，第12页。

业、现代服务业等领域的合作（全球交通运输互联互通现状，参见表2）。通过在上述领域的务实合作，沿线国家完全可以走出一条共同发展之路。

表2　全球交通运输互联互通现状

	运力	贸易运输	区域分布
铁路	120万公里	—	欧洲40万公里、北美28.4万公里、南美10.2万公里、亚洲26.1万公里、非洲8.5万公里
公路	4000万公里	—	美国650（9.2）万公里、欧洲720（10.0）万公里、中国410（9.6）万公里、非洲260（0.2）万公里*
海运	15亿载重吨	87亿吨	至2011年底，全球远洋商船约10万艘，集装箱吞吐量达5.7亿TEU
航空	3100万班次	5000万吨	2012年，全球民用航空器达25000余架（最大起飞质量9吨以上）
石油、天然气管道	356万公里	3300亿立方**	全球运营管道有356万公里（天然气占80.3%、原油8.3%、成品油10.2%），其中美国222.5万公里，欧洲64.4万公里，亚太23.6万公里

注：*括弧内为高速公路公里数；**天然气管道运输贸易总量。
资料来源：李欠标：《全球交通运输互联互通现状及发展趋势》，《综合运输》2013年第11期。

历史上，丝绸之路首先是商品的互通有无。今天，21世纪海上丝绸之路的建设同样也要做到物畅其流。而要做到物畅其流，首先要做到基础设施的互联互通。① 亚洲开发银行的数据显示，到2020年，亚洲在能源、电信与交通基础设施方面的投资需求将达到8万亿美元。② 而据经济合作与发展组织（OECD）测算，到2030年，全球基础设施需求将达50万亿美元。如

---

① "互联互通"是一个广义的联通概念，既包括基础设施物理性的硬件联通（如铁路、公路、航空、海运、电信），也包括在政策与软件上的制度联通（如标准一致化、相互认证、海关通关程序、规制政策融合等），还包括自然人流动的人文流通。参见盛斌《共建面向未来的亚太伙伴关系：2014年APEC峰会前瞻》，《国际贸易》2014年第9期。

② Asian Development Bank and Asian Development Bank Institute, *Infrastructure for a Seamless Asia*, 2009, p. 4.

此巨大的资金需求缺口,仅靠各国政府的公共部门难以支撑。中国有必要以构建海上丝绸之路为契机,以亚洲基础设施投资银行和丝绸之路基金为平台,在现有 APEC 亚太互联互通、东盟互联互通的基础上,与丝绸之路沿线国家一起打通欧亚交通网、泛亚铁路网东南亚走廊和泛亚能源网,构建横贯东西、连接南北的欧亚海陆立体大通道。建议以东盟互联互通促亚太互联互通,以亚太互联互通补东盟互联互通,以海陆丝绸之路"五通"(即政策沟通、道路联通、贸易畅通、货币流通和民心相通)连接亚太、欧亚与东盟互联互通,做到三个互联互通合作进程相互促进、协同增效。

未来一段时期,随着海上丝绸之路基础设施互联互通建设的不断推进,海上丝绸之路的建设"将会对亚太区域生产网络的完善、地区统一市场的构建、贸易和生产要素的优化配置起到积极的促进作用"。[1] 据世界银行测算,对基础设施的投资每增加10%,GDP 将增长1个百分点。[2] 而据世界经济论坛的估计,如果全球供应链壁垒的削减能够达到最佳实践水平的一半,全球 GDP 预计将增长4.7%,贸易量将增加14.5%,远超取消所有关税所带来的福利收益。[3] 欧盟和北美区域基础设施一体化的实践证明,要素的自由流动能够带来国家间经济发展水平的收敛。[4] 同样,海陆丝绸之路基础设施一体化及其溢出效应能够满足沿线各国共同发展并从"一带一路"中获益的基本愿望。

不过,与亚洲区域合作的多样性相比,当前亚洲基础设施互联互通主要

---

[1] 王金波:《"一带一路"与区域基础设施互联互通》,《中国社会科学报》2014 年第 660 期。
[2] World Bank, "Can Infrastructure Investments Generate Growth?" http://web.worldbank.org/WBSITE/EXTERNAL/TOPICS/EXTINFRA/0,contentMDK:23154473~pagePK:64168445~piPK:64168309~theSitePK:8430730,00.html.
[3] 转引自王震宇《全球共赢:亚太基础设施建设和互联互通》,外文出版社,2014 年 11 月。
[4] 泛欧基础设施网络由泛欧交通网络、泛欧能源网络和泛欧通信网络三部分组成,其规划和融资采取超国家管理的方式,其法律和政策基础是 1992 年通过的《马斯特里赫特条约》和 1996 年的泛欧网络指导方针。其中,泛欧交通网络寻求通过新建和改进现有基础设施来组建有效的一体化欧盟交通网络,泛欧能源网络旨在通过整合欧盟能源市场来提高效率,而泛欧通信网络则为覆盖全欧盟的电子服务提供资金支持。亚洲开发银行研究院:《亚洲基础设施建设》,社会科学文献出版社,2012,第 84~86 页。

依赖于亚洲开发银行、中日两国的援助资金及优惠贷款的支持。[1] 客观而言，有限的融资额度和单一的融资渠道很难满足亚洲互联互通和基础设施一体化的需求。亚洲开发银行的评估报告显示，2010~2020年，亚洲各国总计需要5.4万亿美元的投资用于国内新增基础设施建设，2.57万亿美元用于现有国内基础设施的维护和更新（见表3），需要2870亿美元的投资用于跨境区域基础设施项目（涉及989个交通运输项目和88个能源项目），年均基础设施投资需要7500亿美元。上述项目和投资若能成为现实，将为亚洲创造约13万亿美元的实际收入。[2]

表3 亚洲国家基础设施部门投资需求（2010~2020年）

单位：百万美元

部门/分部门	新增能力	更新	合计
能源（电力）	3176437	912202	4088639
电信	325353	730304	1055657
移动电话	181763	509151	690914
固定电话	143590	221153	364743
运输	1761666	704457	2466123
机场	6533	4728	11260
港口	50275	25416	75691
铁路	2692	35947	38639
公路	1702166	638366	2340532
供水和环卫设施	155493	225797	381290
总计	5418949	2572760	7991790

资料来源：Asian Development Bank and Asian Development Bank Institute, *Infrastructure for a Seamless Asia*, 2009.

基于区域基础设施的公共产品属性，亚洲基础设施网络建设的融资约束决定了推进互联互通融资合作将是亚洲基础设施一体化的必由之路。同样，丝绸之路沿线国家间的互联互通也离不开广泛的区域协调、稳定的区域金融

---

[1] 竺彩华等：《东亚基础设施互联互通融资：问题与对策》，《国际经济合作》2013年第10期。
[2] Asian Development Bank and Asian Development Bank Institute, *Infrastructure for a Seamless Asia*, 2009, pp. 199–200.

市场和有效的融资措施以及公私部门的密切合作。① 中国有必要以亚投行②、金砖银行、上海合作组织开发银行和"丝路基金"为平台，以提高区域经济联通的全面性和超越地理局限性为目标，通过拓展基础设施融资渠道、加强区域财政金融合作、降低贸易壁垒、推进货币互换和本币结算（见表4）、促进人文交往等措施，在优先解决本地区基础设施互联互通瓶颈问题的同

表4 2009年以来中国货币互换协议签署情况

日期	货币互换对象	规模（亿元）	日期	货币互换对象	规模（亿元）
2009年1月	中国香港	2000	2012年2月	马来西亚	1800
2009年2月	马来西亚	800	2012年2月	土耳其	100
2009年3月	白俄罗斯	200	2012年3月	蒙古	100
2009年3月	印度尼西亚	1000	2012年3月	澳大利亚	2000
2009年3月	阿根廷	700	2012年6月	乌克兰	150
2010年6月	冰岛	35	2013年3月	新加坡	3000
2010年7月	新加坡	1500	2013年3月	巴西	1900
2011年4月	新西兰	250	2013年6月	英国	2000
2011年4月	乌兹别克斯坦	7	2013年9月	匈牙利	100
2011年5月	蒙古	50	2013年9月	阿尔巴尼亚	20
2011年6月	哈萨克斯坦	70	2013年9月	冰岛	35
2011年6月	俄罗斯	—	2013年10月	欧洲央行	3500
2011年10月	韩国	3600	2014年7月	阿根廷	700
2011年11月	中国香港	4000	2014年7月	瑞士	1500
2011年12月	泰国	700	2014年8月	蒙古	150
2011年12月	巴西	100	2014年9月	斯里兰卡	100
2012年1月	阿联酋	350	2014年10月	韩国	3600

资料来源：中国人民银行，http://www.pbc.gov.cn/publish/huobizhengceersi/3135/index.html。

---

① 欧盟的经验表明，仅靠公共部门不足以弥补跨境基础设施的资金缺口，但能否获得私营部门的融资则将取决于金融市场的发达程度和稳定性及其调动本地区国内储蓄的有效性。
② 2014年10月24日，包括中国、印度、蒙古、乌兹别克斯坦、哈萨克斯坦、斯里兰卡、巴基斯坦、尼泊尔、孟加拉国、阿曼、科威特、卡塔尔以及除印度尼西亚之外的东盟所有成员国在内的21个首批意向创始成员国在北京正式签署《筹建亚投行的政府间框架备忘录》，标志着亚投行的筹建工作进入了一个新的阶段。

时,[1] 抓住"关键通道、关键节点和重点工程",[2] 加快构建"全方位、多层次、多渠道"的区域基础设施一体化新格局。

四 结语

作为中国经济外交战略方向性变化的开始,[3] "一带一路"的提出对中国国家和社会的相互协调以及政治、经济、文化的相互整合提出了更高的要求。[4] 构建"一带一路"离不开宏观层面的规划与协调、中观层面的产业与技术合作和微观层面各种社会行为体与企业行为体的协同配合。

"一带一路"涉及贸易、金融、投资、能源、科技、人文、交通和基础设施等多个领域,地理上则涵盖欧亚大陆数十个国家,"不仅具有丰富的经济合作内涵,还具有一定的地缘考量"。[5] 在今后的"一带一路"建设中,中国需要进一步细化与沿线国家不同形式的合作关系,进而采取差异性的策略予以应对,做到区别对待;[6] 需要区分沿线不同国家的内部制度,将市场细分和受众分析做得更加到位,做到微观细致。

---

[1] 鉴于中南半岛在泛亚铁路网、公路网和大湄公河次区域互联互通中的重要地位,中国有必要结合"两廊一带"规划,优先推进与缅甸等中南半岛国家以及印度、孟加拉等南亚国家的合作,积极构建中、孟、缅国际能源大通道,稳步推进中、孟、缅、印海陆互联互通,做好海上丝绸之路与"两廊一带"的互动和联通。
[2] 刘赐贵:《发展海洋合作伙伴关系推进21世纪海上丝绸之路建设的若干思考》,《国际问题研究》2014年第4期。
[3] 徐进、杜哲远:《反思中国外交政策研究中的思维定势》,《国际政治科学》2014年第3期。
[4] 王宏禹、罗洋:《国家营销视角下的中国外交战略分析》,《外交评论》2014年第4期。
[5] 李巍、孙忆:《理解中国经济外交》,《外交评论》2014年第4期。
[6] 高程:《中国崛起背景下的周边格局变化与战略调整》,《国际经济评论》2014年第2期。

B.4 海上丝绸之路与东亚区域合作

王玉主*

摘　要：	地区国际环境的变化给中国区域合作战略带来一个重要挑战，即如何服务于中国的可持续崛起。"21世纪海上丝绸之路"作为中国新时期处理与外部关系的重大战略，应在建设中充分发挥深化与周边关系、应对中国面临的挑战的作用。超越传统的自由贸易思维、构筑新的区域合作模式是海上丝绸之路服务中国可持续崛起的关键，而中国—东盟合作将是海上丝绸之路合作构建全新区域合作模式的第一步。
关键词：	海上丝绸之路　东亚合作　模式创新

一　导言

2013年10月，习近平主席在出访印尼时提出了与东盟国家加强海上合作，共同建设"21世纪海上丝绸之路"的倡议。此后不久，这个倡议就与习主席此前出访哈萨克斯坦时提出的"丝绸之路经济带"倡议并称为"一带一路"。对于"一带一路"这个被认为是"我国扩大和深化对外开放，构建开放发展新格局，践行合作共赢理念的大战略"，[①] 到目前为止官方的阐释还不算太清晰，[②] 因

---

* 王玉主，中国社会科学院亚太与全球战略研究院研究员。
① 张蕴岭：《聚焦一带一路大战略》，《大陆桥视野》2014年8月上半月刊。
② 王毅外长曾指出，中国提出建设21世纪海上丝绸之路，是在新形势下本着"和平、友谊、合作、发展"的精神，通过与有关国家开展海上互联互通、海洋经济等各领域的务实合作，实现和谐相处、互利共赢和共同发展（参见王成洋《我国"海上丝绸之路"构想开始落地》，《金融时报》2014年2月15日第8版）。但作为一项合作倡议的发起者，中国给出的这种阐释还是过于笼统，可操作性不够强。

此学术界的相关研究探讨的主要还是比较宏观的问题。就海上丝绸之路的功能定位来说，有人认为是中国经略周边战略的一部分；① 有人认为是一项经济外交手段，进而要发挥经济外交作为财富向权力转化的工具这一作用；② 还有人认为海上丝绸之路"实质是指中国对外贸易关系网络"；③ 更有人认为，海上丝绸之路是应对复杂的周边地缘政治、地缘经济格局的对策，深化与东南亚国家经济关系的手段。④ 很显然，这些界定的范畴虽然逐步缩减了，或者说越来越具体了，但总让人觉得这离大战略有一定的距离。当然也有人试图给海上丝绸之路的功能做出全面界定的研究，例如认为海上丝绸之路要"继承古代丝绸之路之精神，以加强经济合作为基础，建设沿线国家基础设施为重点，不断深化沿线各国的海洋合作，共同促进沿线国家经济发展、社会稳定、区域和谐和文化融合"的看法，⑤ 虽然骨子里考虑的可能是海上丝绸之路在构筑周边战略依托带方面的作用，⑥ 但看起来显得有些利他主义。

上述研究对于海上丝绸之路看法的多样性实际上反映了这个倡议作为大战略功能的包容性——包含着崛起的中国试图以全新的姿态和形式与周边、与世界互动的冲动或者愿望。正如何亚非先生所说的，海上丝绸之路战略构想的"目的就是为地区和平与发展、建立新的区域治理机制与体系作谋划"。⑦ 这个定位与中国希望塑造新的区域合作模式的想法是有一定的关联性的。实际上，上述的研究很多也都提到了海上丝绸之路与区域合作的关系。诚如王毅部长所指出的，合作是海上丝绸之路建设的重要关键词之一。

本文认为，把海上丝绸之路建设的目标或者功能定位具体化并没有问

---

① 谷源洋：《大国汇集亚洲与中国"经略周边"——"21世纪海上丝绸之路"建设》，《亚非纵横》2014年第5期。
② 张晓通：《中国经济外交理论构建：一项初步的尝试》，《外交评论》2013年第6期。
③ 陈万灵、何传添：《海上丝绸之路的各方博弈及其经贸定位》，《改革》2014年第3期。
④ 毛汉英：《中国周边地缘政治与地缘经济格局和对策》，《地理科学进展》2014年第3期。
⑤ 鞠华莹、李光辉：《建设21世纪海上丝绸之路的思考》，《国际经济合作》2014年第9期。
⑥ 俞正樑认为，21世纪海上丝绸之路的一个重要作用就是构筑周边战略依托带。参见俞正樑：《双轮驱动、全球拓展——2013年中国新外交》，《国际观察》2013年第2期。
⑦ 何亚非：《如何建立"新型大国关系"》，《领导文萃》2014年9月（下）。

题，重要的是具体化后的目标或措施如何在大战略的指导下，服务于海上丝绸之路建设的总体目标。就海上丝绸之路建设与区域合作的关系来说，不仅要关注海上丝绸之路建设如何与区域合作互动，更应考虑如何在这个过程中塑造新的区域合作模式。

二　当前的亚太区域合作格局及对中国的挑战

中国与亚太区域合作的关系不是从来就像现在这样密切。改革开放之后，中国在摸着石头过河发展经济的过程中，逐步融入了东亚以地区生产网络为基础的一体化进程。目前，作为世界第二大经济体、第一大贸易国，中国在亚太特别是东亚地区的制度化、一体化建设中，不可能再像改革开放之初那样只做一个旁观者。因为中国经济与世界经济、亚太经济的深度相互依赖要求中国在区域合作中维护自己的利益，而其他国家则希望中国这样一个大国能在合作中对地区经济的发展做出贡献。那么，对中国来说，如何在当前的区域合作格局中维护自身利益是个挑战，而调和自身利益诉求与外部利益要求优势挑战。

（一）竞争主导的亚太区域合作格局

中国崛起及其被现存国际秩序中的大国逐步感知已经有一段时间,[1] 但中国被界定为对现存秩序的挑战时间则要短些。[2] 但当美国这样的现存秩序主导国感受到潜在威胁后，其行动战略很快就改变了亚太地区的区域合作秩序。因为在本质上，国际秩序是大国相互认知以及基于这种认知所选择的行为的结果。可以说，从美国开始推动"跨太平洋伙伴关系协定"（TPP）起，亚太的区域合作格局就进入了调整期，而在应对性的"区域全面经济伙伴关系"（RCEP）出台后，亚太区域合作逐步迈向一种双框架竞

---

[1] 随着中国经济的快速增长，美国出现了对自身地位相对衰落的观察。例如，伊曼纽尔·沃勒斯坦《美国实力的衰落》，谭荣根译，社会科学文献出版社，2007。
[2] 朱锋：《中美战略竞争与东亚安全秩序的未来》，《世界经济与政治》2013年第3期。

争性存在模式。① 这一新的格局特点在于它脱离了区域合作的经济学基础动力，即建立在规模经济基础上的双赢，转向更多被国际关系理论中的相对收益竞争所主导。作为结果，在很多人看来，TPP 虽然也承载着美国振兴经济的利益考虑，② 以及维护着美国与东亚地区的经济联系，但更多的是遏制中国经济增长的工具。③

（二）中国面临的挑战

尽管对于 30 多年开放的成就得失在中国并不是一个没有争议的话题，但更多的人倾向于认为中国加入 WTO 给中国经济带来的更多的是利益。换句话说，中国是冷战以来地区一体化进程的重要受益者。按照这个逻辑，中国应该是后冷战时期形成的国际经济秩序以及区域合作格局的维护者。但有趣的是，中国被认为是当前国际秩序的挑战者，特别是美国霸主地位的挑战者。作为结果，美国开始改变当前的国际合作秩序，TPP 就是这种努力最典型的表现。虽然也可以把 TPP 看作一种防守的战略，即美国要避免被东亚合作安排排除在外而利益受损，④ 但如果看看 TPP 的"去中国化"努力，⑤ 那就不难理解为什么 TPP 被认为是对中国崛起的巨大挑战了。⑥

中国经济当前正在经历转型期，需要进一步深化改革来支持中国从目前以"世界工厂"为特点的出口依赖型增长向以"世界市场"为特点的内需主导型增长转变。这将是一个对外依赖逐步减少而国内需求稳步增长的进程，要靠与外部市场的持续互动作为支撑。但 TPP 所指向的"下一代贸易

---

① 王玉主：《显性的双框架与隐性的双中心——冷和平时代的亚太区域合作》，《世界经济与政治》2014 年第 10 期。
② 李罗莎：《TPP 的影响与中国的战略选择》，《全球化》2014 年第 3 期。
③ 扎基·拉伊迪：《多边主义正走向死亡》，〔英国〕《金融时报》，FT 中文网 2013 年 4 月 7 日发布，http：//www.ftchinese.com/story/001049759，检索时间，2013 年 12 月 10 日。
④ 徐秀军：《跨太平洋伙伴关系协定谈判中的利益诉求与中国对策》，中国社会科学院世界经济与政治研究所，IPER 工作论文第 1404 号，2014 年 8 月 14 日。
⑤ 李罗莎：《TPP 的影响与中国的战略选择》，《全球化》2013 年第 3 期。
⑥ 李向阳：《跨太平洋伙伴关系协定：中国崛起过程中的重大挑战》，《国际经济评论》2012 年第 2 期。

规则"很可能会影响到中国与其主要贸易伙伴的合作,特别是 TPP 倡导把环保问题、劳工问题、国有企业问题、政府采购问题以及知识产权保护等所谓横向议题纳入传统的自由贸易领域,对中国下一步经济发展的威胁是很明显的。尽管这些问题有可能是未来自由贸易发展的大趋势,[1] 也被认为是中国下一步改革的方向,[2] 但毕竟中国无法在短期内达到 TPP 的要求。因此一旦 TPP 完成谈判,必将对中国国际经济活动的开展造成约束。

另一方面,TPP 出台以来亚太区域合作格局的重构也对中国造成负面的影响。TPP 作为 APEC 内部的合作安排,其高标准已经造成了 APEC 的分化并弱化了 APEC 作为亚太区域合作的平台的功能。同时,东亚合作原有的以东盟为中心的安排也不同程度受到冲击。虽然此后东盟提出了建设"区域全面经济伙伴关系"(RCEP)的倡议,中国也提出升级中国—东盟自贸区,但这些安排能在多大程度上满足中国未来发展的需要尚不清晰。因此,即使不考虑中国崛起过程中的软实力拓展需要,仅从维护经济稳定增长的角度来看,当前的区域合作格局也给中国带来了很大的挑战。

(三)作为应对挑战手段的海上丝绸之路

虽然对于 TPP 对中国意味着更多的挑战还是机遇还没有完全一致的意见,但不同的观察者在应对 TPP 的策略上似乎达成了一致。例如,推动应对性自贸区的建设,包括加快中韩自贸区步伐、全面支持 RCEP 建设等被认为是可行的应对之策。[3] 当然,也有一些观察者认为,认为中国应深化改

---

[1] 赵亮:《TPP 谈判新进展与中国战略机遇分析》,《湖北经济学院》(人文与社科版)2014 年第 2 期。

[2] 王海峰:《跨太平洋伙伴关系协定(TPP)与中国的战略选择》,《当代世界》2014 年第 2 期。

[3] 有关看法见姜跃春《TPP 的新特点及日本加入的影响》,《亚太经济》2014 年第 2 期;赵亮:《TPP 谈判新进展与中国战略机遇分析》,《湖北经济学院学报》(人文社会科学版)2014 年第 2 期;王琳:《韩国加入 TPP 和中国东亚自贸区战略选择》,《亚太经济》2014 年第 3 期。

革,适应 TPP 代表的方向,① 并且可以把这个适应过程放在推动双边以及次区域合作的进程中。② 除了从区域合作机制本身探讨应对 TPP 的战略,海上丝绸之路建设也被认为具有某种应对性功能。③

很显然,上述认识是对当前中国的国情以及中国与亚太区域合作关系深入观察的结果,对下一步中国推动区域合作具有一定的指导意义。而从区域合作的角度讲,海上丝绸之路的作用不应被简单地认为能够推动中国—东盟自贸区升级版建设,④ 更应当探讨在海上丝绸之路建设中如何与沿线各国加强合作,构筑新的利益共享关系。

三 海上丝绸之路建设与区域合作新模式建构

历史上海上丝绸之路的起源原因是多样的,⑤ 但海上丝绸之路的功能基本是作为贸易通道,符合国际贸易的基本理论,即海上丝绸之路连接的是中国与其他经济繁荣地区,主要从事的是奢侈品的互通有无。⑥ 正因如此,历史上海上丝绸之路的兴衰与中国的国际地位关系密切,⑦ 因为海上丝绸之路的繁荣说明中国在当时的世界经济中"具有资源和技术的双重

---

① 例如,李罗莎《TPP 的影响与中国的战略选择》(《全球化》2013 年第 3 期)、徐秀军《跨太平洋伙伴关系协定谈判中的利益诉求与中国对策》[中国社会科学院世界经济与政治研究所,IPER 工作论文第 1404 号(2014 年 8 月 14 日)]等都有这样的看法。
② 张蕴岭:《地区架构制度性分裂:中国的自贸区战略与复兴 APEC》《亚太经济》2014 年第 2 期。
③ 鞠华莹、李光辉:《建设 21 世纪海上丝绸之路的思考》,《国际经济合作》2014 年第 9 期。
④ 有观点认为,海上丝绸之路建设是打造中国东盟自贸区升级版的战略。参见吕余生《深化中国—东盟合作,共同建设 21 世纪海上丝绸之路》,《学术论坛》2013 年第 12 期。
⑤ 例如,陈潮认为汉武帝开拓陆上丝绸之路并非为了贸易,而是寻找对匈奴作战的同盟。参见陈潮《试论海上丝绸之路兴起的原因》,《海上丝绸之路比较研究学术讨论会论文集》,2001 年 10 月,中国昆明。
⑥ 陈炎:《略论海上"丝绸之路"》,《历史研究》1982 年第 3 期;王纪孔:《海上丝绸之路研究的经济学思考》《登州与海上丝绸之路——登州与海上丝绸之路国际学术研讨会论文集》,2008 年 10 月,中国蓬莱。
⑦ 黄仁伟:《建设周边互联互通网络的环境分析》,《战略决策研究》2014 年第 5 期。

优势"。① 当前的"21世纪海上丝绸之路",突出的显然是与周边地区关系的加强,② 而不是古代海上丝绸之路的贸易通道功能。从这个角度看,21世纪丝绸之路强调的更多的是经济带概念。推动中国与海上丝绸之路沿途各国的经济合作将是新海上丝绸之路建设的重点。

面对前面我们分析的挑战,海上丝绸之路建设要通过合作建立与沿线各国的新型关系,构筑起一条繁荣的经济带,本文认为应在海上丝绸之路建设进程中塑造新的区域合作模式。

(一)当前的区域合作模式及存在的问题

自冷战结束以来,亚太地区逐步加入到了世界经济全球化和区域化进程,并先后形成了APEC、"10+3"合作、TPP、RCEP以及一系列双边合作安排。纵观这些合作进程,其共同特点在于把贸易投资自由化、便利化作为推动地区经济一体化的主要手段。在过去的20多年中,这种努力已经取得了很大成就。例如,1989年APEC成员的平均关税在18%左右,到2013年已经下降到6%左右。正如我们前面分析的,中国从这个过程中获益良多,GDP高速增长并迅速跃居世界第二位,但与此同时,TPP力图打造的"下一代贸易规则"给中国的稳定增长带来了挑战。

中国应对TPP挑战的目标之一在于维持稳定的增长环境,使中国崛起可持续。从这个意义上讲,海上丝绸之路建设作为中国政府面向未来、面向周边的重大战略倡议,本身就是应对当前中国经济发展面临的各种潜在威胁的应对措施。我们前面介绍了一些沿着亚太区域合作传统思路——推动贸易投资自由化、便利化的应对TPP挑战的战略。一方面,这些应对战略虽然也将是中国下一步需要关注的,但应对性过于突出,对中国经济未来发展特点的动态把握不够,因此也就缺少了主动性。例

---

① 王纪孔:《海上丝绸之路研究的经济学思考》,《登州与海上丝绸之路——登州与海上丝绸之路国际学术研讨会论文集》,2008年10月,中国蓬莱。
② 战略依托带概念就是一个例子。参见俞正樑《双轮驱动、全球拓展——2013年中国新外交》,《国际观察》2013年第2期。

如，考虑到中国未来经济逐步向内需型增长过渡这一事实，完全拆掉贸易壁垒并不完全符合中国的战略利益。因为从美国的国际战略看，市场从来都被用作处理对外关系的手段之一。另一方面，无论这些对策关注的是适应性改革还是应对性合作，都没有考虑到超越自贸区概念，显得不够全面。例如，中国目前已经积累起巨额外汇储备，国内企业也进入了国际化发展阶段。可以通过区域性经营构筑新型地区生产网络为经济增长注入活力，而自贸区建设并不能充分发挥目前我国在资本和产业方面的潜在优势。

此外，定位和塑造国际关系也需要超越自贸区安排的合作模式。到目前为止，中国通过经济合作来"捆绑"双边关系的战略基本还是成功的。这一战略依托的主要是基于贸易投资自由化的制度化安排，以及在此基础上扩展而面向共同体建设的综合性合作协议。然而尽管经济学原理告诉我们，国际之间的自由贸易安排会使参与安排的各方福利增加，形成双赢或多赢的结果，但在已经被国界分割很久的市场之间突然撤除关税等藩篱，对于任何一个国家内部各个不同产业、行业、区域、人群等来说，不仅从自由化中获得的收益不同，而且更为重要的是各方为了适应市场变化而付出的调整成本也大不相同，这就意味着自由化安排对于参与各方内部来说，一部分产业、行业、区域、人群的收益是以另一部分产业、行业、区域、人群的损失为代价的，尽管各方收益之和大于其他各方损失之和。投资领域由于对外投资或接受投资能力的差异，这种现象就更加明显。因此，需要参与各方政府对于合作利益进行有效的再分配，但在实际操作中，完全校正自由化对一些产业、行业、区域及人群的逆向冲击几乎是不可能的。结果，从国家层面来看双赢或多赢的自由化安排在更微观的层面上表现为有输有赢，各方对于自由化安排的认知和反应当然也就存在差异甚至截然相反。在利益集团政治盛行的当下，自由化努力对促进国际关系的作用自然更受制约。到目前为止，中国—东盟合作的案例已经证明了自由化安排在促进国际关系迈向深入方面的局限性。因此，需要探讨新的合作模式来保证中国进一步崛起的可持续性。

（二）在海上丝绸之路建设中培育新的合作模式

"21世纪海上丝绸之路"从名字本身来看意在重塑昔日的辉煌，但要通过与周边国家建立更紧密的合作关系来发挥应对TPP挑战的功能，就需要在海上丝绸之路建设中超越传统合作理念，构筑新的区域合作模式。一方面，要充分认识互联互通特别是基础设施互联互通对于海上丝绸之路沿线各国深化合作的约束，在海上丝绸之路建设中加强基础设施合作，突出其推动地区经济一体化的作用。另一方面，注重跨国直接投资特别是产业合作在地区生产网络、价值链的形成中的促进作用，在有效的金融支持下，[1]打造新的产业合作模式。具体来说，海上丝绸之路建设要在兼顾地区贸易投资自由化、便利化努力的同时，重点关注以下几个方面，逐步形成新的区域合作模式。

第一，海上丝绸之路建设应覆盖政治、经济等多领域议题，有利于构筑更为全面的合作模式。这对未来在合作中加强政治安全沟通、增进互信有重要意义。例如，海上丝绸之路建设的一个重点将是海上安全合作，这涉及以往中国以协议安排推动区域合作的弱项。而通过加强联合打击海盗、联合救援等活动，将为海上合作引入新的合作内容。对中国—东盟合作来说，把以互利为基础的经济合作扩大到政治安全领域的合作是逐步提升政治互信、突破双边合作的互信不足约束的重要步骤。

第二，海上丝绸之路建设应重点突出互联互通问题。以基础设施建设、政策沟通以及人与人的联通为最终导向的互联互通建设已经被亚太地区各方看成迈向地区一体化的重要途径。自2010年东盟国家推出《互联互通总体规划》以来，互联互通已经被"10+3"、EAS以及APEC作为重要合作领域，但都还没有取得重大实质性进展。在海上丝绸之路建设中，以基础设施建设为重点的地区物理联通将会比以往的合作更要求沿线各方在投资合作中加强协调沟通，这有利于形成区域投资合作的新模式。与协议性合作注重投

---

[1] 蒋志刚：《"一带一路"建设中的金融支持主导作用》，《国际经济合作》2014年第9期。

资保护等问题的投资合作安排不同，基础设施互联互通建设一般涉及地区多个国家，因为投资规模巨大一般也需要多方合作，这将会形成项目主导的各方协调合作的区域投资合作模式。

第三，产业合作应作为海上丝绸之路建设构建新合作模式的重要途径，因而也应是下一步区域合作应重点关注的领域。海上丝绸之路建设旨在打造一条繁荣和谐的海上经济带，因此它提出要在沿线各国建设一批产业园区，促进沿线各国的经济发展。在双边、区域性自贸安排已经多到形成"面条碗"的今天，靠贸易投资自由化、便利化促进各国经济发展的空间已经被大大压缩。使自身经济能够更好地发挥禀赋优势，积极加入到地区乃至全球的生产网络和价值链中，已经成为各国经济发展的重要因素。海上丝绸之路建设对于产业合作的突出，[①] 有利于把区域合作拓展到产业这一层面，真正形成地区单一生产基地，促进地区一体化水平迈向深入。

四 从中国—东盟合作开始落实新合作模式

东盟地区无疑是建设"21世纪海上丝绸之路"的优先地区，也将是中国探讨构建新的区域合作模式的首选对象。一方面，南中国海是建设海上丝绸之路的重要起点，海上东盟国家自然是建设海上丝绸之路的优先选择。另一方面，中国—东盟已经在双边自贸区建设过程中积累了丰富的合作经验，这是进一步建设海上丝绸之路的基础。而更为关键的是，中国—东盟目前面临深化合作的瓶颈，亟须在建设海上丝绸之路的进程中探讨新的合作模式以实现突破。要实现在与东盟国家建设海上丝绸之路过程中构建全新合作模式的目标，应注意以下几个问题。

第一，要把命运共同体概念融入海上丝绸之路建设，推动合作朝着政治互信的方向发展。从2001年开始，中国—东盟进入了双边自贸区建设进程，

---

① 例如，农业就被认为是一个有潜力的合作领域。参见宋双双《在"一带一路"战略下扩大对外农业合作》，《国际经济合作》2014年第9期。

以经济利益的双赢为指导思想的中国—东盟合作在此后取得了巨大成功。但随着中国—东盟经济相互依赖的加深，政治互信赤字问题在中国崛起的大背景下日益凸显，甚至成为深化双边合作的障碍。因此，在建设海上丝绸之路的同时应全面阐释和落实命运共同体概念，使海上丝绸之路建设成为突破经济利益双赢的合作，成为探讨崛起大国处理国际合作关系的样板。

第二，要在互联互通、产业合作进程中丰富双赢概念。目前，中国—东盟自贸区升级版已经在建设中。其目标是进一步深化双边经济的一体化、构筑更加全面的相互依赖关系。海上丝绸之路建设涉及区域合作的方方面面，其中的互联互通合作以及产业合作应关注东盟各国经济发展不平衡、各国之间以及各国内部产业发展的不平衡问题，在合作中应力求通过基础设施提升、产业促进以及能力建设等提高落后国家、地区参与自由化安排并从中获益的能力。通过打造一个地区、一个产业的成功合作案例，从一个更为微观的层面为双边合作提供正面认知。

第三，要关注以人员交流、增进人文合作为主的人与人之间的互联互通。中国—东盟合作以来，虽然相互之间的人员交流不断增加，特别是往来各国之间的旅游人口快速增加，但历史上海上丝绸之路繁荣兴盛的经验表明，伴随商品流通与产业合作的人员流动，以及建立在人员流动基础上的文化交流与融合是把古代海上丝绸之路沿线各国密切联系在一起的重要黏合剂。今天，海上丝绸之路也应更加注重人与人之间更深层次的交流。目前，中国已经开始推动的支持和鼓励周边国家青年学生留学中国的人文交流工程应受到更多的重视。

B.5
21世纪海上丝绸之路与中国—东盟命运共同体

许利平*

摘　要： "共建21世纪海上丝绸之路"是新时期中国新一届政府提出的重要倡议，体现了团结互信、平等互利、包容互鉴、合作共赢的新丝路精神，是建设中国—东盟命运共同体的重要路径之一。东盟国家是21世纪海上丝绸之路的重要起点，也是21世纪海上丝绸之路的重要支点之一。共建21世纪海上丝绸之路，不仅能夯实中国与周边国家的友好基础，而且能构筑包括东盟在内的命运共同体。

关键词： 21世纪海上丝绸之路　中国—东盟命运共同体　文化共同体　发展共同体　安全共同体

2013年10月，习近平主席在印尼国会演讲时，提出了"共建21世纪海上丝绸之路"与"建设更为紧密的中国—东盟命运共同体"两大倡议。这两大倡议是中国新时期周边外交战略的重要行动纲领，也是落实周边外交"亲诚惠容"理念的重要载体，将进一步推动中国—东盟关系迈入未来的"钻石10年"。那么，这两大倡议与中国—东盟是什么关系？如何推动实施这两大倡议？这是本文所要探讨的内容。

---

* 许利平，中国社会科学院亚太与全球战略研究院研究员。

一　两大倡议是升级中国—东盟关系的内在需要

东盟国家是中国周边外交的优先方向，也是中国和平崛起赢得战略机遇期的重要抓手之一。升级中国—东盟关系，不仅是中国周边战略深化的需要，同时也是东盟自生一体化的需要。

自从 2003 年中国与东盟建立战略伙伴关系以来，中国—东盟关系走过了"黄金 10 年"。在这 10 年中，特别是中国与东盟的双边贸易和投资等大幅增长造就了"黄金 10 年"。在双边贸易方面，中国与东盟已经建立起发展中国家最大的自由贸易区，"2003 年，中国与东盟贸易额为 782 亿美元；2004 年提前 1 年实现 1000 亿美元贸易额目标；2007 年提前 3 年实现 2000 亿美元贸易额目标；而到了 2012 年，双边贸易额已达 4001 亿美元，年均增长 22%，是 2002 年的 7.3 倍"。2014 年，双边贸易额创新高，"达到了 4436 亿美元"，[1] 这创造了发展中国家之间贸易的奇迹。

在双向投资方面，"10 年来，中国与东盟双向投资新增额超过 700 亿美元，累计达 1007 亿美元，其中，东盟国家来华投资 771 亿美元，中国企业对东盟投资 236 亿美元。截至 2013 年 6 月底，中国对东盟国家直接投资累计近 300 亿美元，约占中国对外直接投资的 5.1%。东盟已超过澳大利亚、美国、俄罗斯等国家，成为继中国香港、英属维尔京群岛、开曼群岛之后中国对外直接投资的第 4 大经济体"。[2] 此外，东盟国家还是中国重要的海外承包工程市场和劳务合作市场。

此外，中国与东盟的"全方位合作不断拓展，在农业、信息产业、人力资源开发、相互投资、湄公河流域开发、交通、能源、文化、旅游、公共卫生和环保等 11 个重点合作领域以及其他许多领域开展了务实合作，双方缔结了 140 多对友好省市，每周有 1000 多架次的往来航班，每年有高达

---

[1] 2014 年 9 月 16 日，国务院副总理张高丽在第 11 届中国—东盟博览会开幕式上的讲话。
[2] http://www.china.com.cn/zhibo/zhuanti/ch-xinwen/2013-07/23/content_29503408.htm.

1800万人次的人员往来，双方互派留学生已超过18万人"。①

毫不讳言，过去的中国—东盟关系"黄金10年"创造了令世人瞩目的成就，但进入未来"钻石10年"的道路并不平坦。目前中国与东盟面临一些障碍，这些障碍的核心之一就是信任赤字的问题。这个问题的产生主要有两方面的原因，一是美国重返亚太实施所谓亚太再平衡战略所产生的安全压力，这种压力在某种程度上激化了中国与东盟相关国家岛礁争端所产生的矛盾，并试图绑架中国和东盟的关系；二是由地缘政治结构引起的邻国崛起的心理困境，这种困境造成东盟一些国家对中国"防范心理加重"，陷入一种小国与大国博弈的非对称游戏之中。要破解上述障碍，仅运用"现有机制"难以完全奏效，必须借助于中国与东盟国家的传统联系纽带——海上丝绸之路等"新倡议"，来固化中国与东盟国家共同利益的根基，从而构建更为紧密的中国—东盟命运共同体。

二 利用新丝路精神打造中国—东盟文化共同体

文化共同体是中国—东盟命运共同体的灵魂，而21世纪海上丝绸之路则重新阐释了古代海上丝绸之路的精神，演绎了"团结互信、平等互利、包容互鉴、合作共赢"的新丝路精神，塑造了中国—东盟文化共同体的灵魂。

古代海上丝绸之路起源于秦汉时期，发展于魏晋隋唐，繁荣于宋元时期，由盛转衰于明清，绵延2000多年。根据历史记载，它开辟了三条航线，即面向朝鲜、日本的东洋航线，面向东南亚的南洋航线和面向南亚、西亚及非洲的西洋航线，而南洋航线则是古代丝绸之路的主要航线，东盟国家自古以来就是这一通道的重要枢纽。

海上丝绸之路是以丝绸、瓷器、茶叶、香料等贸易为象征的，长期存在于中外之间的海上贸易交通要道。在这条古代贸易通道上，中国的丝绸、瓷

---

① 2014年9月16日，国务院副总理张高丽在第11届中国—东盟博览会开幕式上的讲话。

器、茶叶等输出国外，而国外的香料、药材、农作物新品种等引入中国，因此海上丝绸之路亦称"海上瓷器之路"或"海上香料之路"。

古代海上丝绸之路不仅是一条物资贸易之路，而且是一条制度交汇、文化交融、人员往来的人文交流之路。通过古代丝绸之路，印度的佛教传入中国，中国的造纸术、印刷术、指南针、火药等技术传到国外，而郑和7次下西洋，多次驻足东盟国家，传播了伊斯兰教。在今天东盟国家的许多地方都留下了郑和的遗迹，甚至在印度尼西亚巨港，不少当地穆斯林还自称为郑和的后代。

古代海上丝绸之路是官方主导、民间参与的模式。凭借强大的物质实力和科技实力，中国封建王朝奉行的是"厚往薄来"的策略，对中国周边地区实行的是"朝贡贸易"，并没有任何武力征服周边地区的野心和意志。因此，它也是一条和平友好之路、合作共赢之路、亚洲和谐之路。古代海上丝绸之路的路径昭示着21世纪海上丝绸之路必须秉承"团结互信、平等互利、包容互鉴、合作共赢"的时代精神。

文化作为一种精神纽带维系着古代海上丝绸之路的传承与发展，推动着世界各国文明的交融与互鉴，丰富了世界文化的交流与融合。在21世纪的今天，中国与东盟应该利用海上丝绸之路这一文化遗产，搭建中国与东盟文化交流与合作的更高平台，打造中国—东盟文化共同体。

首先，加强南海的考古合作。历史上，南海成为海上丝绸之路的友好见证，一些大型的商船往返于中国与东盟国家之间，留下了巨大的考古探索空间。比如，现在南海海底有许多沉船或在岛礁有许多历史遗迹，可以联合挖掘，开展考古合作。"我国考古工作者曾在西沙群岛的北岛发现一个瓷器残底，上面写着南朝宋'大明'年号（457～465），可见南朝宋对南海诸岛的经营和开发。"[①] 此外，我国的考古工作者还在西沙群岛的北礁发现了南朝的青釉半陶瓷六耳罐。这些瓷器的发现证明了"至少在南朝宋时期以前，

---

① 李勃：《海南岛历史建置沿革考》，海南出版社，2005，第116页。

我国的瓷器已作为贸易珍品远销东南亚，并已把西沙群岛作为南海上的中转站"。① 通过联合考古，可以强化中国与东盟国家的文化纽带，密切双方的文化交流，增强区域文化的亲近感。

其次，联合申报古代海上丝绸之路世界文化遗产。海上丝绸之路作为人类文明的一份珍贵的文化遗产，包括联合国教科文组织在内的国际社会对其研究、保护和开发等都十分关注。中国与东盟相关国家联合申报古代海上丝绸之路为世界文化遗产，不仅能增强共同的文化遗产，而且能培育更深的文化认同。

现在中国沿海的9个古代海上丝绸之路港口城市正在联合申报古代海上丝绸之路为世界文化遗产。鉴于申报技术的难度，中国可以先行申报，一旦申报成功，中国将联合东盟相关国家开展新的海上丝绸遗迹的联合申报。如果联合申报成功，中国和东盟可以联合开发古代海上丝绸之路旅游带，通过"海上丝绸之路游轮"等形式招揽区域内游客，重温古代海上丝绸之路的盛况，使古代海上丝绸之路这一文化遗产继续发扬光大。

再次，建立多元文明对话平台。中国与东盟国家都是多元文明的国家，既有伊斯兰文明、佛教文明，也有儒家文明、基督教文明等。古代的海上丝绸之路也是一条文明互鉴之路，各种文明在此交汇、融合。在21世纪的今天，中国和东盟应该利用"包容互鉴"的新丝路精神，建立多元文明对话平台，搭建心与心沟通的渠道，夯实双方团结互信的文化基础，进一步打造中国—东盟文化共同体。

三　依托伙伴关系打造中国—东盟发展共同体

"发展是硬道理"，而发展共同体是中国—东盟命运共同体的躯体。没有发展，就如同"无源之水""无本之木"，也就根本谈不上建立中国与东盟命运共同体。聚焦发展，则是中国和东盟关系中的时代内涵和本质要求，

---

① 张一平等著《南海区域历史文化探微》，暨南大学出版社，2012，第13页。

其原因在于中国与东盟国家都是亚洲发展中国家,都面临共同的发展任务,即消除贫困,实现工业化、现代化,让人民过上幸福、安康的生活。

现在中国和东盟为了打造发展共同体,已经建立起双边或多边的经济合作机制,这些机制有的是早已建立,有的是刚刚建立,有的则是正在大力推进。泛北部湾经济合作机制8年前就已经建立,现在已经取得了巨大成就,并在稳步推进。大湄公河次区域经济合作机制则是在亚洲开发银行的支持下成立的次区域经济合作机制,在此框架下,中国正与湄公河下游国家探讨建立对话合作机制,解决其"脱贫"与发展问题。南宁—新加坡经济走廊机制旨在促进各种资源和生产要素跨区跨国流动,形成优势互补、区域分工、联动开发、共同发展的通道经济带,构筑中国—东盟合作的大动脉。

而共建21世纪海上丝绸之路,则是与上述经济合作机制相互补充、相互推动,共同推动中国与东盟发展共同体的建立。在发展问题上,如何共建21世纪海上丝绸之路,关键在于寻找新的增长点和突破点,大力建设中国与东盟的海洋伙伴关系和新兴产业伙伴关系,并将引导中国与东盟国家在发展道路上越走越广,越走越远。

首先,推动建立中国—东盟海洋伙伴关系。海洋经济将是21世纪经济的新引擎,发展海洋经济推动中国与东盟建立海洋合作伙伴关系成为历史的必然。2013年9月,第10届中国—东盟博览会暨中国—东盟商务与投资峰会开幕式上,中国总理李克强首次表示,中方倡议建立"中国—东盟海洋伙伴关系",建立中国—东盟港口城市合作网络。2014年9月16日,国务院副总理张高丽在第11届中国—东盟博览会开幕式上重申了建立中国—东盟海洋伙伴关系的重要性,并探讨了中国与东盟在海洋政策沟通、海洋执法部门方面的对话与合作。2014年8月9日,王毅外长在中国—东盟(10+1)外长会议上表示,"2015年确定为'中国—东盟海洋合作年',将海洋经济、海上联通、海洋环境、防灾减灾、海上安全、海洋人文等作为重点领域"。[①] 在未来如何更加深入地建立中国—东盟海洋伙伴关系,李克强曾表

---

① http://www.fmprc.gov.cn/mfa_chn/zyxw_602251/t1181459.shtml.

示,"我们已设立30亿元人民币的中国—东盟海上合作基金,并正在研究推进一批合作项目,重点是渔业基地建设、海洋生态环保、海产品生产交易、航行安全与搜救以及海上运输便利化等"。①

其次,尝试发展新兴产业合作伙伴。中国要超越西方发达国家,一方面要遵循"追赶型"发展战略,利用廉价的劳动力与广阔市场等追赶西方国家;另一方面,必须借助21世纪新技术实行跨越式发展,而21世纪的新兴产业则是发展中国家实现跨越式发展的重要途径。

21世纪的新能源与新材料以及生物、医药、信息等新兴产业成为中国与东盟合作的亮点。中国和东盟的相关企业可以利用中国—东盟合作基金,推动在新兴产业建设方面的项目研发与推广,共同推动新兴产业的发展。

新能源的开发与利用已经列为中国的国家战略。根据中国政府的规划,在2011~2020年,中国将累计增加投资5万亿元人民币发展新能源产业,重点涉及太阳能、风能、生物质能和核电这些新能源资源的开发利用。

面对全球日益突出的环境资源问题,绿色经济、节能环保、新能源、可再生能源领域的交流合作已成为中国与东盟合作的新方向。双方可以在科技部门、大学、科研机构和企业等建立合作机制,推动新能源产业的发展。

在信息产业建设方面,中国华为公司已在马来西亚成立了全球培训中心,不仅服务于马来西亚和亚太地区,同时面向全球。从2012年起,"在5年内为马来西亚培训1万名信息通信技术人才。除设立全球培训中心外,华为与马来西亚10所高等院校签署谅解备忘录,在这些学校设立华为大学培训实验室,进一步培养学生在信息通信技术方面的兴趣"。②

此外,在新材料、生物、医药等方面,中国与东盟已经开展了一定程度的合作,而且未来还有广阔的合作空间。

---

① http://finance.china.com.cn/news/special/2013dmblh/20130903/1782933.shtml.
② http://news.xinhuanet.com/world/2012-06/14/c_112219894.htm.

四 强化海上安全合作打造中国—东盟安全共同体

安全共同体是中国—东盟命运共同体的防护网，能保障命运共同体的顺利推进，而海上安全合作则是共建21世纪海上丝绸之路的重要保障，也是打造中国—东盟安全共同体的核心要件。目前中国与东盟就海上合作已经建立起多边和双边的机制，并由中国—东盟海上合作基金和中国与泰国、中国与越南、中国与印尼、中国与马来西亚等双边海上合作基金作为保障，但进展缓慢，需要今后强化海上安全合作。

首先，早日共同商签"中国与东盟睦邻友好合作条约"，为中国—东盟安全共同体搭好顶层设计的框架。"中国与东盟睦邻友好合作条约"是"10＋1"安全框架的重要组成部分，旨在从制度层面上固化中国与东盟的安全合作框架，为更深入地开展与东盟的安全合作打下法律基础，从理性层面建立起中国与东盟安全互信机制。现阶段，中国政府、智库等应该与东盟国家强化沟通与协调，在睦邻友好合作条约方面争取东盟国家的理解和支持，期望在2015年马来西亚作为东盟主席国期间，共同商签"中国与东盟睦邻友好合作条约"。

其次，密切中国与东盟国家的军事交流与合作，为中国—东盟安全共同体建设铺设更多合作渠道。中国与东盟国家的军事交流与经贸交流的规模不相协调和匹配，未来双方应该扩大军事交流的规模，深入开展传统安全合作，比如可以开展军事技术交流与合作、双边的军事演习等。

在中国与东盟国家的双边军事交流与合作方面，中泰的合作走在前列。中方不仅给泰国提供军事援助，而且向泰国方面售卖中国产的轮式装甲运兵车、反舰导弹等。此外，中泰双方还进行了多种形式的联合军事演习。"受泰国邀请，从2002年起，中国军方派观察员观摩美泰'金色眼镜蛇'演习，而泰国军方则从2003年起派出军官先后赴中国参加'北剑'演习和'铁拳'演习。2005年12月，泰国海军与中国海军在泰国湾举行代号'中

泰友谊—2005'的首次联合军事演习,这是中国海军第一次与东南亚国家海军举行的演习。"①

五 强化海上合作,升级非传统安全合作

当前南海争端正处在升温的态势,从某种程度上讲南海争端现已成为地区合作的一个"危机"。根据中国与东盟合作"危机推动型"特点,中国与东盟可以求同存异,通过协商与沟通,在一些"敏感"领域,比如海洋防灾减灾、海上执法、海上救援与搜索、海洋环境保护等方面开展海上合作。这方面的工作,中国与马来西亚、中国与印度尼西亚做了很好的探索。

2013年11月,中国与马来西亚海洋科技合作委员会第二次会议在吉隆坡举行,双方就海洋科技合作达成了5项共识,其中"马来西亚对中国牵头建立的南中国海区域海啸预警和减灾系统表现出很大兴趣,表示愿意加强与国家海洋局在海啸浮标布放、数据资料共享等领域的合作,共同提升两国海洋防灾减灾的能力和水平"。②

2014年10月6日,中国国家航天局与印度尼西亚海上安全协调机构在雅加达签署印尼遥感地面站项目合作谅解备忘录,以促进两国海上合作的发展。"印度尼西亚海上安全协调机构主席玛玛希感谢中方支持印度尼西亚海上安全协调机构建设及遥感地面站升级,协助印度尼西亚提高海上执法和防灾减灾能力,并表示项目的实施将进一步推动中国与印度尼西亚海上合作深入发展,造福两国和两国人民。"③ 在印度尼西亚设立遥感地面站是中国与印度尼西亚海上合作基金支持的首批合作项目,体现了双方在海上合作的务实成果。

由于海上合作是中国与东盟合作中的薄弱环节,因此今后合作的空间自然很大,现在关键是中国与东盟要落实双方领导人所达成的有关海上合作的

---

① 潘远洋:《中泰联合演训回顾与展望》,《东南亚研究》2011年第1期。
② http://www.gov.cn/gzdt/2013-11/21/content_2532085.htm.
③ http://news.xinhuanet.com/2014-10/06/c_1112721011.htm.

共识,利用相关基金,通过具体项目的形式,将海上合作共识落到实处,真正造福本地区人民。

与此同时,共建21世纪海上丝绸之路需要立足于"包容、和谐、合作、创新、共赢"的21世纪人类生存的新理念,摒弃20世纪冷战时期的"零和思维",以更宽广的胸怀和视野勾画出21世纪亚洲合作、亚欧合作、亚非合作的新路径。共建21世纪海上丝绸之路,东盟国家是首站,需要创建支点国家与节点国家互动一体化网络,从而使中国与东盟国家成为兴衰相伴、安危与共、同舟共济的好邻居、好朋友、好伙伴,最后朝着建设更为紧密的中国—东盟命运共同体的目标前进。

根据东盟国家的具体国情,可以选择印度尼西亚、马来西亚和泰国为21世纪海上丝绸之路的支点国家,而东帝汶可作为节点国家。所谓支点国家,意味着其是中国的战略伙伴国,政治上与中国互信基础坚实,经济上与中国合作紧密,文化上与中国交往深厚,地理上具有独特的位置。所谓节点国家,意味着其与中国战略互信基础牢固,地理上具有连接21世纪海上丝绸之路的独特优势。共建21世纪海上丝绸之路,重点是把沿路的支点和节点国家打通,让其成为经贸交往与人文交流双轮驱动中的主要载体,最终打造21世纪海上丝绸之路的网络,为建设更紧密的命运共同体创造更便捷的条件。

总之,要在新海上丝绸之路宏伟倡议的框架下,以人文交流为纽带,建立中国—东盟人心相通、文化相融的文化共同体;以海洋伙伴关系和新兴产业伙伴关系为双轮,推动中国—东盟建设互联互通、红利共享的发展共同体;以海上安全合作为突破点,建立中国—东盟彼此依赖、相互协作的安全共同体。通过文化共同体、发展共同体和安全共同体的共同推进,进一步打牢同舟共济、守望相助、利益共享、责任共担的中国—东盟命运共同体的基础。

展望未来10年,中国与东盟将进入"钻石10年","共建21世纪海上丝绸之路"倡议无疑将推动中国与东盟建立更为紧密的命运共同体。一旦中国—东盟命运共同体的示范效益显现,将促进中国—南亚共同体、中国—

中亚命运共同体、中国—东北亚命运共同体的建立、相互补充与共同发展，共同构建中国—周边命运共同体。与此同时，中国—周边命运共同体应与东盟共同体、东亚共同体、亚太共同体等相互包容、相互借鉴，共同推动亚洲文明的复兴，实现21世纪的"亚洲梦"，乃至"亚太梦"，为21世纪人类文明做出自己的贡献。

B.6 构建"一带一路"的安全环境问题概述

朴键一*

摘　要： 本文首先探讨构建"一带一路"的战略意义和影响，说明对构建"一带一路"的挑战主要来自安全方面，然后厘清构建"一带一路"的安全环境的概念，从经济、科技、军事、文化、社会、生态等角度，分别概述构建"一带一路"的安全环境问题。

关键词： 一带一路　安全环境

前言

目前，随着中国政府积极地采取一系列实质性措施，倡导设立"亚洲基础设施投资银行"（AIIB）和"丝路基金"，有力地推进"一带一路"建设，国内学界对"一带一路"的研究如火如荼、方兴未艾。但迄今为止，这些研究主要集中于对"一带一路"意义和影响的理解及相关各种经济议题等方面，对构建"一带一路"的安全环境尚未给予足够的重视。然而，与国内的这种情形不同，与中国竞争越来越激烈的日本等国家的学界对"一带一路"的研究兴趣，经济学界尚处于初期了解阶段，而国际关系学界

---

* 朴键一，中国社会科学院亚太与全球战略研究院外交与安全研究室研究员。

早已着手研究中国与其主要周边国家之间的复杂关系。①

实际上，对于当今在经济、政治、文化、社会、生态等诸方面全面深化改革，力争在2020年和2050年逐次实现"两个百年"目标的中国来说，构建"一带一路"不仅在对外经济合作上，而且在整合与运筹国际和国内两个大局，决定性地提高中国的综合国力和国际竞争力，从根本上改善中国的国际形象，进而积极地推进建立公正合理的国际经济政治新秩序，实现中华民族伟大复兴的"中国梦"方面，都具有极其重大的战略意义。

因此，在当今日趋激烈的国际竞争中，构建"一带一路"绝不会是一帆风顺的过程，而是伴随着各种复杂的国家间利益协调，甚至激烈的国际斗争的艰巨过程。能否按照中国的战略构想建立起"一带一路"，不仅取决于如何有效地解决国家间的各种经济利益矛盾，而且更多地取决于如何机智地处理各种安全问题。即便是国家间的各种经济利益矛盾，也将更多地以安全问题的面目出现。

从这种考虑出发，本文拟从整体上概括地探讨构建"一带一路"的安全环境问题，为今后更加全面系统和持续深入地探究这一问题，搭建必要的逻辑框架和研究平台。为此，本文首先探讨构建"一带一路"的战略影响，以说明对构建"一带一路"的挑战主要来自安全方面。然后，厘清构建"一带一路"的安全环境的基本概念，从综合安全与合作安全的理念出发，从当今世界各国普遍关注的经济、科技、军事、文化、社会、生态等综合性角度，分别概述构建"一带一路"的安全环境问题。

为了从整体上概括地探讨构建"一带一路"的安全环境，本文暂不讨论与"一带一路"沿线各国相关的具体安全环境，而是将其留作需要今后进一步研究的课题。此外，在本文的话语体系中，不使用通常惯用的"传统"和"非传统"安全分类方法，而是在综合安全的理念下，将其融入经济、科技、军事、文化、社会、生态等安全分类之中。

---

① 目前日本对中国与其主要周边国家关系的系统研究，由日本国际问题研究所（JIIA）组织其国内知名中国研究专家，在高木诚一郎教授主持下进行。具体内容和进展可参见日本国际问题研究所网站。

一 构建"一带一路"的战略意义和影响

（一）对"一带一路"构想的理解

众所周知，所谓"一带一路"，指的是习近平主席代表中国政府，先后于2013年9月和10月，在哈萨克斯坦和印度尼西亚提出的与相关地区和国家共建"丝绸之路经济带"和"21世纪海上丝绸之路"的两个倡议。其中，无论是前者还是后者，都使用了因写下世界文明交流史璀璨一页而著称的古代丝绸之路的名称。这不禁使人遥想到公元前108年张骞出使西域之后，历朝历代的中国人民与南亚、中亚、东南亚、东北亚、西亚，乃至东欧、南欧、东非、北非广大国家的人民，不断打造和拓展相互联通的古代丝绸之路，推进亚、欧、非三大洲各国之间的人员交往、贸易往来、文化交流，以实现各方共同繁荣的历史过程。

实际上，借用古代丝绸之路的名称提出区域或跨区域的合作构想，并不是中国政府的首创。① 但是，由两千一百多年前率先打通古代丝绸之路、地缘上处于东亚并在世界上具有最多陆地和海上周边国家，尤其是当今国内生产总值（GDP）占世界第二位并继续保持较快增长、力争在2020年和2050年先后实现"两个百年目标"的中国提出共建"一带一路"的倡议，便具有了与其他国家类似构想明显有别的重要内容。

第一，"一带一路"构想不是通常意义上的跨区域合作机制，也不是一般的"交通运输走廊"，而是包括经济、政治、人文等诸多方面内涵的一种新的、独特的跨区域多边合作方式。在经济上，既有交通、能源、金融等重

---

① 除了近年来美国等国家提出的类似构想之外，早在20世纪90年代初苏联解体后，在新独立的俄罗斯和哈萨克斯坦、吉尔吉斯斯坦、塔吉克斯坦、乌兹别克斯坦、土库曼斯坦等中亚国家，以及阿塞拜疆、格鲁吉亚、亚美尼亚等高加索国家的学术界，出现了反对全盘西化，主张根据自己的文明发展历程和地缘经济政治条件，重建丝绸之路，在欧亚两大洲之间发挥独特作用的欧亚主义思潮。

点领域的合作，也有农业、中小企业、市场中介服务等其他方面的合作。在人文上，有科学技术、生态环保方面的交流，也有旅游、医疗卫生、教育、防灾减灾救灾等领域的交流。在实施上，要先易后难，照顾不同发展程度国家的利益关切，又要争取多领域同步推进，形成各方优势互补、相互促进的良性循环态势。

第二，"一带一路"构想不是要通过建立排他性的关税同盟，或者超国家的管理机构来进行合作，而是要在相关地区和国家普遍认同的理念和规则下，采取平等、互利、共赢的方式扩大经济合作，减少不利因素的干扰，共同应对国际市场的复杂变化。因此，这种合作势必包括政治上相互信任、安全上和平共处、人文上彼此亲近，以便建立相关地区和国家之间长期稳定友好的相互关系，通过对话协商方式化解可能出现的相互间利益冲突。

第三，从上述两点看，"一带一路"构想体现着国际合作的一种新理念，提供着国际合作的一种新平台。作为新理念，"一带一路"倡导新型国际合作模式，即中国政府主张的新合作观的一种实现方式，推动实现相关地区和国家的共同繁荣。作为新平台，"一带一路"不是谋求建立某种严格的封闭机制，以约束和限制相关地区和国家的对外经济联系，而是要通过打造互联互通的基础设施、相互给予优惠的贸易条件、达成双边和多边的投资保护协定、建立有效的融资平台、落实重大的经济合作项目等途径，向相关地区和国家提供合作的机会。

第四，与相关地区和国家共建"一带一路"，实现古代丝绸之路的历史性复兴，意味着中国要与相关地区和国家结成以互惠的利益共同体、共赢的发展共同体、开放的合作共同体为主要内容的"命运共同体"。在互惠的利益共同体方面，不断加强同相关地区和国家的经贸联系，使广大内陆国家将地缘劣势转变为区位优势，在亚、欧、非经济合作中扮演重要的角色。在共赢的发展共同体方面，以基础设施建设为合作的优先方向，加强融资合作，创造更多的就业机会，使相关地区和国家都能够从合作中受益。在开放的合作共同体方面，覆盖超越古代丝绸之路的更大地理范围，使更多的地区和国家能够参与到共建"一带一路"的历史进程之中。①

（二）构建"一带一路"的战略影响

从上述理解来看，无论中国政府设想的战略目标及其实现方式和途径如何，在当今国际经济政治格局继续发生重大变化的背景下，构建"一带一路"、复兴古代丝绸之路的过程和结果，必将在国际和国内两个方面，产生或许目前尚未充分预见到的一系列重大战略影响。

就国际而言，首先，共建"一带一路"的倡议，响应了广大相关地区和国家的共同夙愿。冷战结束后的二十多年间，"一带一路"相关各地区的地缘政治经济格局都发生了不同程度的重要变化。特别是进入21世纪之后，与"一带一路"相关的各地区众多内陆国家，由于拥有石油、天然气等丰富的自然资源禀赋、深厚十足的市场潜力，又受到闭塞不便的对外交通条件限制，更加期望全方位延伸和扩大自己的对外经济联系通道，通过发挥内陆交通的"枢纽"优势，提升自己的国际地位。

其次，共建"一带一路"的倡议，将加剧大国在相关各地区的相互竞争态势。与"一带一路"相关的各地区国家，尤其是深处内陆的国家，大都与邻国具有各种复杂的利益矛盾，处于世界和地区大国利益交汇的国际关系是非之地。因此，一些世界和地区大国从维护和扩大自己的利益考虑出发，为在未来国际格局中占据有利地位，利用这些国家之间的利益矛盾，强化自己的地缘经济政治影响，纷纷提出实施包括排他性合作在内的各种跨国交通运输项目。中国政府从新合作观出发，倡导共建"一带一路"，在为相关各地区和国家提供更具现实性选择的同时，也给其他一些提出类似构想的世界和地区大国带来了强有力的挑战。

此外，在经济全球化和区域经济一体化潮流的推动下，共建"一带一

---

① 孙壮志：《共建丝绸之路经济带与中蒙战略合作》，《丝绸之路经济带建设与中蒙全面战略伙伴关系——纪念建交65周年中国·蒙古国智库圆桌会议会议资料》，第6~8页，2014年10月15日，北京。

路"、复兴古代丝绸之路的过程，有望在未来某个适当的时间节点上，催生出能够与亚太经合组织（APEC）等世界任何国际经济合作体比肩的新型跨区域多边经济合作组织。这一未来以亚非发展中国家为主体的新型跨区域多边经济合作体的诞生，将标志着迎来"一带一路"相关各地区广大发展中国家经济上共同繁荣、政治上强势崛起的历史新时期。届时，国际力量格局将从当今世界"陆权国家"势弱转向与"海权国家"平分秋色，包括联合国安理会改革在内，建立公正合理的国际经济政治新秩序的呼声将变得更具现实性和紧迫性。

由于上述重大的国际影响，构建"一带一路"的过程，势必招致美国、日本等守成大国的各种阻挠、抵制、干扰和破坏。除了美国早已提出的"新丝绸之路计划"等类似构想之外，这种阻挠、抵制、干扰和破坏，很有可能从利用、制造、激化中国与"一带一路"相关地区和国家之间的利益冲突入手，并以相关地区和国家的各种尖锐的国家安全问题的面目出现。这也正是本文主要关注的方面。

就国内来说，与相关地区和国家共同地具体规划和构建"一带一路"的过程，将使中国政府和公众更加科学、更具可操作性地把握周边地区和国家的概念，使人们从内心里逐渐形成必须与广大周边地区和国家结成"命运共同体"的意识，从而改变目前一些中国企业在周边地区和国家不很受欢迎的行为方式，最终从根本上改善中国在周边地区和国家的形象，为实现中华民族伟大复兴的"中国梦"完成一项必需的准备工作。

首先，从目前中国政府的政策动向和学界的研究走向看，在"一带一路"中，丝绸之路经济带有望从中国东北、华北、西北、西南、华南等边疆省区的陆路多向跨境而出，然后经过东北亚、中亚、西亚、南亚、东南亚等地区的众多国家，抵至北非、东欧、中欧、南欧、西欧等地区的国家。21世纪海上丝绸之路则有可能从中国东北、华北、华东、华南等省份的沿海地区多头始发，经过渤海和黄海、东海、南海等中国的内海和近海，以现有海上国际航道为主航线，向东北、东南、西南三个方向延伸。

在东北方向，现有航道穿过中国大陆与台湾之间的台湾海峡、日本九州岛南部的大隅海峡、韩国和日本之间的朝鲜海峡、日本北海道岛和本州岛之间的津轻海峡、日本与俄罗斯之间的宗谷海峡（拉普鲁兹海峡），进入日本海（朝鲜东海）、鄂霍次克海、白令海，以及日本以东的太平洋水域。在白令海，航道继续向东北方向延伸，并向北穿过俄罗斯和美国之间的白令海峡，进入北冰洋水域。此后，航道掉头西向，经楚科奇海、东西伯利亚海、拉普捷夫海、喀拉海、巴伦支海、挪威海、北海，抵达北亚、北欧、西欧的北冰洋和大西洋沿岸国家。而在日本以东的太平洋水域，航道取向东方，跨过辽阔的北太平洋水域，抵至北美洲和中美洲国家。

在东南方向，现有航道主要有两条。其一，穿过菲律宾北部的巴林塘海峡，进入大洋洲水域。再经密克罗尼西亚、美拉尼西亚、波利尼西亚，向东前往中美洲国家。其二，穿过菲律宾中部的民都乐海峡、南部的巴西兰海峡，经苏拉威西海，再穿越印度尼西亚的马鲁古海峡，又经班达海、帝汶海、阿拉弗拉海，进入大洋洲的珊瑚海、塔斯曼海，并抵达澳大利亚和新西兰。

在西南方向，经印度尼西亚雅加达、越南河内及胡志明市的两条现有主要航道，在新加坡海域合二为一，西行穿越马六甲海峡，进入印度洋水域。而后，航道分为北、中、南三线。北线，为沿海航道，逐次经安达曼海、孟加拉湾、阿拉伯海、阿曼湾、波斯湾，在亚丁湾与中线汇合。中线，仅经斯里兰卡科伦坡，取向亚丁湾，再经红海，穿过苏伊士运河，抵达地中海和黑海沿岸的北非、西欧、南欧、东欧国家。南线，径直西行东非，抵达坦桑尼亚的达累斯萨拉姆和肯尼亚的蒙巴萨。①

由此可见，"一带一路"可能覆盖的范围包括整个亚洲和欧洲的所有地区和国家、非洲的东非和北非国家，以及大洋洲的主要国家。如此，也许有人会认为，"一带一路"可能覆盖的地区和国家过多。但是，如果引进层级概念，更加合乎逻辑地、更具可操作性地定义周边地区和国家，就会发现上述"一带一路"可能覆盖的范围，与中国的一级、二级、三级和特殊周边

---

① 参见《世界地形图》（1：17600000），中国地图出版社，2013。

地区和国家相当吻合。① 这就可以看出,"一带一路"构想所要营造的重点在于中国的周边地区和国家。

同样重要的是,中国政府提出共建"一带一路"的倡议之后,国内学界对周边地区和国家范围和边界的认识变得更加清晰。而且,共建"一带一路"的倡议,促使国内学界纠正一段时期以来一味重视所谓战略研究、轻视具体国别研究,致使国际问题研究空泛无物,把国际问题话语权拱手相让的错误做法,转而重新加强周边国别研究,将周边国别研究与周边区域研究紧密地结合起来。这不仅有助于中国在周边国际问题上更快、更全面地掌握话语权,而且有利于深入系统地总结中国的周边外交实践经验,尽快构建中国特色国际关系理论,遏制在周边国际问题上热衷于诠释和演绎西方国际关系理论的教条主义行为。

其次,如上所述,"一带一路"将在中国的不同地区,从陆路和海路向周边各地区和国家多头、多向延伸。其中,丝绸之路经济带取陆路,途经地理方位各异的东北亚、中亚、西亚、南亚、东南亚等地区的众多国家,抵至北非、东欧、南欧、西欧等地区的国家。然而,丝绸之路经济带虽然是从中国陆地边境不同地点发散而出的多条路线,但由于共建丝绸之路经济带的目的使然,这些路线在中国周边各地区和国家透迤时,不可能是相互间毫不相干、单向延伸的多条线状路线,而是以各条路线上的许许多多重要城市为连接点、相互联通的网状多向路线。从分布结构上看,在中国及其周边地区和国家陆路构建的丝绸之路经济带,不会是以中国为扩散源的辐射状结构,而更可能是酷似全球互联网的网状结构。

21世纪海上丝绸之路取海路,连接地理方位各异的东北亚、北亚、东南亚、南亚、西亚、东非、北非、东欧、南欧、西欧,以及大洋洲的更多地

---

① 在数千年漫长的历史进程中,随着中国国力和疆域的盈亏变化,在中国人心目中逐渐形成了"凡国力所及之处皆为周边"的潜意识,于是在当今国内学界出现了"小周边"和"大周边"的说法。但是,这种说法仍未解决中国周边范围和边界模糊的问题。关于中国的一级、二级、三级、特殊周边的清晰而可操作的层级定义,参见朴键一著《中国周边安全环境与朝鲜半岛问题》,中央民族大学出版社,2013年12月,第1~34页。

区和国家。在分布结构上,与全球互联网状的丝绸之路经济带不同的是,21世纪海上丝绸之路更多地逐次串接周边地区和国家的沿海主要港口城市,只是在某些重要的港口城市之间进行并接。因此,从分布结构上看,21世纪海上丝绸之路犹如连接中国及其周边地区和国家外围边界的环形高速公路带。

如此,从整体分布结构上看,"一带一路"更像一座现代化大都市的交通网络,内部为纵横交错的主干道、副干道、一般道路等不同功能、相互并联的道路,外部边缘为环绕都市的高速公路带。因此,用"一带一路"称谓"丝绸之路经济带"和"21世纪海上丝绸之路"并不十分贴切,而且容易在周边地区和国家引起歧义和误解,使人产生"条条大路通北京"的从属想法和抵触情绪,从而给共建丝绸之路经济带和21世纪海上丝绸之路带来未曾预料到的、越来越复杂的问题。①

此外,从原理上讲,要保证信息通过全球互联网畅行无阻、高效传送,就要使网络上的每一个连接点都充分地发挥自己的功效。同样,要使互联互通、具有酷似全球互联网结构的"一带一路"有效地运行,就要保证相关各地区和国家相互联通的每一个节点城市都充分地发挥自己的功能。因此,这些众多的节点城市,而不是那些相互连通的交通和通信线路本身,正是中国与相关地区和国家最需要发挥想象力和创造性,从顶层设计开始,共同努力构建的重点对象。

以"一带一路"的节点城市为重点,从顶层设计开始,同相关地区和国家一道努力进行互联互通合作,将使中国政府不可避免地从根本上对企业"走出去"战略进行重大的调整。迄今为止,中国企业"走出去"战略并没有在各级政府、学界、企业的相互协调与配合下,以"学界先行、政府决策、企业跟上"的有序和高效方式实施,而是采取了在政府决策缺乏、学界充分论证的情况下,企业直接走出去的落后和冒险的做法。结果,一些企

---

① 尽管用"一带一路"称谓"丝绸之路经济带"和"21世纪海上丝绸之路"并不贴切,且容易引发越来越复杂的问题,但为了叙述方便,本文仍使用"一带一路"的称谓。

业在对相关地区和国家缺乏全面深入了解的情况下，盲目地将国内落后淘汰的技术和设备带到了国外，甚至把对政府官员行贿等方式也带到了国外，并对自然资源进行了掠夺性开发。这不仅严重破坏了当地的生态环境，引起了相关地区和国家政府与民众的强烈不满，而且给一些大国利用这些问题，以国家安全为借口，离间中国与这些地区和国家之间关系的机会。

与此相比，可以认为，共建"一带一路"的倡议是中国政府高屋建瓴，在全面总结包括企业"走出去"战略在内的各种经验教训的基础上，首次明确提出的对周边地区和国家的系统性综合战略。因此，共建"一带一路"的倡议必然要求整合、运筹国内与周边地区和国家两个大局，把重大国家利益拓展到广大的周边地区和国家，使中国与周边地区和国家真正成为荣辱与共的"命运共同体"。

中国政府对周边地区和国家的这种新认识和新定位，不仅推动国内学界把关注的重点回归到周边地区和国家，迅速形成以国别研究和区域研究为主、为共建"一带一路"提供有效智力支持的一大批新型智库，而且促使国内新闻媒体把关注的目光更多地转向周边地区和国家，独立自主、如实客观地及时把有关共建"一带一路"的各种新情况、新动向介绍给国内公众。随着学界和新闻媒体关注的焦点发生这种变化，中国公众也将逐步形成"只有周边地区和国家繁荣发展，才能如期实现中华民族伟大复兴"的新理念，并促使中国企业从根本上改善在周边地区和国家的行为方式。

二 构建"一带一路"的安全环境问题

（一）构建"一带一路"的安全环境概念

顾名思义，所谓"构建'一带一路'的安全环境"，指的是中国与相关地区和国家合作，共同建设"一带一路"所要面临的安全环境。这种安全环境，不是国内学界通常讨论的"国家安全环境"，也不是国外学界关注的"人类安全环境"，而是国内外安全问题研究界都尚未给予充分重视，因而也尚未予以正式界定的"国家与国家之间合作的安全环境"。①

即便如此,"国家与国家之间合作的安全环境"的问题不仅客观上存在,而且在国际合作研究领域是一个俨然以另类形式存在的主要议题,只不过对此议题没有从"安全环境"的角度进行研究,也没有将其表述为"安全环境问题"而已。显然,作为"国家与国家之间合作"和"安全环境"两个概念的复合体,"国家与国家之间合作的安全环境"应属于"国家安全"与"国际合作"两个独立研究领域的跨领域、跨学科的概念。因此,可以通过梳理"安全""国家安全""国家安全环境",以及"国际合作"等概念,进一步认识"构建'一带一路'的安全环境"的内涵。

从一般意义上讲,所谓的"安全"同时具有客观和主观两方面的含义,即"安全",是指客观上不存在外来威胁,主观上不存在对外来威胁的恐惧感,或能够有效抵御外来威胁的状态。而所谓的"国家安全"确切地讲是国家利益的安全,指的是一个国家的利益免于危险的客观状态。当今世界,随着国家之间的竞争成为由政治、经济、军事、科教、资源等多方面实力和影响力构成的综合国力之间的竞争,国家利益变得多样化,国家安全便具有了综合安全的含义。

毋庸赘言,一个国家的安全程度受各种各样因素的影响。因此,所谓的"国家安全环境",就是影响国家安全的各种因素的总和。而根据观察和研究的需要,影响国家安全的各种因素,可分为国际因素和国内因素、积极因素和消极因素等。相应的,国家安全环境也可分为外部环境和内部环境、积极环境和消极环境等。不同国家的安全环境、同一个国家在不同时期的安全环境,都不尽相同,随时随地发生变化。

另一方面,从国际合作的角度看,"国家与国家之间的合作"成功与否,同样受到合作国家的内部因素和外部因素、积极因素和消极因素等的影响。从上述"安全""国际安全""国际安全环境"的概念看,那些影响

---

① 在国内外安全问题研究界普遍讨论的"国际安全"概念中,也没有包括"国家与国家之间合作的安全环境"问题。

"国家与国家之间合作"成功与否的各种安全因素的总和,就是"国家与国家之间合作的安全环境"。由此,可以认为,所谓"构建'一带一路'的安全环境",就是指影响中国与相关地区和国家的合作,共同构建"一带一路"的内部和外部、积极和消极等各种安全因素的总和。

(二)影响构建"一带一路"的安全环境问题

对于共建"一带一路"能否成功来讲,其内部影响因素主要是在中国与相关地区和国家之间历史和现实关系中,以积极或消极两种方式起作用的安全因素;其外部影响因素则是在中国与相关地区和国家之外,以积极或消极两种方式起作用的来自第三国,主要是美国、日本等世界和地区大国的安全因素。

但是,由于在国际政治和安全影响力、可动用的资金和技术能力、科学技术的国际竞争力、历史文化积淀程度等方面,中国具有所有相关地区和国家无可比拟的、巨大的上位优势,因而本文以下侧重关注的、影响共建"一带一路"的内部消极因素,将更多地在外部第三国的暗中介入和操作下,以相关地区和国家普遍予以关切的国家安全问题的形式,从经济、科技、军事、文化、社会、生态等方面表现出来,并不同程度地持续产生影响。①

1. 国家经济安全问题

所谓的"国家经济安全",是指在参与国际经济的过程中,一个国家合理地获得经济利益并有效地予以保护而不受侵害或威胁,国民经济可持续发展的基础、战略和环境具有保障而不受破坏和潜在危害的影响,国际竞争力不断加强并能够得到维护和巩固。② 在共建"一带一路"的开放条件下,相关各国的国家经济安全将主要表现为,政府有效地管控本国经济,确立本国

---

① 作为一个典型案例,关于"一带一路"相关地区和国家予以关切的主要安全环境问题,参见〔蒙古〕鲁布森·海生岱、〔中〕保尔之金·斯琴巴图著《蒙古国家安全问题——战略研究和分析》(汉文版),蒙古国乌兰巴托市宾布桑出版社,2008。
② 〔蒙古〕鲁布森·海生岱、〔中〕保尔之金·斯琴巴图著《蒙古国家安全问题——战略研究和分析》(汉文版),蒙古国乌兰巴托市宾布桑出版社,2008,第32~33页。

经济发展战略，抵御国外资本和国际市场的竞争压力与冲击，保持本国在国内外市场的竞争优势，维护本国经济制度和法律规范，保障和提高人民生活水平和社会福利，保护本国财富、资源和生态环境等。

对于相关国家而言，与中国共建"一带一路"，意味着首先要面对与经济全球化带来的国家经济安全问题类似的问题，如弱化和转变的国家主权、跨国界调整的生产关系、跨区域的经济风险、日益激烈的国际竞争、不尽安全的信息情报、全球性问题的威胁，等等。同时，还要面临因共建"一带一路"可能会更加突出的问题，如土地、水、生物、矿藏、气候等国家资源安全，国有经济安全，国家财政安全，国家金融安全，国家农业安全，以及包括权钱勾结、地下经济、经济间谍在内的经济犯罪活动等。

如果出现这类问题，首先必然出现于互相合作的中国与相关国家的政府和企业之间。如果这类问题得不到及时解决而被进一步激化，就极有可能被美国、日本等第三国恶意地利用，使之成为破坏"一带一路"建设，离间中国与相关地区和国家关系的抓手。即便出现的不是这类国家经济安全问题，而是一般的经济利益矛盾，但只要激化到一定的临界点，也同样会被美国、日本等第三国势力炒作为国家经济安全问题，并使之变得越来越复杂。

2. 国家科技安全问题

从广义上讲，所谓"国家科技安全"，是指在一定的社会环境下，一个国家的科技系统运行良好和不断完善，科技健康发展并能够有力地支持和保障国家综合安全，有效地应对来自内部和外部的威胁，维护国家利益的状态。[①] 与中国相比，对共建"一带一路"的相关国家而言，当今世界各国同样面临的信息技术安全、生物技术安全、纳米技术安全、核技术安全等国家科技安全问题，显得更为突出。

尤其是，对于大多是相关的发展中国家来说，由于科技安全防范体系不健全，羸弱的科技安全防范意识、严重流失的科技人才、不健全的科技安全

---

① 〔蒙古〕鲁布森·海生岱、〔中〕保尔之金·斯琴巴图著《蒙古国家安全问题——战略研究和分析》（汉文版），蒙古国乌兰巴托市宾布桑出版社，2008，第87页。

法律制度等，使科技难以有效地支撑国家的综合安全。在这种情况下，与中国共建"一路一带"，便首先把信息技术安全问题推向了极为突出的位置。在事关国家安全的经济信息系统中，哪些信息可以共享，哪些信息可以共同开发等，将成为相关国家需要首先解决的棘手问题。

此外，作为支撑"一带一路"建设，融合于道路交通、通信联络、电力传送等其他各领域的产品科技标准的统一问题，也是需要中国与相关地区和国家先期解决的重要问题。但是，由于历史上一些大国的殖民统治和势力范围影响等原因，大多数相关地区和国家目前所使用的产品科技标准不尽一致。因而，中国与相关地区和国家统一产品科技标准的过程，必然会触动那些大国的利益，并使之通过相关地区和国家的利益集团设置种种障碍。

3. 国家军事安全问题

所谓的"国家军事安全"，主要是指一个国家免于军事入侵和战争威胁的状态，包括国家生存没有面临外部武力的威胁和侵略，国家主权不受侵犯，领土不受外敌入侵，国家政权不被颠覆，以及拥有能够维护国家安全的军事力量和手段。[①] 目前，从军事力量、国防科技、作战物资储备、战场环境等军事安全的主要方面看，与中国共建"一带一路"的大多数发展中国家，都难以仅仅依靠自己的力量保障高技术时代的国家军事安全，因而纷纷主张以共同安全、合作安全、对话安全为基础的新安全观。

当下，中国与共建"一带一路"的所有国家之间不存在严峻的国家军事安全问题，但对于这些国家而言，它们所面临的国家军事安全环境的表现形式和严重程度不尽一致。在一些地区，某些国家、某些邻国之间还处在战争状态。在另一些地区，邻国之间处于临时停战、随时可能重燃战火的状态。还有一些地区，邻国之间的国家利益冲突加剧，大有爆发战争的可能性。更有一些地区，国际恐怖主义、民族分裂主义、极端宗教主义等"三种势力"时时威胁着地区安全和国家政权。

---

① 〔蒙古〕鲁布森·海生岱、〔中〕保尔之金·斯琴巴图著《蒙古国家安全问题——战略研究和分析》（汉文版），蒙古国乌兰巴托市宾布桑出版社，2008，第114页。

从地缘上看,在"一带一路"构想可能覆盖的整个范围内,上述不同地区各自处于当今世界地缘经济政治格局大变动的重要战略位置上,因而在这些地区严峻的国家军事安全环境中,都有一些军事大国不同程度地介入。因此,这些地区现有的这种严峻局面本身,即对共建"一带一路"的国家形成尖锐的国家军事安全问题。不难想象,这些军事大国一旦感到共建"一带一路"的进程威胁到自己的切身利益,便有可能通过在相关国家挑起事端,直接采取军事行动,或者在相关国家之间挑起代理战争,以阻止"一带一路"建设继续进行。

4. 国家文化安全问题

所谓的"国家文化安全",是一个国家现存文化特质的保持和延续。① 国家文化安全主要包括语言文字、风俗习惯、价值观念、生活方式的安全。与中国共建"一带一路"的广大亚非发展中国家,拥有各自的游猎、游牧、农耕等传统文化,在文化发展方面也都面临着挑战。它们迫切需要通过处理好传统文化、技术文化、商业文化、外来文化之间的关系,构建主体文化,确立国家精神。

这些国家的传统文化,包含着其民族的情感、价值、道德,具有不同于其他国家民族的文化观、审美观、价值观,发挥着维系其民族精神与价值认同的作用。技术文化,指的是现代社会的所有文化都必须依托于一定的技术。商业文化,则是以现代企业文化为主干建立起来的社会商品文化和市场道德体系。而外来文化,是通过各种形式和载体传播而来的其他国家和民族的文化。

与中国共建"一带一路",意味着这些国家将在比较集中的一段时间内,与来自中国的技术文化和商业文化密集接触。也就是说,由工程技术人员、各种技术产品,以及企业行为承载的现代中国文化,将在一段时间内与这些国家的传统文化前所未有地、大规模地密集接触。从国内外的历史经验

---

① 〔蒙古〕鲁布森·海生岱、〔中〕保尔之金·斯琴巴图著《蒙古国家安全问题——战略研究和分析》(汉文版),蒙古国乌兰巴托市宾布桑出版社,2008,第160页。

和教训看，如果中国的企业和工程技术人员妄自尊大，不尊重这些国家的传统文化，则必然会在中国和这些国家之间引发复杂的文化冲突，并被美国和日本等第三方大国所恶意利用。

5. 国家社会安全问题

所谓的"国家社会安全"，是指公众和政府为实现日常社会生活稳定有序，通过物质和精神方面的有效调解、制度和规范方面的有效控制，使社会运行处于具有弹性适应能力的秩序状态。① 国家社会安全包括对自然灾害的控制、对各类事故的控制以及食品卫生安全、社会治安等社会各领域的内容。因此，国家社会安全以国家主权为前提，强调秩序性、系统性、以人为本，通过社会成员的共谋合作求安全。

与其他国家一样，同中国共建"一带一路"的所有国家的社会安全，主要受自然和社会环境，以及社会内部的经济、政治、文化等因素的影响。但是，由于其中大多数国家目前仍处于冷战后的转型时期，社会变得越来越多元化，基本稳定的社会表象掩饰着各自突出的社会安全问题，如愈加恶化的自然生态环境、扰乱经济秩序的犯罪活动、各级政府官员的贪污腐化和收受贿赂、时有发生的重大刑事案件和各类严重事故、青少年犯罪和流动人口犯罪、群体性利益冲突事件、国际犯罪势力与本国黑社会勾结，等等。

因此，这些国家在考虑与中国共建"一带一路"，以促进本国实现经济增长和社会繁荣的同时，不能不更多地顾虑这一过程对本国社会安全可能产生的各种负面效应，以及这些负面效应被美国、日本等第三方大国插手利用的可能性。

6. 国家生态安全问题

从广义上讲，所谓的"国家生态安全"，是指一个国家生存和发展的生态环境处于不受威胁与破坏的状态，能够适应经济增长与社会发展的需要。② 冷

---

① 〔蒙古〕鲁布森·海生岱、〔中〕保尔之金·斯琴巴图著《蒙古国家安全问题——战略研究和分析》（汉文版），蒙古国乌兰巴托市宾布桑出版社，2008，第183页。

② 〔蒙古〕鲁布森·海生岱、〔中〕保尔之金·斯琴巴图著《蒙古国家安全问题——战略研究和分析》（汉文版），蒙古国乌兰巴托市宾布桑出版社，2008，第242~243页。

战结束后，与中国共建"一带一路"的所有国家从两大阵营对抗的束缚中解脱出来，走向了自主的和平发展道路。但是，由于急于发展经济和改善民生，这些国家在没有充分考虑自己所处的特殊自然环境、所拥有的自然资源禀赋的情况下，放松保护自然生态环境的政策法规限制，集中引进了国外的资金、技术和企业。

结果，由于这些国家无序地过度开发地下矿产、水、森林等自然资源，造成了植被大量破坏、水资源枯竭、地下矿产资源储备锐减，以及严重的空气污染、频繁的沙尘暴灾害等严重危害国家可持续发展的综合性负面效应。因此，目前这些国家大都认真反思过去所采取的饮鸩止渴式做法，转而警惕经济大国以合作为名，大肆开发本国的自然资源，向本国转移污染和危害生态环境的产业、设备、产品和有害废弃物。

毋庸讳言，这些国家的这种态度与一些中国企业在周边国家的做法不无关系。这些企业毫不考虑维护和提高中国在周边国家的形象，只顾最大限度地赚取利润，通过贿赂等不正当手法，将落后淘汰的设备和技术转移到周边国家，不计后果地对周边国家的地下矿产资源和森林资源大肆进行滥采滥伐，被西方国家指责为中国对周边国家进行"生态侵略"、"生态殖民"和"生态剥削"。

从以上分析可见，由于"一带一路"构想的重大战略意义和影响，共建"一带一路"的构想能否成功地实现，关键在于如何充分认识和妥善处理构建"一带一路"安全环境的各种问题。而且，这些问题的表现方式与严重程度，首先与中国对相关地区和国家的行为方式有关，其次才与美国、日本等第三方如何介入和利用相关。

区域经济合作

Regional Economic Cooperation

B.7
北京 APEC 峰会：议题回顾与评述

刘均胜*

摘　要：	在 2001 年上海 APEC 峰会 13 年后，中国再次承办北京 APEC 峰会。在中国成为世界第二大经济体、亚太地区经济结构面临根本性变化的背景下，本届峰会被赋予了更多的期待。为了更好地理解本届峰会的主题和议题，本文较为系统地回顾和梳理了 APEC 在亚太自由贸易区、创新经济增长、互联互通方面的问题，希望能为本届和今后的 APEC 议题讨论和展开做一点基础性的工作。
关键词：	北京 APEC 峰会　亚太自由贸易区（FTAAP）　创新经济增长　互联互通

---

* 刘均胜，中国社会科学院亚太与全球战略研究院副研究员。

从经济规模和地区格局上看，APEC 是可与欧盟、北美自由贸易区并称的三大代表性的区域合作组织，其一年一度的领导人非正式会议对地区乃至世界都具有重要意义。2014 年的会议因恰逢 APEC 成立 25 周年和在作为地区大国的中国举办而格外受到广泛关注。根据中国外交部、商务部的新闻发布会，本届 APEC 会议的主题为"共建面向未来的亚太伙伴关系"，在该主题之下各方就推动区域经济一体化，促进经济创新发展、改革与增长，加强全方位互联互通与基础设施建设等重点议题达成了广泛而深入的共识。① 通过历史回顾和梳理可以发现，上述议题不但充分体现了 APEC 的宗旨和精神，而且与当前各成员的经济现状密切相关，在一定程度上决定着未来亚太区域经济发展的趋势，具有重要的理论和现实意义。

一 区域经济一体化议题回顾

促进亚太地区的贸易和投资的自由化、便利化是 APEC 最为重要的两个"轮子"，而区域经济一体化可以看作 APEC 在此基础上追求得更高的目标。本届 APEC 在讨论区域一体化议题时，突出的亮点是"取得了重要进展和共识，各方认为应该启动亚太自贸区的进程"，更为具体的内容包括建立亚太自由贸易区（FTAAP）信息交流机制、探讨制定实现的路径和方式、及早开展可行性研究等。② 这表明，FTAAP 已开始向务实性区域合作迈出重要一步，它必将对亚太地区的区域合作、地缘政治经济产生深远的影响。

FTAAP 成为 APEC 一个重要的地区合作构想，经历了从提出时被漠视到后来逐渐被认同的一波三折的过程。这一方面说明 FTAAP 构想具有作为制度安排所谓的适应环境和社会变化的能力，另一方面也说明其背后存在有

---

① 《2014 年亚太经合组织领导人会议周活动将在北京举行》，2014 年 9 月 29 日，http://www.apec-china.org.cn。
② 《中国 APEC 高官谈践出席媒体吹风会》，中新社，2014 年 8 月 22 日。

力的推动因素。①

2004年11月,亚太经合组织工商咨询理事会(ABAC)向APEC第12次峰会就FTAAP专门提交了报告,题为"亚太自由贸易区方案的初步评估:为ABAC准备的一份文件"。该报告对FTAAP做了较为明确的规定:在制度安排上,FTAAP不同于非强制性的APEC,奉行约束性和互惠性原则;在内容上,FTAAP实行超WTO规则,追求高质量的自由贸易协定;在范围上,FTAAP将覆盖亚太整个区域,希望整合现有的双边和次区域自由贸易协定。

鉴于FTAAP构想与亚太地区社会、政治和经济发展现实之间存在的巨大差距,以美国为首的大部分成员拒绝给予"政治承诺"性质的支持,② 这使得第12次APEC峰会和下届APEC峰会都没有采纳关于FTAAP的倡议。

2006年APEC峰会上美国对FTAAP的态度发生转折性变化,强调要对FTAAP进行宣传和研究,呼吁其他成员郑重考虑FTAAP,并就一些细则和定义达成最广泛的共识。

2007年APEC在《悉尼宣言》中首次对FTAAP予以明确表态,全体成员都表示出积极支持的态度。2010年APEC峰会有关FTAAP的构想在实现路径和具体内容上有了进一步的深化。2012年APEC峰会呼吁将规则的一致性作为实现FTAAP的一个切实步骤。2013年APEC峰会继续承诺支持FTAAP,并提出相关建议。(见表1)

表1 历届APEC峰会有关FTAAP构想的情况

时间	地点	提议者	级别	反响和具体内容
2004年	智利APEC峰会	ABAC	会议报告	美国对FTAAP没有表态,无果
2006年	越南APEC峰会	美国		美国高调支持FTAAP,郑重呼吁,各方表示感兴趣
2007年	澳大利亚APEC峰会	澳大利亚、新西兰	峰会批准文件和宣言	FTAAP标志性进步,达成共识;采取切实和渐进步骤来推进

① 青木昌彦、奥野正宽编著《经济体制的比较制度分析》,中国发展出版社,1999,第10页。
② 张振江:《亚太自由贸易区:美国战略与中国应对》,《世界经济与政治》2009年第4期。

续表

时间	地点	提议者	级别	反响和具体内容
2008年	秘鲁APEC峰会	APEC全体通过	峰会宣言	主办国秘鲁认为FTAAP是实现茂物目标的一个有用机制
2009年	新加坡APEC峰会	新加坡、日本	峰会宣言	美国高调宣布加入TPP；重申探讨FTAAP的可行性；2010年末提出实现的各种途径
2010年	日本APEC峰会	APEC全体	峰会宣言	美国提出以TPP作为通向FTAAP的路径，最后宣言中强调在ASEAN+3、ASEAN+6和TPP的基础上建立一个全面的FTAAP。在内容上，强调APEC将作为孵化器对FTAAP所涵盖的"下一代"贸易和投资问题提供支持和智力引导，总体上采取循序推进的方式
2011年	美国APEC峰会	美国	峰会宣言	对各经济体建立FTAAP的能力需求进行调查
2012年	俄罗斯APEC峰会	APEC全体	峰会宣言	通过《提高RTAs/FTAs透明度规范》提案，将RTAs/FTAs规则的一致性作为实现FTAAP的一个切实步骤
2013年	印度尼西亚APEC峰会	APEC全体	峰会宣言	指出APEC在协调信息共享、透明度、能力建设上应发挥关键性的作用；举办有关政策对话以强化RTAs/FTAs之间的交流；APEC应对FTAAP进行引导和智力支持，加强RTAs/FTAs之间的交流

资料来源：根据APEC领导人宣言有关内容整理，参见http://www.apec.org/Meeting-Papers/Leaders-Declarations。

值得指出的是，2009年随着美国宣布加入跨太平洋伙伴关系协定（TPP），美国对FTAAP的态度再次出现变化，开始倾向于推进TPP，对FTAAP的热情下降。相比之下，APEC其他成员，如新加坡和日本，对FTAAP的态度表现得更为积极。2010年后的几届APEC峰会宣言对FTAAP更多的是重申之前的观点。在此背景下，在北京举行的APEC峰会再次聚焦FTAAP，强调要启动FTAAP进程，有望打破徘徊不前的局面。

二 促进经济创新发展议题回顾

当前亚太地区的经济增长正处于由传统增长模式向创新增长模式转换的关键时期。过去，亚太尤其是东亚地区主要依靠出口导向和"雁形模式"使经济增长呈现高潮不断和梯度转移的态势：从20世纪六七十年代实现经济赶超的日本，到七八十年代以"四小龙"为代表的亚洲新兴工业化国家和地区，再到八九十年代东南亚的"四小虎"，及至进入21世纪后经济快速发展的中国。[①] 如今，这种经济增长模式已显得难以为继，具体表现是全球金融危机背景下发达国家的"再平衡"加剧了出口导向的困境，技术升级瓶颈则制约了"雁形模式"。因此，探索不同于传统的新增长模式自然成为APEC成员最关心的问题。

2014年APEC峰会将"促进经济创新发展、改革与增长"作为重点议题，就是在反映APEC成员这方面关切的同时，继续深化对新增长模式的探索。APEC对增长问题的关注是从2008年全球金融危机爆发后开始的。这次自20世纪30年代大危机以来最严重的经济危机使亚太地区发展中经济体认识到，该地区经济发展的外部环境正在出现结构性而非周期性的改变，过去一直延续的高度依赖出口贸易和国际资本的出口导向型经济增长模式遭遇了根本性的挑战。

为此，2009年新加坡APEC峰会对地区经济增长给予了特殊的关注，不但峰会报告把"促进持续增长"作为主题词，而且专门发表了《倡导新的的增长方式，构建21世纪互联互通的亚太》的声明。这种以报告和声明的双重方式来强调在APEC历史上尚属首次，标志着APEC真正意义上全方位探索增长与合作的开始。

2010年8月在日本专门召开了"APEC增长战略高级别圆桌会议"。同

---

① 20世纪六七十年代到九十年代就是所谓的"东亚奇迹"时期，该时期出口导向和"雁形模式"发挥了关键性的作用。参见 The World Bank, *The East Asian Miracle: Economic Growth and Public Policy*, Oxford University Press, 1993。进入21世纪以后，中国经济的快速发展更多得益于出口导向，"雁形模式"则体现在中国国内地区之间的产业梯度转移。

年11月在日本横滨APEC峰会的宣言中再次强调要"致力于进一步提高经济增长质量",同时以宣言附件的形式单独发表了《亚太经合组织领导人增长战略》。峰会宣言和附件不但表达了全体成员对增长问题政治上的一致支持,而且阐述了增长战略的意义、属性、目标、内容以及行动计划等,这标志着APEC增长战略框架初步形成。①

2011年"增长"继续成为APEC的核心议题之一。在美国檀香山APEC峰会报告中,强调"可持续和平衡增长",共同推动"绿色增长",创造向全球低碳转型的"新经济增长"。宣言附件则围绕开放市场和完善法律法规来鼓励创新,实质上也是服务于"新经济增长"。②

2012年俄罗斯海参崴APEC峰会将"加强创新增长合作"与"区域经济一体化、粮食安全、供应链"并列为四个优先议题。峰会宣言重申了APEC领导人对绿色增长、创新增长和可持续增长的高度关注,明确在2015年要向领导人会议提交关于增长战略进展的报告。

2013年印尼巴厘岛APEC峰会的三个核心议题之一就是"实现可持续的公平增长",并给出具体措施促进广大公众能分享经济增长成果(见表2)。

表2 历届APEC关于经济增长模式的探索

时间	地点	重视程度	关于经济增长的内容要点
2009年	新加坡	APEC峰会报告主题词为"促进持续增长";单独声明为《倡导新的增长方式,构建21世纪互联互通的亚太》	放弃"常规增长",首次提出"新的增长方式";制定全面的增长战略,包括平衡增长、包容性增长和可持续增长;强调通过创新和知识经济提升经济增长潜力,等等
2010年	日本横滨	APEC增长战略高级别圆桌会议;峰会宣言附件为《亚太经合组织领导人增长战略》	用"APEC增长战略"代替之前的"新的增长方式";"APEC增长战略"在全面增长战略的基础上增加了创新增长和安全增长,一共五方面的内容;针对五方面增长的定义、目标和核心措施做了进一步细化,形成了较为完整的框架

---

① APEC, *The APEC Leaders Growth Strategy*, Yokohama Japan, 14 Nov. 2010, http://www.apec.org.

② APEC, *Toward a Seamless Regional Economy*, Honolulu USA, 2011, http://www.apec.org.

续表

时间	地点	重视程度	关于经济增长的内容要点
2011年	美国檀香山	峰会宣言中提到"增长";"绿色增长"是三个核心议题之一;宣言附件关于创新政策中论及创新增长	提出"绿色增长"概念和实现的具体措施;呼吁加速向全球低碳经济转型以应对气候变化;通过保持经济开放、统一标准、增强规则透明度和非歧视、加强知识产权保护等来鼓励创新
2012年	俄罗斯海参崴	"加强创新增长合作"成为四个核心议题之一;宣言中有提及和重申	"创新增长合作"的主要内容包括全球创新网络建设和加强官、产、学界的推动力;重视知识产权保护和执法;培育小微企业,鼓励青年和妇女参与;加强教育合作;加强人力资源开发和社会保障等
2013年	印尼巴厘岛	"实现可持续的公平增长"作为三个优先议题之一	提出"可持续的公平增长"和相应措施:扩大妇女经济参与度;全方位支持中小企业;拓展金融体系对贫困地区的服务;加强官学商合作促进科技创新,等等

资料来源:根据APEC网站相关内容整理,参见http://www.apec.org。

从以上简单的回顾可以看出,APEC对新增长模式的探索最初源于外部经济环境根本改变的压力,后来逐渐形成较为完整的增长战略框架,该框架内容随着不同时期国际和地区经济形势的变化而有所侧重和增加。中国作为地区发展中大国,当前正面临着更深入的制度变革。从这个意义上说,2014年北京峰会突出强调创新发展和改革,既能保持与APEC在新增长模式探索上的一致性,又能赋予APEC新增长模式的探索以更多、更新的内容。

三 互联互通议题回顾

随着亚太地区区域内贸易比重的增加和产业链网状化,互联互通的重要性日益突出。从2002年到2012年,东亚与世界其他地区的贸易从2.5万亿美元增加到9.9万亿美元,东亚地区的贸易占世界贸易的比重从

23%提高到31%。① 在这快速增长的背后，亚太地区正在成为"世界工厂"。来自区内发达经济体的资本品和零部件等中间产品被运送到区内发展中经济体去加工和组装，最后再以制成品的形式销往区内外的发达国家。进而，随着技术水平的上升，许多中间产品开始由区内发展中经济体制造并在彼此之间销售。在这一过程中，中间品贸易不断增加，产品供应链也在不断网络化。为了确保供应链畅通和降低中间品流动成本，APEC将互联互通提上了议程。

2009年新加坡APEC峰会上，领导人开始正式讨论互联互通，发表了《倡导新的增长方式，构建21世纪互联互通的亚太》的声明。2012年俄罗斯海参崴APEC峰会就互联互通达成共识，在宣言附件《亚太经合组织供应链联接行动计划》中强调通过互联互通，争取到2015年将本地区供应链便利化程度提高10%。2013年印尼巴厘岛APEC峰会明确将互联互通作为三大议题之一，提出构建APEC互联互通合作框架的倡议。

从经济上看，提高互联互通程度能带来巨大收益，主要体现在增加市场机会、降低贸易成本、更高效的生产和便利使用。② 从合作上看，高度的互联互通不但能缩小地区差异实现共同发展，而且能进一步增强地区内部的凝聚力。互联互通将加速亚太地区在整体上形成一个商品、服务、资本、信息和人员能够自由流动的大市场。为此，互联互通要涵盖制度、基础设施和人员三方面的互联互通，只有这三方面互联互通的提高才能从整体上提高地区的一体化水平（见图1）。

制度互联互通是指推动法规、机制、办事流程等方面的合作，增进成员经济体之间的规制一致性。APEC将在边界后壁垒、贸易便利化和非关税壁垒等关键领域推动制度互联互通，努力推进海关通关现代化、单一窗口倡

---

① Matthias Helble, et al., *From Global Factory to Global Mall: East Asia's Changing Trade Composition*, ADB Working Paper Series, No. 496, Augst 2014.
② Asian Development Bank and Asian Development Bank Institute (ADBI), *Infrastructure for a Seamless Asia*, 2009.

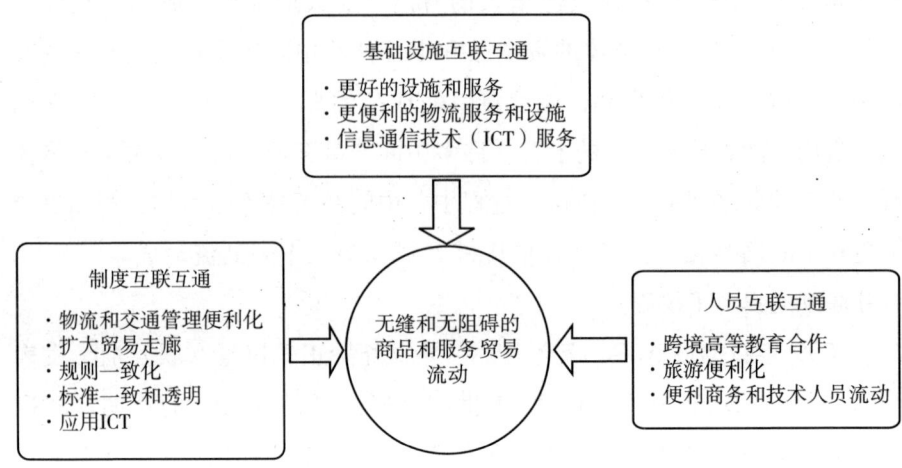

图1 互联互通概念的内在联系

议、结构改革等。

基础设施互联互通是指提高产品供应链水平，联通和一体化区内物流、交通、能源和通信基础设施。投资高质量的基础设施，以连接发达经济体同新兴增长中心，这对于实现APEC诸如区域一体化、可持续的公平增长等目标具有关键性的作用。

人员互联互通是指形成促进人员流动一体化的深层次跨区域网络和交流机制。APEC将优先拓展教育交流、旅游和专业技术人员的互联互通。

实际上，依据上述三个方面互联互通的范畴，可以将APEC诸多倡议和活动归于其中。在制度互联互通方面，APEC的倡议包括贸易便利化（TFAP）、投资便利化（IFAP）、供应链互联互通框架行动计划（SCFAP/SCI）、结构改革等。APEC从一开始就坚持以贸易便利化服务于茂物目标，2001年上海APEC峰会提出在5年内将区域内贸易成本降低5%的目标，这就是后来所谓的"贸易便利化行动计划一"（TFAPI）。在TFAPI顺利完成的基础上，在2005年釜山APEC峰会上，领导人提出到2010年将贸易成本再降低5%的目标，由此形成"贸易便利化行动计划二"（TFAPII）。TFAP主要是针对非关税壁垒，具体集中在海关程序、标准和一致化、商务流动和电子商务四个领域。① 以 TFAP 为代表的贸易便利化带来的好处就是降低了贸易的交易成本,从 2001 年到 2010 年 APEC 地区贸易成本累计下降超过 10%,其中 2007~2010 年 TFAPII 节省的贸易成本达到 587 亿美元。此外,作为 TFAP 关键内容的"单一窗口"倡议,到 2013 年已经有 14 个经济体引入该制度,4 个经济体正在建设中。根据"单一窗口"倡议,贸易方或货运方可以在单一窗口提交标准化电子表格形式的贸易相关材料,一站式完成所有进出口和转口相关规定的要求,从而极大地缩短通关手续的办理时间并降低成本。

IFAP 主要是以倡导八项投资原则来鼓励更多的跨境资本流动,这些原则包括透明度、稳定性、一致性、安全性、效率性、监管和政策等。针对 IFAP 的进展评估显示,IFAP 有助于改善投资环境,特别是有利于促进成员经济体达成双边投资协议。

SCFAP 比针对边境壁垒的贸易便利化覆盖的范围更广,还包括边界后的壁垒。SCFAP 的目标是到 2015 年在时间、成本和不确定性上全面提升供应链水平。目前,SCFAP 更多地关注跨境物流和交通便利化。

结构改革首次进入领导人议程是在 2004 年,在这方面确认了五个优先合作领域:规制改革、经济与法律、竞争政策、公司治理和公共部门管理。2010 年 APEC 通过了结构改革新战略,目标是通过培育金融市场、增加妇女就业机会、扩大教育、加强社会保障和中小企业发展实现平衡的可持续增长。2011 年各国领导人同意加强规则改革实施方面的合作。

在基础设施互联互通方面,APEC 更多的是通过委员会和工作组来具体规划。2008 年以来投资专家小组(IEG)通过举办项目和研讨会来解决基础设施互联互通方面的融资和投资问题。类似的活动包括 APEC 发展中经济体基础设施建设项目、提高外商直接投资(FDI)利用的能力建设项目,以及加强基础设施融资的能力建设项目等。

---

① 在后来的发展中,TFAP 涉及范围有扩大趋势,甚至有人提出将反腐、投资、保障贸易安全和知识产权等国内规章纳入其中。沈铭辉、余振:《APEC 贸易便利化进展及变化》,《国际经济合作》2009 年第 2 期。

2011年财政部长进程组织了基础设施融资讨论会,就有关公共和私人部门共同参与公共投资进行研究。

此外,还有针对促进私人资本进入基础设施方面的"公私合作伙伴关系"(PPP)倡议。

在基础设施互联互通方面值得一提的,还有东盟的基础设施互联互通。东盟作为亚太区域内的次区域合作组织,开展基础设施互联互通的时间较早,并且其在APEC内部积极倡导互联互通。2010年东盟峰会正式通过《东盟互联互通总体规划》,提出制度、基础设施和人员互联互通概念,并且规定了具体的目标和内容。① 其中,东盟基础设施互联互通战略的目标是在东盟和更广大地区形成一个运转良好,包括交通、信息通信和能源在内的一体化网络。具体来说,其内容包括建设一体化的公路、水路、海运运输网,完成新加坡—昆明铁路线,将东盟打造成东亚交通轴心,完善ICT设施和服务,优先处理能源基础设施方面的制度问题,等等。2011年东盟国家一致同意投资600亿美元用于基础设施互联互通建设。2012年开始实施交通方面的基础设施项目。

在人员互联互通方面,APEC主要通过商务流动工作组(BWG)、旅游工作组(TWG)和人力资源开发工作组(HRDWG)来开展工作,如举办项目活动、提出倡议等。在商务流动方面,BWG提出了APEC商务旅行卡计划,为商务人员出入境提供更多的便利,这有助于扩大商机、加强跨境投资和培育企业家精神。该工作组还通过能力建设帮助成员经济体配备诸如具有旅行证件生物识别功能的过境处理系统等。目前,APEC全体成员都加入了商务旅行卡计划,持卡人超过9万。2014年北京APEC峰会继续关注商务旅行卡,涉及的持卡范围将从目前的商务人员扩大到其他群体,还关注简化签证的申请、出入境审批手续等方面。②

2010年TWG提出了APEC"2011~2015年旅游战略规划",目的是通

---

① 李文韬等:《APEC互联互通问题研究》,《亚太经济》2014年第2期。
② 《亚太自贸区进程取得原则共识》,《新京报》2014年8月22日。

过可持续的旅游来实现绿色和包容性经济增长，重点包括资本和自然人的自由流动，分享在旅游资产保护开发方面的经验，通过加强合作使遭受自然灾害或陷入萧条的地方旅游重现生机等。2011年APEC领导人同意发起"旅行便利化倡议"，在方便国际游客出入境的同时确保旅行安全。

此外，同人员互联互通相关的还有人力资源开发工作组（HRDWG），通过营造能力建设网络、教育网络以及劳动和社会保障网络，实现"共享知识、经验和技能以加强人力资源的开发和促进可持续经济增长"。

四 评述和小结

在2001年上海APEC峰会13年后，中国再次作为东道国承办北京APEC峰会。13年间，亚太地区最大的结构性变化是，中国经过多年的高速经济增长，已经成为世界第二大经济体，由此引发地缘政治、经济、安全格局出现新的变动。作为同地区格局有着密切联系的地区合作，APEC也处于关键性的发展阶段。[①] 从以上对北京APEC峰会重点议题的回顾和分析可见，本届峰会将进一步增强APEC的凝聚力和发展动力，更好地发挥其引领全球贸易自由化和带动世界经济增长的作用。

（1）本届峰会在议题选择上契合APEC宗旨，在保持连续性的同时寻求突破，有利于强化目标驱动力。APEC在发展过程中逐步形成了自主自愿、协商一致的精神，通过推进贸易投资自由化和经济合作，实现亚太区域经济增长的繁荣和共享。不过，随着1996年先期部门自愿自由化（EVSL）的失败、1997~1998年亚洲金融危机的打击，以及2010年"茂物目标"第一阶段目标的表现差强人意，APEC的发展势头不佳。特别是，议题选择开始泛化，偏离了贸易投资自由化和经济合作的主题。APEC作为一种进程，其目标对于APEC的发展具有重要作用。一方面目标可以增强成员的凝聚力，另一方面各个阶段目标的细化可以作为"同行压力"来促使成员履行

---

① 刘均胜：《美国重返亚太背景下的APEC新发展》，《国际经济合作》2013年第11期。

承诺。北京峰会将区域经济一体化作为重点议题,契合了APEC的目标宗旨,有利于增强其发展势头。在这方面,北京峰会宣布启动FTAAP进程无疑是一个亮点。从历史回顾可以看出,FTAAP构想由来已久,以智利、新西兰、新加坡等为代表的区内高度开放和自由化的小国,一直有动力主张积极推进。对美国来说,FTAAP提供了其参与亚太事务的法理基础,因此其态度从最初的漠视转到后来的大力支持。2009年后,由于加入TPP,美国对FTAAP的热情降低。作为覆盖整个区域的高质量自由贸易区,无论从福利收益还是从自由化程度上看,FTAAP都将在很大程度上遏制目前RTAs/FTAs增长的势头,从而有利于成员国将资源用在APEC建设上。对作为地区大国的中国来说,FTAAP可以加强APEC的制度性建设,这有利于中国参与地区合作规则的制定。

此外,FTAAP构想从提出到现在经历了不断完善的过程,具备了一定的现实可行性,特别是亚太地区ASEAN+1、ASEAN+3、TPP的进展为FTAAP提供了基础。根据模型的情景模拟,在静态上ASEAN+X和TPP两条路径都可以实现FTAAP。到2025年,TPP路径产生的年收益将为2950亿美元,ASEAN+X路径产生的年收益将为5000亿美元,整个区域的FTAAP产生的年收益将为19220亿美元。①

(2)本届峰会在议题选择上紧扣当前的世界经济形势,凸显了APEC在全球贸易自由化和带动世界经济增长方面的引领作用。当前世界经济深受2008年爆发的全球金融危机后遗症的影响,突出表现是发达国家经济的衰退和全球贸易保护主义的抬头。以美国为代表的发达国家通过借债维持高消费的经济增长模式难以继续,而且发达国家纷纷将增加出口作为减少失业和重振经济的重要手段。在内需减少和扩大出口的双重影响下,全球多边贸易体系内贸易保护主义风险加剧。②

当前贸易保护主义更为隐蔽,通常采取绕过WTO制裁的传统贸易保护

---

① Peter A. Petri and Michael G. Plummer, "The Trans-Pacific Partnership and Asia-Pacific Integration: Policy Implications," June 2012, pp. 5 – 8.

② D. Irwin, *Trade Policy Disaster: Lessons from the 1930s*, MIT Press, 2012.

主义的做法，因此 WTO 在应对贸易保护主义方面显得能力有限。根据全球贸易预警（Global Trade Alert）小组的统计数据，全球金融危机爆发后到目前，涉嫌贸易保护主义的案例在数量上有显著增长，其中一多半都是采取了更隐蔽的非传统贸易保护的做法。① 此外，由于 21 世纪以来发展中国家和发达国家就有关贸易问题的尖锐对立，导致 WTO 推动贸易自由化乏力，"多哈回合谈判"久拖不决。

长期以来，APEC 一直倡导推进全球多边贸易自由化，通过实行贸易投资的自由化和便利化、先期部门自愿自由化等超 WTO 自由化措施和发挥特有的"孵化器"功能，为"乌拉圭回合"和"多哈回合"谈判做出了很大贡献。② APEC 启动 FTAAP 进程可以有力地推动全球贸易自由化。FTAAP 涵盖的亚太地区是当前普遍热议的世界经济重心，无论在规模上还是在重要性上，FTAAP 的进展都将为超 WTO 自由化进程做出巨大贡献。

此外，本届峰会强调创新经济增长和改革，这同 FTAAP 在内容上所强调的"下一代"贸易具有内在的一致性和相关性。"下一代"贸易是未来全球贸易发展的方向，包括不同于传统贸易的电子商务、物联网和网络贸易、技术贸易、现代化和全球化的金融业、依附于跨国公司生产链的全球供应链服务业以及绿色贸易等，这些内容在很大程度上都属于创新增长的内容范畴。进一步，为了促进"下一代"贸易的发展，FTAAP 必须推动包括农业、原产地规则、知识产权等 WTO 敏感部门在内的谈判问题。因此，"下一代"贸易更为本质的是整合边界后规则，这同 APEC 强调的结构改革有很大的相关性。

（3）本届峰会议题的选择密切结合实际，通过强调基础设施建设和全方位互联互通为 APEC 功能性合作提供了抓手。

相对于制度和人员的互联互通，基础设施互联互通更具操作性并易于取

---

① 全球贸易预警是独立性的监督影响全球贸易政策的机构，提供世界经济下行情况下影响贸易的相关实时信息，参见 http://www.globaltradealert.org/。
② 所谓的孵化器功能，就是将新的规则、议题先在 APEC 范围内讨论和试验，再通过完善修改，最后移植到 WTO 等国际体系中成为规则的过程。

得进展。加大区域内具有全局性的和同民生密切相关的交通、能源、水利、生态保护等基础设施的建设，不但能为地区经济增长提供保障，而且有利于增加固定资本投资、拉动消费，从而创造新的经济增长点。据统计，从2010年到2020年，亚太地区基础投资总量大约8万亿美元。① 考虑到全球金融危机后发达国家总需求减少对亚太经济体出口的压力，基础设施投资对于增加亚太地区内部的总需求具有重要意义。从可持续经济增长角度看，加大铁路、公路、港口、航空等基础设施的建设可以提高区域内物流硬件水平，有助于形成区域内高效通畅低成本的供应链体系，从而提高地区整体经济增长潜力。

中国积极倡导基础设施建设，在2013年巴厘岛APEC峰会上，中国国家主席习近平在发言中呼吁建立覆盖整个亚太地区的网络以支持各次区域"经济走廊"建设，特别提到中国将准备探索成立亚洲基础设施投资银行。2014年10月24日，中国、印度、新加坡等21个首批意向创始国在北京签约，决定成立亚洲基础设施投资银行。作为专门支持基础设施融资项目的区域银行，亚洲基础设施投资银行还需要解决资金来源、确定贷款和担保原则等问题。②

---

① Asian Development Bank and Asian Development Bank Institute（ADBI），*Infrastructure for a Seamless Asia*，2009.
② 竺彩华、郭宏宇等：《东亚基础设施互联互通融资：问题与对策》，《国际经济合作》2013年第10期。

B.8
跨太平洋伙伴关系协定与美日战略利益的契合及分歧

葛 成*

摘　要： 自日本加入谈判进程后，美日两国主导TPP的趋势越发显著。TPP协议能否达成、什么时候达成，关键要看双方在共同或相近的战略利益驱使下互相妥协的程度与速度。在东亚战略格局动态变化与中国快速崛起的背景下，美日战略利益的契合面相当可观。这也是为什么两国断然加入TPP，并将其列为本国在区内各种经济一体化安排中优先选项的首要原因。同时，美日未能在短期内就TPP具体条款达成妥协，亦反映出双方存在显著的战略分歧：在战略格局、战略紧迫性、国内形势及经济利益方面，两国都存在明显差异。

关键词： 跨太平洋伙伴关系协定　战略利益　契合　分歧

自2008年美国加入以来，跨太平洋伙伴关系协定（TPP）谈判已进入第七个年头。目前，这个涉及12国的区域经济贸易一体化进程距离最终达成一致仍有一段距离。回望2008年初，美国开始试探性接触P4[①]成员国，

---

* 葛成，经济学博士，中国社会科学院亚太与全球战略研究院助理研究员。
① TPP的前身是跨太平洋战略经济伙伴关系协议（Trans-Pacific Strategic Economic Partnership Agreement, P4），由APEC成员新西兰、新加坡、智利和文莱四国发起，旨在APEC框架下促进区内贸易自由化。

并于当年就金融服务和投资议题举行了3轮会谈。2008年9月，美国宣布参与P4谈判，并邀请澳大利亚、秘鲁等一同加入谈判。大约一年后，P4更名TPP，并自那时起获得亚太各国的广泛关注。2013年夏，日本在历经反复之后①正式加入TPP于马来西亚举行的第18轮谈判。日本的加入使TPP谈判参与国的国内生产总值（GDP）总和达到29万亿美元，占全球GDP的比重接近39%，贸易额占全球贸易总额的比例约为29%，助推TPP在亚太区域经济合作"机制竞争"中抢占优势地位。

一 谈判进展聚焦美日博弈

2013年底以来，TPP进行了多轮全体成员国各个级别会谈，仅2013年11月就在墨西哥城、华盛顿特区、圣迭戈（智利）以及盐湖城（美国）先后举行了5轮会谈，涉及内容涵盖原产地规则、政府采购、国有企业、投资、知识产权等多个方面。进入2014年，TPP又在加拿大、新加坡及越南进行了最少5轮谈判，但外界对具体内容知之甚少（见表1）。事实上，美国贸易代表处（Office of the United States Trade Representative，USTR）自2013年中开始逐步降低对谈判具体内容的透露程度，甚至谈判的具体轮次都不再公布。至2014年秋，原本就不透明的谈判进程越发扑朔迷离。有分析据此认为，TPP谈判已经进入末期，因为此类反常举动非常接近区域经济贸易一体化谈判进入最后阶段的"一般状况"。但是，透明度进一步降低也可能预示着TPP进入"深水区"后阻力加大——在难度较低的协议内容达成一致后，各方在协议剩余部分矛盾尖锐，谈判进展迟缓。

《亚太地区发展报告（2014）》②已经指出，在日本加入谈判后，TPP可能被美日双边议程所主导。从2014年的进展来看，TPP的焦点已彻底转移到

---

① 日本最早于2009年APEC会议期间对TPP谈判表示出兴趣，但真正加入谈判的时间拖延至2013年7月。
② 葛成：《TPP谈判进展与研究前沿》，李向阳主编《亚太地区发展报告（2014）》，社会科学文献出版社，2014，第112~125页。

表1 TPP谈判进程（2013年10月至2014年9月）

时间	地点	主要内容
2013年10月3日	印尼巴厘岛	部长级会谈，双边会谈
2013年10月28日	墨西哥墨西哥城	原产地规则
2013年10月30日	美国华盛顿	政府采购
2013年11月4日	智利圣地亚哥	国有企业
2013年11月6日	美国华盛顿	投资
2013年11月12日	美国华盛顿	法律和体制问题
2013年11月14日	美国盐湖城	原产地规则
2013年11月19日	美国盐湖城	12国首席谈判代表及重要专家会谈
2013年12月9日	新加坡	各国部长和代表团团长会谈，确定潜在的"着陆区"
2014年2月24日	新加坡	各国部长和代表团团长会谈，主要分歧依旧存在，市场准入方面取得成果
2014年5月12日	越南胡志明市	12国首席谈判代表及重要专家会谈，内容涵盖市场准入、法律和体制问题、知识产权、环境保护、纺织品等
2014年5月18日	新加坡	各国部长和代表团团长会谈，回顾近期的双边接触及首席谈判代表会谈成果
2014年9月1日	越南河内	12国首席谈判代表举行连续10天的紧张谈判

资料来源：美国贸易代表处（Office of the United States Trade Representative），Press Release Documents，http：//www.ustr.gov/node/4375/205，420，422/0，检索日期：2014年9月15日，经整理得到。

美日双边会谈上。在经济体量与贸易往来方面，除美日外，TPP其余10个成员（澳大利亚、加拿大、新西兰、墨西哥、马来西亚、越南、新加坡、秘鲁、智利、文莱）都缺乏世界范围的影响力与号召力。以2013年的数据判断，美日两国的GDP占到TPP总体的77%，贸易额占TPP总体的70%，两国会谈成为TPP"重头戏"其实是意料中的事。

日美双边会谈频率在进入2014年后突然提高，双方也互把对方当成TPP谈判的主要对手。从公开的谈判内容来看，美日分歧主要集中在农产品和汽车领域。在农产品方面，美国要求日本开放大米、小麦、牛肉、猪肉、乳制品及食糖等项目，而日本希望套用例外条款或延缓放开时间。在汽车（及零配件）方面，日本要求美国立即取消进口轻型客车（2.5%）及轻型

货车（25%）的关税，而美国要求日本接受其针对进口车辆的安全和环保检测标准及认证程序（见表2）。

表2 2014年美日双边谈判进程*

时 间	地 点	主要内容
2014年2月15日	美国华盛顿	美国贸易代表Michael Froman与日本经济财政大臣甘利明会谈，同意尽快缩小双方在农产品及其他领域中的分歧
2014年3月22日	美国华盛顿	美国署理副贸易代表Wendy Cutler和日本大使弘大江会谈，专注于农产品，显著差距依然存在
2014年3月27日	美国华盛顿	美国署理副贸易代表Wendy Cutler和日本大使弘大江会谈，同时展开多场专业会议，聚焦农产品与汽车市场准入
2014年4月15日	美国华盛顿	美国贸易代表Michael Froman与日本经济财政大臣甘利明会谈，过程被形容为"专注但困难的"
2014年7月14日	美国华盛顿	美国署理副贸易代表Wendy Cutler和日本大使弘大江会谈，聚焦农产品问题
2014年7月17日	美国华盛顿	美日TPP平行谈判，聚焦汽车问题
2014年8月7日	美国华盛顿	美国署理副贸易代表Wendy Cutler和日本大使弘大江，以及两国农业问题谈判负责人会谈，仍聚焦农产品问题
2014年10月10日	日本东京	美国署理副贸易代表Wendy Cutler与日本代理首席谈判代表大江博、经济外交担当大使森健良举行工作会谈。Cutler表示"遗留下来的课题很棘手"；日本代表则透露，日本的牛、猪肉关税问题以及在部长级磋商中成为难题的美国汽车零部件关税问题等是本次会谈的焦点

注：*除了专门会谈外，美日两国在每轮TPP全体谈判中几乎都会加入双边会谈，这些会谈并未在此处列出。

资料来源：美国贸易代表处（Office of the United States Trade Representative），Press Release Documents，http://www.ustr.gov/node/4375/205，420，422/0，检索日期：2014年9月15日，经整理得到。

在汽车领域，对于同样在世界市场上占有一席之地的美日来说，争议主要在准入标准与行业准则方面。因为一旦在TPP框架下确立对本国汽车产业较为有利的市场规则，考虑到美日两国汽车产业在地区范围的地位，完全有希望将其推而广之，从而在长期内使本国产业受惠。在这一方面，日本认为美国过多地设立了非关税贸易壁垒，阻碍了日本汽车产业竞争优势的发挥,从而违背了TPP关于自由竞争的原则。现日本国际贸易投资研究所理事长畠山襄指出,在贸易自由度较高的新西兰,日本汽车企业的销量是美国同行的8倍,而在智利市场上,日本车保有量也比美国车多50%,这体现出两国汽车产业竞争力上的差距。①

农业方面,日本自二战后一直对本国农业采取保护态度,在客观上加重了农产品生产与经销环节对保护措施的依赖。加入TPP谈判后,无例外的贸易自由化原则给日本农业造成了巨大压力,而一旦大幅度取消对本国农产品的保护性关税及非关税壁垒,日本农业及其上游产业链短期内的显著衰退几乎不可避免。首先,来自加拿大、澳大利亚、新西兰及美国的廉价农产品将会大量涌入日本,直接冲击其国内农产品市场,打破日本长期以来相对稳定的农产品市场平衡,威胁日本农户和农协的切身利益。其次,虽然农产品产业链相对较短,但其连带效应亦不容忽视,在农产品销售遇阻的情况下,与农业紧密关联的上下游产业(如农资供应与农产品销售渠道等)难免遭受"池鱼之殃"。

2013年初,日本农林水产省为明晰加入TPP的利弊,对日本农业完全依照TPP原则取消保护措施所可能遭受的损失进行了预估。该研究认为,在废除19种主要农产品关税且不采取任何措施应对的情况下,加入TPP将导致日本农业及其关联产业产值下降1.6%(约8万亿日元),其中单纯农业产值将下降约4万亿日元。② 此外,日本农业及其相关产业在加入TPP后所能提供的就业岗位将显著减少,这意味着340万人面临失业的风险,且日本的粮食自给率也会在现有基础上下降26%。③ 作为应对,安倍政府自上台以来一直强调会在谈判中最大限度保护农户与农协的利益,明确提出保留5种"至关重要"的农产品关税的谈判方案。

另一方面,美国在敦促日本开放农产品市场方面则使尽浑身解数。除了

---

① 畠山襄谈话内容转引自徐长文《12国TPP谈判近期难以达成协议》,《中国经济时报》2014年5月19日第4版。
② HARADA YUTA KA「TPPの経済効果についての試算を比較する」,東京財団,http://www.tkfd.or.jp/research/project/news.php?id=1093,访问时间:2014年9月11日。
③ 刘昌黎:《日本参加TPP谈判的动因、制约因素与政策措施》,《日本学刊》2011年第1期,第65页。

高级代表与专家的双边会谈外，2014年4月奥巴马访日期间，亲自游说安倍在开放农产品问题上让步。为达到目的，美日双方在奥巴马访日前便在贸易谈判代表和部长级会谈两个层次上反复磋商，力求缩小分歧，为领导人会晤送上"大礼"。此外，奥巴马不惜首先在关切日本利益的政治与安全领域做出妥协，包括公开声明钓鱼岛适用于美日安保条约（美国总统首次对此做出明确表示）、支持日本解禁集体自卫权。然而，直到4月25日奥巴马离开日本，谈判依然未取得明确成果。

与奥巴马政府对日较为温和的立场不同，美国参众两院部分议员受农业集团与汽车企业的游说，在保护本国产业利益方面不遗余力，对日本保护农产品市场的同时要求美国开放汽车市场的做法表示不满，要求美国政府在TPP谈判中采取更加强硬的做法。2014年5月，美国众议院筹款委员会（House Ways and Means Committee，负责贸易事务）资深议员Sander Levin（民主党）参加了在国会山前举行的反TPP集会，明确对媒体表示，只要日本农产品市场不开放，就不会投下TPP的赞成票。而与他同在筹款委员会任职并兼任贸易小委员会主席的Devin Nunes（共和党）在6月中旬举行的农产品贸易听证会上，要求奥巴马政府在谈判中向日本施加更多压力，哪怕容许日本延长废除关税的期限，但TPP零关税目标必须实现。6月底，筹款委员会主席Dave Camp（共和党）在华盛顿的一个座谈会上表示，日本制定废除全部农产品关税的清晰步骤是TPP取得进展的前提，如果协议中出现对"零关税"原则做出妥协的例外条款，将不会获得国会的认可。

鉴于美日谈判难度过大，日本在2014年早些时候曾试图采取"迂回策略"，即同时与参加TPP谈判的其他主要农产品输出国（澳大利亚、新西兰、加拿大等）达成双边协议，从而削弱美国在农产品问题谈判中的筹码。2014年7月，日本—澳大利亚经济伙伴关系协定（EPA）正式签署，标志着日本拉锯时间最长（2007年4月开始谈判，2014年4月达成协议）、困难最大的双边自由贸易协定谈判最终落下帷幕。日澳EPA的主要困难在日本牛肉市场的开放方面，经过7年的讨价还价，日本最终把大米、小麦、脱脂奶粉、食糖列为例外项目，以将来再进行谈判为条件，同意削减进口牛肉关税。其中，冷冻牛肉的关税在协定生效后的第 18 年削减到 19.5%，冷藏牛肉的关税在协定正式生效后的第 15 年削减到 23.5%。① 从总体情况看，日澳 EPA 成果丰硕，自协议生效时起，日本对澳大利亚进口额的 93.7% 实行零关税，澳大利亚对日本进口额的 99.8% 实行零关税——这在日本迄今所签署的 EPA 中处于最高水平。更为关键的是，由于日本在日澳 EPA 中完全豁免了 5 种重要农产品中的 4 种，而且牛肉也并未做出"零关税"承诺，这大大增加了其对 TPP 美日双边谈判的信心，力图把对"日澳模式"套用到对美谈判中。

美国显然不会接受这种"倒逼"模式，日本的"迂回策略"遭到了来自美国国内产业与政治力量的强力反弹。美国农业及食品业界与众议院筹款委员会纷纷对美国贸易代表 Michael Froman 提出，要求以更严厉的态度对待日本在农产品领域的贸易保护主义，甚至提出把日本从 TPP 谈判中剔除出去。② 面对美国的压力，日本做出了部分妥协。据共同社报道，日本在 9 月于越南举行的谈判中，考虑放弃农产品进口关税以双边协定为准的做法，一律降低来自 TPP 所有谈判成员国的牛肉进口关税，并考虑对其他谈判国适用与美国谈妥的税率，借此推动 TPP 早日达成协议。然而，在 9 月 10 日美日工作性会谈结束后，日本副首席谈判代表弘大江在新闻发布会上说，两国的谈判成果"十分有限"，③ 显示出两国在农产品领域的分歧依旧显著。

二 美日战略利益的契合

美国高调加入进而"接管"TPP 谈判进程，与日本在克服国内政治阻力后毅然同美国携手，体现了两国在战略层面的利益契合。美日战略利益的趋同具体体现在因应东亚战略格局变化、介入东亚经济一体化进程，以及制定进而主导更高规格的国际经济关系准则等三个方面。

---

① 袁源：《日澳 EPA：各打小算盘》，《国际金融报》2014 年 4 月 21 日第 4 版。
② 徐长文：《TPP 谈判凸显美日矛盾》，《国际商报》2014 年 4 月 29 日第 4 版。
③ 新华社：《日美 TPP 工作级别谈判成果有限》，新华网，http://news.xinhuanet.com/2014-09/10/c_126972639.htm，检索日期：2014 年 9 月 15 日。

（一）应对东亚战略格局的快速变化

2014年6月16日，美国贸易代表Michael Froman应邀在美国外交关系委员会发表演讲。在报告中，Froman多次提到TPP与美国国家战略的逻辑关系，指出TPP已经处于美国亚洲再平衡战略"关键的中心位置"（the centrality of TPP to our Asia rebalancing strategy is key）。他表示，美国通过对外贸易手段促成国家利益最大限度的实现早有先例，在罗斯福、艾森豪威尔以及肯尼迪政府期间均获得巨大成功。"目前这些（美国推进TPP谈判进程）努力都致力于更新21世纪的全球贸易体制的道路与规则——这不仅仅符合美国的利益，还服务于美国的价值观，这是我们在加强美国经济，进而维护美国安全的中心。"①

过去的20年，亚太地区战略格局变化迅速。由于中国的快速崛起，以及以东盟为首的地区国家间的多方位联合逐步成熟，使原先在东亚地区处于支配地位的"美国因素"渐渐淡出人们的视野。同时，美国受世界金融危机与"两场战争"拖累，事实上收缩了在东亚地区的军事存在，曾经被视为东亚安全"基石"的美日同盟面临被边缘化的危险。在奥巴马政府上台后，美国在全球范围内"资源错配"的弊端显露无遗，转向亚太的"再平衡"势在必行。与此同时，中国崛起于东亚的速度超出大部分人的预料，在2010年名义GDP超越日本后，东亚地区战略格局变化趋势水落石出，在失去了引以为傲的经济优势后，日本在政治与安全方面的短板分外"扎眼"，恢复"正常国家"的要求越发迫切。

在这样的格局变化下，美日两国找到了彼此战略的契合点，在亚太事务中加强协调势在必行。于是，仅仅兴起不到一年的"东亚共同体"概念迅速被强化美日同盟与推动TPP进程的声音所取代。近几年，中国周边东海、南海摩擦不断，正是美国与日本亚洲战略调整的必然结果，而这也不

---

① "Remarks by Ambassador Michael Froman at the Council on Foreign Relations: The Strategic Logic of Trade," http://www.ustr.gov/about-us/press-office/speeches/transcripts/2014/June/Remarks-USTR-Froman-at-Council-Foreign-Relations-Strategic-Logic-of-Trade，检索日期：2014年9月11日。

可避免地影响到中美与中日关系。相比较而言,中日关系受地理格局限制,地缘政治矛盾更加尖锐,以致两国关系从"政冷经热"发展到"政冻经冷"。①

(二)介入东亚经济一体化进程

美国宣布加入 TPP 谈判前后,正是东亚经济一体化进程发展的高潮期。2010 年初,中国—东盟自由贸易区正式实施,双边货物与服务贸易步入"快车道",同年 10 月,以《中国—东盟实现和平与繁荣战略伙伴关系行动计划(2011~2015 年)》联合宣言的签署为标志,双边关系加速发展达到一个新的高峰。该计划的规模与范围充分反映出双方经贸联系的高水平,以及随之而来的对未来关系发展的信心。② 几乎在同一时期,中日韩 FTA 也正如火如荼地进行,领导人会议与"官产学"联合研究交替进行,时任日本首相鸠山由纪夫更提出"东亚共同体构思",在日本国内引起"回到亚洲、立足亚洲、倚重亚洲"的思维转变。一时间,以"10+3"为基础的东亚经济一体化进程前途一片光明,中国在其中发挥的作用也越来越显著。然而,这个基本把美国排除在外的区域经济一体化安排并不符合美国在东亚地区的战略利益与长远安排,不可能获得美国的支持与谅解。

美国介入并主导 TPP 谈判进程,既是美国亚洲再平衡战略的关键"中心",也是美国对以"10+3"为核心的东亚经济一体化进程的介入与回应。在战略层面,美国担心任由中国主导并最终实现东亚经济一体化,将不可避免地使自己步入修昔底德陷阱(Thucydean Trap,指崛起国家必然挑战现存秩序的领导者,战争因而不可避免)。华盛顿的逻辑是:地区整合努力的成功必然促使中国进一步放眼地区之外,最终公开寻求终结美国的全球领导者

---

① 徐一睿:《从东亚共同体到 TPP:日中渐行渐远》,英国《金融时报》中文网,http://www.ftchinese.com/story/001057909,检索日期:2014 年 8 月 27 日。
② "Plan of Action to Implement the Joint Declaration on ASEAN-China Strategic Partnership for Peace and Prosperity (2011 – 2015)," http://www.aseansec.org/25554.htm,检索日期:2010 年 11 月。

角色。① 同时，日本在东亚战略格局快速变化的情势下，不断加强对中国的戒备心理。菅直人政府上台后随即摒弃了鸠山的"回到亚洲"的战略思维，开始疏远中国，靠近美国。这一趋势在2012年底安倍二度执政后被彻底强化，日本借由加入TPP深化日美同盟，牵制综合国力与日俱增的中国的战略思路变得越来越清晰，而以中日合作为根本前提的原东亚经济一体化进程前景则扑朔迷离。

（三）制定进而主导更高规格的国际经济关系准则

全球经济与世界市场的主导权从来都是发达国家及其利益集团争夺的资源。随着新兴市场国家逐步走上世界舞台，美国在传统经济架构中的权威逐渐减弱，必然开始寻求主导全球经济方式上的"升级"，而TPP正处在这个战略的中心位置。美国贸易代表Michael Froman指出，美国欢迎新兴经济体的崛起，但忧心这些国家在世界经济与贸易体系中不会肩负与其角色相适应的责任，因此美国需要引入新的、更高层次的经济与贸易规则，给世界范围的多边贸易体系谈判注入活力。② 同样，日本在单独主导东亚经济一体化进程无望后，转而押宝TPP，希望借由参与更高水平的区域经济一体化安排，在未来的经济与贸易规则中加入有利于自己的条款，同时淡化中国主导东亚经济一体化进程的前景，从而避免被边缘化。

三 美日战略利益的分歧

美日战略利益的契合部分虽然促成两国先后加入TPP谈判，在原先的东亚经济一体化进程之外"另起炉灶"，但不足以促使两国在事关切身经济利益的具体条款上迅速妥协。也就是说，美日战略利益的分歧同样明显。

---

① 库尔特·坎贝尔：《亚洲国家的战略岔路口》，英国《金融时报》中文网，http://www.ftchinese.com/story/001057872，检索日期：2014年8月25日。
② "Remarks by Ambassador Michael Froman at the Council on Foreign Relations: The Strategic Logic of Trade," http://www.ustr.gov/about-us/press-office/speeches/transcripts/2014/June/Remarks-USTR-Froman-at-Council-Foreign-Relations-Strategic-Logic-of-Trade，检索日期：2014年9月11日。

（一）战略格局与紧迫性差异

双方战略利益的分歧，首先是由战略格局的差异造成的，体现为全球利益格局与地区利益格局的差距。已经有研究指出，奥巴马政府的国家战略调整，实质是一种在全球范围和各战略领域之间的"再平衡"，亚洲"再平衡"战略与处于其关键位置的 TPP 进程只是其中一环。[①] 在奥巴马政府的经济国策（Economic Statecraft）中，TPP 与其他自由贸易安排均服务于美国经济的长远发展。2010 年美国《国家安全战略》报告明确提出，美国在世界范围的力量与影响力源自美国的一切国内活动；同时，让美国经济保持活力是政府工作的中心，因为这是美国力量的源泉。[②] 在 2012 年"全球经济国策日"讲话中，奥巴马表示要利用外交政策推进国内繁荣，并以美国的经济力量推进美国在全球的领导地位。[③]

与美国相比较，日本的战略格局（至少在目前）更专注于东亚地区与周边安全环境。从东亚战略格局变化的趋势来看，中国的快速崛起在短期内尚不足以对美国在全球的领导地位构成挑战，但在综合国力方面超越日本似乎已成定局。因此，"避免东亚经济一体化进程被中国全面主导"已经成为日本的迫切需求，快速推进国家"正常化"的重要性也日益显著。同时，日本认为，美国在加强美日同盟的同时积极与中国构建"新型大国关系"的做法前后矛盾，难以令人信服。或是有鉴于此，日本并未退出原先的区域经济一体化安排，而是继续参与"区域全面经济伙伴关系"（Regional Comprehensive Economic Partnership，RCEP）谈判与中日韩 FTA 谈判，在确认 TPP 优先性的情况下保持双面接触。

[①] 达巍：《全球再平衡：奥巴马政府国家安全战略再思考》，《外交评论》2014 年第 2 期。
[②] The White House, *National Security Strategy*, May 2010, p. 2.
[③] The US Department of State, "President Obama on Economic Statecraft," June 13, 2012, http://iipdigital.usembassy.gov/st/english/video/2012/06/201206137312.html#axzz2uoYZBJpc，访问时间：2014 年 5 月 11 日。

（二）国内形势差异

整个2014年，美国国内政治生活似乎都围绕着中期选举展开。民主党不仅难以撼动共和党在众议院233席对199席的显著优势，而且有可能丢失自己在参议院的领先局面。面对这样的选情，在国内改革遇阻的奥巴马更需要在对外贸易战略上得分，以便说服选民继续支持民主党，维持本届政府在最后两年施政过程中的权威性。因此，在4月底访问日本期间，奥巴马明确对媒体表示："如果跨太平洋伙伴关系协定（TPP）谈判没有成果，华盛顿会将这次访日视作失败。"①

然而，美国方面的妥协与督促并没有促成日本在奥巴马访问期间就农业与汽车问题做出更多让步。相比较而言，安倍政府在日本国内面对的压力要小很多：在2012年底获得选举的彻底胜利后，其国内支持率一直处于高位，即便在4月初消费税大幅度提高（由5%提高到8%），且"安倍经济学"渐渐失色的情况下，"安倍政权长期化"仍然成为日本国内政界的主流意识。美国认为，正是较高的国内支持率给安倍政府预留了克服政治阻力、推进TPP进程的选择空间。因此，日本在通过更多妥协推动TPP谈判取得突破方面责无旁贷。但此前已有分析指出，日本加入TPP谈判本身就有政治动机大于经济动机的嫌疑。日本前首相野田佳彦曾表示，在东亚安全环境日益严峻的情况下，美日同盟更显重要，加入TPP谈判有利于巩固两国关系，进而维护美日同盟作为东亚安全基础的作用。倘若完全依照美国提供的蓝本构建TPP多边合作框架，日本不免失去部分的经济政策自主性以及在区域经济合作中的号召力，这对日本来说代价过大。

（三）经济与贸易关系变化

美日同盟与对美经贸关系是战后日本经济快速恢复并实现崛起的重要支撑：朝鲜战争期间，大笔军需订货挽救了濒临崩溃的日本经济，使其摆脱了

---

① 陈言：《美日TPP谈判搁浅：奥巴马比安倍更着急》，《中国经济周刊》2014年第4期。

对美援的依赖；20世纪50年代，美国先后促成日本加入国际货币基金组织、世界银行以及关贸总协定，把日本完全纳入（美国主导的）国际经济体系；同时，美国长期容忍360日元兑1美元的"绑定汇率"，极大地促进了日本的对美出口，给日本经济的腾飞创造了条件。以1985年"广场协议"为标志，美日经贸关系的"特殊性"渐渐淡化，双方逐步成为正常但重要的贸易伙伴，日本在对外经贸合作中的独立性获得体现，并开始推行植根于亚洲的区域经济合作战略。

在过去20年东亚战略格局快速变化的背景下，美日基于相同或类似的战略需求再度携手，但此时的美日经贸关系早已今非昔比。尽管两国仍然是对方的重要贸易伙伴，但在彼此对外贸易中的份额已有所下降。同时，对于已经习惯独立制定对外经济政策的日本来说，重新接受美国的经济控制显然不可能。即便是为了强调经济自主性，日本也有必要在TPP谈判中发出与美国不同的声音。从现实来看，日本不成熟的市场条件与国内利益集团的棘手问题确实给农产品准入谈判提出了严峻挑战。虽然日本国内的政治形势给安倍政府解决TPP农业项目分歧提供了一定的政策空间，但是否真的做出妥协、在多大程度上做出妥协，以及何时做出妥协都必然是艰难的决定。

2014年5月，美国贸易代表Michael Froman在参议院财政委员会就年度贸易谈判进程作证时称，借助4月的美日首脑会晤，两国在市场准入方面已经取得进展，双方明确了解决农产品和汽车业市场准入分歧的方式。但从接下来两国各个层级的频繁会面与会谈后的信息发布来看，美国人维护TPP高标准、零关税的原则立场，与日本人保护本国农产品的坚定决心似乎都没有显著改变。

四 展望

TPP的前景很大程度上取决于美日两国的战略选择：协议能否达成、什么时候达成，以及TPP的"宏伟蓝图"究竟能在多大程度上变成现实，关键在于双方在共同或相近的战略利益驱使下互相妥协的程度与速度。在东亚战略格局动态变化与中国快速崛起的背景下，美日两国战略利益的契合面相当可观。这也是为什么两国先后加入TPP，并将其列为本国在地区内各种经济一体化安排中优先选项的首要原因。同时，美日未能在短期内就TPP具体条款达成妥协，亦反映出双方存在显著的战略分歧：在战略格局、战略紧迫性、国内形势及经济利益方面，两国都存在明显差异。

战略格局与紧迫性差异，会根据东亚地区战略格局变化的速度与程度而调整。目前，中国经济进入"新常态"与东亚经济一体化进程显著放缓已经成为事实，美日通过TPP的构筑"把水搅浑"的目的大致达成，"美日协同"的战略紧迫性较两三年前有所下降。同时，美国的国内形势在中期选举后可能明朗化，但这是否会对美国的对外贸易谈判进程产生促进作用仍有待观察。一种可能的结果是，奥巴马政府在最后两年任期内把更多的精力投入到对外事务中，力图留下外交遗产——这对于加速TPP谈判进程显然是有利的。另一方面，日本作为美国完全平等谈判对手的姿态越来越清晰，而美国在"亚太再平衡"与重塑经济霸权方面对日本多有仰仗，也给日本在TPP谈判中采取更保守的姿态提供了腾挪空间。

B.9 RCEP与亚太区域经济一体化进程

王金波*

摘　要： 正在进行的RCEP和中日韩自贸区谈判正在成为改变地区发展前景、实现东亚/亚太区域经济一体化的重要议程。鉴于RCEP成员的经济发展水平和市场开放程度各不相同且诉求各异，实现RCEP谈判目标还需要东盟及其自贸伙伴国解决一些实质性问题。与TPP注重标准和规则的制定有所不同，RCEP的合作离不开东亚有效的国际生产分工体系和完善的区域生产网络。RCEP的渐进性和包容性与TPP的高标准和宽覆盖在为亚太区域合作提供新的轨道和模式的同时，也为东亚/亚太区域经济一体化进程提供了新的动力和坚实基础。

关键词： RCEP　TPP　中日韩自贸区　亚太区域经济一体化

自2009年美国重返亚太并将"跨太平洋伙伴关系协定"（Trans-Pacific Partnership Agreement，TPP）作为亚太经济一体化的优选路径以来，亚太区域合作随即进入一个新的"框架重构"阶段。① 在中国崛起和美国亚太战略调整的背景下，正在进行的"区域全面经济伙伴关系协定"（Regional Comprehensive Economic Partnership，RCEP）和中日韩自贸区谈判或将成为改变地区发展前景、实现东亚/亚太区域经济一体化的重要议程。

---

* 王金波，博士后，中国社会科学院亚太与全球战略研究院助理研究员。
① 王玉主、富景筠：《当前亚太区域合作形势分析》，《亚太经济》2013年第4期。

与欧盟和北美自由贸易区（NAFTA）不同，东亚合作长期呈现多重框架相互牵制的复杂局面。究其原因有以下三个方面：一是东亚地区因历史问题和领土（海）主权争议，一直缺乏地区认同感，导致国家间战略互信度低，这也成为东亚国家尤其是大国间建立合作机制面临的最大障碍；① 二是东亚出口导向型经济增长模式的趋同和对欧美市场的过度依赖导致产业间竞争日趋激烈，② 敏感产业调整的社会成本和相关利益集团的政治诉求因此成为东亚区域经济一体化的主要阻力；三是美国在东亚的存在客观上加剧了东亚秩序的内在张力，③ 制度复杂性作为当前东亚地区的一种客观现实，正在成为东亚国家制定区域合作政策时不得不考虑的结构性因素。④ 正是东亚合作的"市场驱动型"特征决定了东亚主要经济体之间的合作必然是一个"竞争性博弈"过程，而利益（政治、安全、经济利益）和观念（文化传统、历史记忆、意识形态）的差异则决定了东亚尤其是以中日韩为主体的东北亚地区的碎片化治理将是一个长期的过程。⑤

有鉴于此，作为东亚/亚太地区新的竞争性区域合作制度，RCEP 与中日韩自贸区的顺利建成将会对东亚区域生产网络的完善、亚太地区统一架构的构建起到强有力的推动作用。欧盟和 NAFTA 的实践证明，生产要素的自由流动，能够带来国家间经济发展水平的收敛，符合经济学理论的推断。同样，东亚国家间经济差距的缩小、地区内部的平衡发展、国民福利的提高和经济的可持续增长能够满足东亚各国共同发展并从地区一体化建设中获益的基本愿望。东亚"二元格局"的相对稳定和中美在传统、非传统领域的地区性国际合作，也会为东亚区域经济一体化进程和 APEC 亚太经济一体化目标提供新的动力、机遇和保障。

---

① 王金波：《中日韩自贸区：三年内难修"正果"》，《经济》2012 年第 4 期。
② 赵江林：《外部约束与东亚经济结构转型》，《当代亚太》2010 年第 4 期。
③ 周方银：《周边环境走向与中国的周边战略选择》，《外交评论》2014 年第 1 期。
④ 王明国：《国际制度复杂性与东亚一体化进程》，《当代亚太》2013 年第 1 期。
⑤ 李开盛：《东北亚地区碎片化的形成与治理》，《世界经济与政治》2014 年第 4 期。

一 RCEP 的最新进展

RCEP 是由东盟（ASEAN）发起的，以"10＋6"为基础的区域经济合作安排。自 2012 年 11 月东亚峰会期间由东盟各国、中国、日本、韩国、印度、澳大利亚和新西兰等 16 国领导人共同启动以来，RCEP 已于 2013 年 5 月至 2014 年 6 月分别在文莱、澳大利亚、马来西亚、中国、新加坡举行了 5 轮谈判（见表 1）。在过去的 5 轮谈判和 2 轮部长级会议中，16 个成员除了在货物贸易、服务贸易、投资及协议框架等方面达成初步共识外，还就关税减让模式、服务和投资自由化模式、协定章节框架、知识产权、竞争政策和经济技术合作等议题展开了实质性讨论。[①] 尽管各方还未就"推进以撤销关税磋商为前提的谈判方式内容"达成一致，在"完全撤销关税时间上限等核心问题"上还存在一定分歧，但就谈判进程和谈判本身而言，RCEP 达成协议只是一个时间和标准落实的问题。依据《RCEP 谈判指导原则与目标》文件，RCEP 将在 2015 年底结束谈判（最后一轮将在韩国举行）。[②] RCEP 若能如期达成协议，将会成为一个以东盟为中心、拥有 34 亿人口（约占全球总人口的 1/2）、GDP 达 20 万亿美元（约占全球经济总量的 1/3）、贸易自由化率高达 90% 以上的区域贸易安排；同时也是中国目前参与规模最大的自由贸易协定谈判，约占中国对外贸易总额的 30.4%、中国对外直接投资存量的 9.1%，所占比例均高于中日韩自贸区和中国已经签署的 12 个自由贸易协定。

综合 RCEP 的指导原则、目标和最新进展情况，RCEP 具有以下两个显著特征：一是渐进包容，二是框架宽泛。首先从谈判成员来看，RCEP 坚持开放与包容的原则，允许东盟自贸伙伴国在谈判后续阶段或者其他非自贸伙

[①] 商务部：《区域全面经济伙伴关系协定第五轮谈判在新加坡举行》，http://www.mofcom.gov.cn/article/ae/ai/201407/20140700651613.shtml。

[②] ASEAN Secretariat, "Guiding Principles and Objectives for Negotiating the Regional Comprehensive Economic Partnership," August 30, 2012, http://www.asean.org.

伴国在现有16个成员谈判结束之后仍然可以加入协议。从谈判议题来看，除了政府采购、环境保护、劳工标准等TPP敏感议题外，RCEP几乎囊括了成员间大部分商业关系，涉及货物贸易、服务贸易、投资、原产地规则、海关程序、TBT、SPS、经济技术合作、知识产权、竞争政策、争端解决等方方面面。在所有议题中，服务贸易、投资、知识产权和竞争政策无疑是日本、韩国、澳大利亚和新加坡等RCEP发达成员的重点关注，也构成了RCEP谈判最核心、最敏感的部分。

表1 RCEP谈判进程

回合	时间	地点	主要议题及成果
1	2013年5月	文莱	正式成立货物、服务贸易和投资三个工作组，并就货物、服务贸易和投资等议题展开磋商；16个成员一致同意努力推进谈判，以实现2015年结束谈判的目标
第一轮部长级会议	2013年8月	文莱	各方一致同意在2014年8月之前确定贸易自由化标准，同时同意制定统一关税表，并决定于第二轮谈判起全面启动关税削减(取消)谈判
2	2013年9月	澳大利亚	除了就货物贸易、服务贸易和投资章节结构、要素问题展开讨论外，各方还就关税和贸易数据交换、原产地规则、海关程序等问题进行了交流，同时决定在货物贸易工作组下成立原产地规则和海关程序与贸易便利化两个分组
3	2014年1月	马来西亚	同意新设知识产权、竞争、经济技术合作、争端解决等四个工作组，并就市场准入模式、协定章节框架和相关领域案文要素等展开磋商
4	2014年4月	中国	在关税减让模式、服务和投资自由化模式、协定章节框架等问题上达成初步共识，并首次提及知识产权和经济技术合作领域的相关内容
5	2014年6月	新加坡	重点就货物(关税减让模式、贸易救济、原产地规则、海关程序与贸易便利化、SPS、TBT)、服务贸易谈判模式和章节要素、投资模式和投资章节要素进行了深入磋商，并就知识产权、竞争政策、经济技术合作和法律问题等相关议题展开讨论
第二轮部长级会议	2014年8月	缅甸	未就推进以撤销关税磋商为前提的谈判方式及内容达成共识，在完全撤销关税时间上限等问题上各方仍存在较大分歧

资料来源：根据中国商务部和各成员国官方公开资料整理制表。

从 RCEP 的经济收益来看，RCEP 将为成员各方带来巨大的经济和社会福利效应。关于 RCEP 的经济收益，已有学者运用可计算一般均衡模型（CGE）进行过量化分析，虽然模拟结果略有差异，但结论基本一致，即 RCEP 将是一个各方共赢的区域贸易安排：（1）到 2025 年，RCEP 将为全球创造 6440 亿美元的经济收益（相当于全球 GDP 总量的 0.6%）;①（2）RCEP 将使地区成员共同获益，其中，中日韩三国的 GDP 将分别增加 1.4%、1.8% 和 3.9%，印度和澳大利亚将分别增加 1.7% 和 1.4%（见图 1）;②（3）中国的加入将使 RCEP 成员获益最大，尤以日本、韩国和东盟成员的福利改善最为明显，一个可能的解释是东亚区域生产网络的提升和地区价值链的延伸可以带来潜在的收益;③（4）RCEP 的福利效应将更多地来自非关税壁垒的削减、交易成本的降低、原产地规则的统一、服务贸易和投资的增加以及区域生产网络的拓展。④

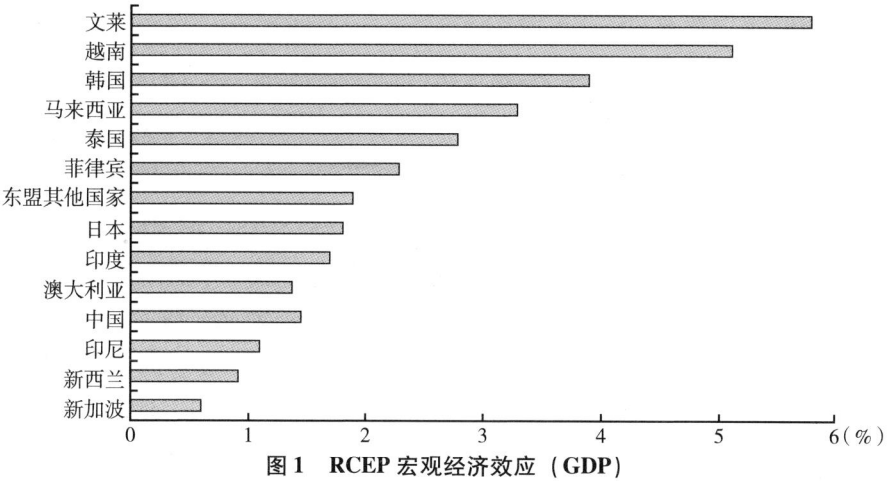

图 1　RCEP 宏观经济效应（GDP）

资料来源：Petri, Plummer and Zhai, "Note on Alternative Asian Track Scenarios," 2012, Asia-Pacific Trade。

---

① Asian Development Bank, *Asian Development Outlook 2013*, p. 14.
② Peter A. Petri, Michael G. Plummer, and Fan Zhai, "Note on Alternative Asian Track Scenarios," 2012, Asia-Pacific Trade.
③ Inkyo Cheong and Jose Tongzon, "Comparing the Economic Impact of the Trans-Pacific Partnership and the Regional Comprehensive Economic Partnership," *Asian Economic Papers*, No. 2, pp. 144–164.
④ Fukunaga Yoshifumi and Ikumo Isono, "Taking ASEAN + 1 FTAs towards the RCEP: A Mapping Study," 2013, ERIA Discussion Paper Series.

二 RCEP与地区统一市场的构建

RCEP如果按照东盟的路径和模式如期达成，将会改变亚太区域合作的基本格局，对东亚生产网络的完善和提升、贸易和投资环境的改善、地区一体化进程都会产生积极影响。不过，考虑到RCEP成员的经济发展水平和市场开放程度各不相同且诉求各异，实现RCEP谈判目标还需要东盟和其他6个成员解决一些实质性问题。

RCEP首先离不开中日两国的战略协调和东盟内部的凝聚力。中日韩三国是东亚最大的经济体，三国的经济规模合计约占RCEP经济总量的72.8%。三国尤其是中日两国在东亚区域经济整合过程中的竞争与合作，必然会对RCEP等东亚一体化可能路径产生不同程度的影响。东亚地区复杂的政治生态与权力结构也在很大程度上制约着地区一体化、贸易自由化进程的深入。而国家间不同利益与观念差异的相互反馈则进一步强化了东亚尤其是东北亚地区治理机制的碎片化。[1] 当中国崛起、美国的军事存在和战略重心东移、日本与中国的战略竞争交相投射到拥有特殊地缘政治禀赋的东南亚国家或地区时，[2] 传统的以东盟为中心的东亚区域合作即"东盟方式"或"东盟规范"（ASEAN Normal）正面临着大国亚太博弈的严峻挑战。

东盟之所以同意在"10+6"的架构下推进RCEP，其主要目的还是想通过大国间的力量平衡来拓展自身的政治、经济和安全空间。[3] 正是由于东盟所处的特殊地位与状况，决定了东盟对以中日韩为主体的东亚一体化和美

---

[1] 在理性主义理论的框架下，权力、安全与经济这三种核心利益的拉力或张力是导致东（北）亚治理机制碎片化的主要原因。而从建构主义的视角来看，正是共有观念（如共同知识、规范、规则或政治文化）的不同产生了不同的行为动力，从而影响到东亚国家间的合作与竞争关系。参见李开盛《东北亚地区碎片化的形成与治理——基于分析折中主义的考察》，《世界经济与政治》2014年第4期。

[2] 李杨、黄宁：《东盟四国加入TPP的动因及中国的策略选择》，《当代亚太》2013年第1期。

[3] 王金波：《RCEP与东亚经济一体化之路》，李向阳主编《亚太地区发展报告（2013）》，社会科学文献出版社，2013。

国主导的 TPP 或亚太一体化进程均持谨慎甚至保留的态度。① 从东盟四国（新加坡、文莱、越南、马来西亚）加入 TPP 的动因、东盟非 TPP 成员的战略取向和发展定位，以及 RCEP 谈判指导原则文件对东盟"中心地位"（Centrality）的强调和对"东盟方式"的重申来看，RCEP 在一定程度上可以看作东盟作为一个整体对 TPP 和中日韩自贸区的有效回应。通过 RCEP 将中日之间的地区性权力竞争和中美之间的结构性权力竞争"嵌入""稀释"到一个更加广泛的区域合作框架下，或许是东盟维护自身在东亚区域合作功能性中心地位的务实选择。

鉴于东盟已与其他 6 个 RCEP 成员分别签有自由贸易协定（简称"10＋1"），对于东盟而言推进 RCEP 实际上就是一个整合（consolidation）"10＋1"自由贸易协定（FTA）的过程。如果 RCEP 能在以东盟为中心的 5 个"10＋1"FTA 的基础上对现有东亚生产网络予以扩展、深化，使参与国更为便利地融入全球和区域供应链，将会为东亚经济的内生发展和价值链的延伸提供新的动力，也会为东盟进一步巩固东亚合作平台地位、发挥区域合作功能中心作用奠定新的基础。不过，由于各个"10＋1"在内容、结构和贸易自由化程度上各不相同，对现有的 5 个"10＋1"的整合并不比重新谈判更加容易（见表 2）。仅就货物贸易而言，即使以税目计，印度在 2015 年底也很难达到 RCEP 目标 90% 的贸易自由化水平。而印尼在东盟—印度 FTA 中贸易自由化水平更是低到 48.7%。基于此，东盟若想把 5 个"10＋1"的整合作为推动 RCEP 的主要方式，那么 RCEP 框架首先需要明确 RCEP 的议题范围、贸易自由化程度，同时还需要尽快就关税减让和部门开放模式、谈判方式、原产地规则以及完全撤销关税时间上限等问题达成某种共识。需要强调的是，与 TPP 强调规则和标准的统一有所不同，东亚/亚太区域生产网络的完善和地区统一市场的构建或许更应成为 RCEP 谈判的首要目标。

---

① 盛斌：《亚太区域合作的新动向：来自竞争性构想的洞察？》，《国际经济评论》2010 年第 3 期。

表2 5个"10+1"FTA贸易自由化水平比较分析

单位：%

	东盟—中国	东盟—韩国	东盟—日本	东盟—印度	东盟—澳新
自贸伙伴国*	94.1	90.5	91.9	78.8	100.0
文莱	98.3	99.2	97.7	85.3	99.2
新加坡	100.0	100.0	100.0	100.0	100.0
马来西亚	93.4	95.5	94.1	79.8	97.4
泰国	93.5	95.6	96.8	78.1	98.9
印度尼西亚	92.3	91.2	91.2	48.7	93.7
菲律宾	93.0	99.0	97.4	80.9	95.1
越南	—	89.4	94.4	79.5	94.8
老挝	97.6	90.0	86.9	80.1	91.9
缅甸	94.5	92.2	85.2	76.6	88.1
柬埔寨	89.9	97.1	85.7	88.4	89.1
平均	94.7	94.5	92.8	79.6	95.7

注：*自贸伙伴国在东盟—中国FTA中是指中国，其他协定类似。

资料来源：Fukunaga and Isono, "Taking ASEAN + 1 FTAs towards the RCEP: A Mapping Study," ERIA Discussion Paper Series, ERIA-DP-2013-02。

考虑到中日韩三国的经济规模和在东亚区域生产网络中的位置，三国在RCEP谈判中有关关税削减幅度、降税时间表和敏感产品过渡期安排等焦点问题上的立场将会直接决定RCEP的市场开放水平和贸易自由化程度，进而影响RCEP的谈判进程。客观而言，与日本、韩国相比，中国在RCEP有关农产品问题谈判中的比较优势相对明显，从RCEP中获得的可预见收益要高于日本、韩国等国。WTO的数据显示，中国的农产品平均关税水平（15.6%）明显低于日本（21.0%）、韩国（48.6%）、泰国（22.6%）和越南（18.5%），农产品关税峰值（65%）远远低于日本（753%）、韩国（887%）、泰国（1000%）、马来西亚（1000%）和越南（135%），[①] 贸易

[①] WTO, "World Tariff Profile 2013," http://www.wto.org/english/res_e/booksp_e/tariff_profiles13_e.pdf.

自由化的可预见成本因此也低于日本、韩国等大部分RCEP成员。不过，与农产品领域的比较优势相比，在未来的RCEP谈判中，中国在敏感产业领域面临的市场开放压力要大于日本、韩国，但低于东盟（新加坡、文莱除外）和印度。如何就敏感产业领域的市场开放达成共识，将是决定RCEP能否成为一个高水平自由贸易协定的关键因素之一。

当前，服务贸易和投资正在成为新一轮国际贸易与投资谈判和规则制定的核心内容。① RCEP成员中，澳大利亚、日本、韩国等TPP或服务贸易协定（TISA）成员也一直试图通过FTA来推动构建包含准入前国民待遇的高水平的服务贸易和投资规则，以最大限度地维护其在这一地区的资本、技术和先发优势。无论是TPP、"跨大西洋贸易与投资伙伴关系协定"（TTIP）还是"服务贸易协定"（TISA），都倾向于在服务贸易和投资准入上相互提供更加宽泛的国民待遇。其标准和规则均高于目前正在谈判或已经签署的其他FTA协定（包括RCEP和中日韩自贸区），也高于WTO的现行标准。为此，着眼于TPP、TTIP和TISA所代表的国际贸易谈判新趋势，未来RCEP应该在服务贸易和投资领域做出进一步的承诺（至少不应低于"东盟服务贸易框架协定"第七阶段的承诺水平），② 甚至可以考虑把TPP中的一些条款纳入到RCEP谈判中，以提高RCEP经济整合的深度。如何就金融、电信、专业服务、海运、信息通信、自然人移动、争端解决等服务贸易和投资领域的开放达成共识，将是决定RCEP能否成为一个全面、高质量自由贸易协定的关键。换言之，RCEP的经济收益和福利效应更多地来自非关税壁垒的削减，以及贸易自由化后具有比较优势产业和拥有比较利益部门

---

① 黄海洲、周诚君：《中国对外开放在新形势下的战略布局》，《国际经济评论》2013年第4期。
② 在"东盟服务贸易协定"（AFAs）框架下，东盟各国在第五阶段（AFAs5）的服务部门平均开放程度（Hoekman指数）只有0.24（高于WTO的0.11），低于东盟—澳新FTA的0.33，也低于澳大利亚在东盟—澳新FTA中的承诺（0.52）。而在第七阶段（AFAs7），东盟各国服务部门的开放程度则达到0.36，均高于东盟—澳新（0.33）、东盟—中国（0.17）和东盟—韩国（0.2）FTA的承诺水平。参见汤婧《区域全面经济伙伴关系：整合困境及其对中国经济福利与产业的影响分析》，《财贸经济》2014年第8期。

的产出与要素收入的增加。① 唯有如此，才能提高 RCEP 的吸引力，才能使 RCEP 合作保持持续前进的动力。

三 TPP、RCEP 与中日韩自贸区的互动

长期以来，亚太区域合作一直存在路径和模式之争。由 TPP 和中日韩自贸区所引发的亚太区域合作格局的变化势必会对东盟构建 RCEP 造成一定的压力。同时，TPP 的不断扩容和谈判的深化也会对 RCEP 的合作模式、成员的向心力和一体化标准形成严峻挑战，而 RCEP 中 TPP 发达成员对新标准和新规则制定的关切同样也会加大 RCEP 优化、整合 5 个 "10 + 1" FTA 的难度。如何平衡、处理好 RCEP 与 TPP 和中日韩自贸区之间的关系，对于东亚国家推动地区一体化进程、维护自身在亚太区域合作中的主体地位至关重要。

TPP 是由美国主导的，以原亚太地区四国（新加坡、新西兰、智利和文莱，亦称 P4）自由贸易协定为基础的高标准、综合性的区域贸易安排。美国有意将 TPP 打造成一个 "21 世纪的自贸区标准" 或 "2.0 版的 WTO"。② 截至目前，TPP 已经进行了 20 轮谈判，谈判成员从最初的 8 个增加到现在的 12 个（美国、澳大利亚、新西兰、智利、秘鲁、新加坡、文莱、马来西亚、越南、加拿大、墨西哥、日本）。12 个成员已就 29 个章节的框架结构基本达成一致，许多关键问题也在美国的大力推进下取得明显进展。除刚加入的日本之外，现有 11 个成员间（亦称 P11）的谈判几近完成。尽管各方还在就农产品市场准入（如澳大利亚的蔗糖、新西兰的乳制品以及日本的大米等）、原产地规则的适用、劳工、环保、知识产权、竞争政策、国有企业、政府采购、ISDS 等具体敏感条款（也是美国利益集中领域）中各自的

---

① 王金波：《RCEP 的最新进展与前景分析》，李向阳主编《亚太地区发展报告（2014）》，社会科学文献出版社，2014。
② Richard Baldwin, "WTO 2.0: Global Governance of Supply-Chain Trade," *CEPR Policy Insight*, No. 64, 2013.

利益关注点进行最后的博弈和磋商，但 TPP 达成协议只是一个时间和最终标准的落实问题。①

总体而言，目前 TPP 已经进入最后的攻坚阶段。自第 19 轮起，TPP 谈判开始真正进入"深水区"，美国的关切议题如环境保护、劳工标准以及知识产权等下一代贸易议题逐渐成为 TPP 谈判最核心、最敏感的部分。② 值得一提的是，从第 18 轮日本加入 TPP 谈判以后，日美有关农产品关税和汽车非关税壁垒削减谈判随即成为 TPP 市场准入谈判的最大焦点问题。在 2014 年 10 月澳大利亚（悉尼）举行的 TPP 部长级会议中，尽管各方已就 TPP 未决议题（包括市场准入、投资规则、国有企业和知识产权）达成一定的共识，但未能就日美农产品和汽车市场准入等关键问题达成一致。日美在农产品和汽车关税协议问题上的分歧，③ 严重拖累了 TPP 整体谈判进程。考虑到日美两国的经济规模及其在亚太区域生产网络和全球价值链中的位置，日美间 TPP 并行谈判或将成为 TPP 能否顺利前行并达成协议的关键。

作为一个高水平、排他性的自由贸易协定，TPP 在改变亚太区域合作格局的同时，对中日韩自贸区和 RCEP 谈判也会产生全方位的影响。美国的分化和东盟成员的内部分歧对传统的以东盟为中心的东亚一体化和渐进性区域一体化原则提出了新的挑战，在贸易自由化标准和议题的设置上也会对中日韩自贸区和 RCEP 形成潜在冲击。由 TPP、TTIP 和 TISA 所引领的国际贸易投资规则新趋势必然会反映到 RCEP 及其他区域贸易谈判中。美国重返亚太并将 TPP 作为亚太经济一体化的最佳标准、最新范式和最优路径，势必会影响以东盟为中心的区域经济整合和以中日韩为主体的

---

① 王金波：《国际贸易投资规则发展趋势与中国的应对》，《国际问题研究》2014 年第 2 期。
② 葛成：《TPP 谈判进展与研究前沿》，李向阳主编《亚太地区发展报告（2014）》，社会科学文献出版社，2014。
③ 在日美 TPP 并行谈判中，日本一直坚持保留大米、小麦、糖、乳制品、牛肉和猪肉等敏感产品进口关税或紧急保护措施，而美国在谈判中则希望在尽可能长的时间内保留对日本汽车进口关税的同时大幅削减日本对美国汽车进口的关税和非关税壁垒。参见 http://mainichi.jp/select/news/20141027k0000e020193000c.html，检索日期：2014 年 10 月 28 日。

东亚经济一体化进程,甚至会恶化发展中国家在东亚"区域治理"中的不利地位。

不过,TPP能否成为亚太区域经济一体化的优选路径,还将取决于谈判各方如何处理TPP成员间、TPP协议与既有FTA的冲突和分歧。TPP只有建立在地区共识和谈判同等话语权的基础上,才能使亚太地区所有成员共同获益。① 客观而言,TPP的确起到了加速东亚一体化进程的作用。TPP的高标准、宽覆盖与RCEP的包容性、渐进性在为东亚区域经济一体化提供新的轨道和模式的同时,也为东亚经济一体化进程提供了新的动力。尽管如此,面对TPP的挑战,要想把RCEP作为实现东亚一体化的主要路径还需要中日韩三国共同推动和支持东盟进行协调与推进。如果中日韩自贸区能把TPP的高标准、宽覆盖与RCEP的渐进性和包容性结合起来,不仅会对RCEP形成助推作用,也会为东亚一体化进程和东亚地区碎片化的治理提供内在动力和坚实基础。② 从长远来看,TPP与RCEP、中日韩自贸区之间并不存在非此即彼的竞争问题,跨太平洋与东亚区域经济一体化或许会殊途同归,并最终实现APEC亚太区域经济一体化的目标。

四 中国参与和推动RCEP的策略选择

目前,在中国的对外贸易投资战略中,正在进行的有中韩、中日韩、中国与澳大利亚、中国与海合会和RCEP等区域合作安排,同时进行的还有中美、中欧双边投资协定谈判。鉴于中国的经济规模和地缘优势,不管是TPP还是RCEP,亚太地区任何缺乏中国的区域经济合作机制都无法实现福利效应的最大化。换言之,如果没有中国的深度参与,TPP能否成为亚太区域经济一体化的优选路径、RCEP能否形成统一的地区架构,还存在着很大的不确定性。

---

① 张建平、李婧舒:《TPP的问题与挑战:以谈判各方冲突为视角》,唐国强主编《亚太与东亚区域经济一体化形势与建议》,世界知识出版社,2014。
② 王金波:《国际贸易投资规则发展趋势与中国的应对》《国际问题研究》2014年第2期。

由于中国已经成为大部分 RCEP 成员的最大出口市场,①未来中国在服务贸易和投资领域的开放程度将会成为决定 RCEP 成员从与中国的贸易自由化安排中获益的关键,反之亦然。着眼于 TPP、TTIP 和 TISA,如果中国能够在与日本、韩国、澳大利亚等 TPP 或 TISA 成员的自贸区谈判中就服务贸易和投资领域先于 RCEP 达成某种共识的话,或许会在随后的 RCEP 谈判和东亚/亚太一体化新规则与标准的制定中获取战略主动,为下一步中国参与更深层次、更大规模的贸易自由化进程提供坚实基础。从长远来看,随着中国国家内生增长机制的建设和中国海外权益的日益增长,中国区域合作战略的目标应是与美国、欧盟、印度等 WTO 关键成员或中国最重要的贸易伙伴签订自由贸易协定。② 在中国的自由贸易政策选项中,除了通过中美和中欧双边投资协定(BIT)与欧美直接进行规则对接之外,作为新兴和发展中大国,中国理应在全球和区域层面积极参与和引领新一轮国际贸易投资规则的制定,通过参与使国际规则的构建更多地反映中国的利益。③

需要认识到,在未来的亚太区域经济一体化和地区统一市场的构建过程中,东盟参与合作的意愿依然非常重要。客观而言,在当前东亚/亚太地区治理机制碎片化的背景下,东盟发挥功能性中心作用的地区国际关系条件并未丧失。④ 中国因此有必要利用自身的地缘优势和主体经济地位,继续支持并发挥东盟在东亚合作中协调与推进者的作用,全力推动 RCEP 建设,为未来"中国—东盟命运共同体"和"21 世纪海上丝绸之路"与中国新型区域合作模式的构建赋予新的内涵,奠定新的基础。

---

① 2013 年,中国与世界各国的货物贸易总额达 4.16 万亿美元,约占全球货物贸易总量的 12%,中国因而成为包括日本、韩国、东盟、澳大利亚在内的全球 120 多个国家和地区的最大贸易伙伴,70 多个国家和地区的最大出口市场。其中,中国与东盟的贸易额由 2002 年的 500 亿美元增加至 4400 亿美元,年均增长 23.6%,高于同期中国贸易总额增速 8 个百分点。
② Whalley John and Chunding Li,"China's Regional and Bilateral Trade Agreements,"http://www.voxeu.org/article/china-s-regional-and-bilateral-trade-agreement,2014.
③ 东艳:《全球贸易规则的发展趋势与中国的机遇》,《国际经济评论》2014 年第 1 期。
④ 王玉主:《RCEP 倡议与东盟"中心地位"》,《国际问题研究》2014 年第 5 期。

地区热点问题

Regional Issue

B.10
南海问题的四大变局

钟飞腾*

摘　要： 2014年南海局势进一步复杂化，油气资源开发升温、国际仲裁介入、美国对海洋制度的维护以及中国维权力量增长是四类主要的变革。随着周边国家开发南海的技术能力和形式更加多元化，国内经济社会发展升级，南海潜藏的权益也日渐得到重视，带动了区域外跨国公司以及大国的介入和干预。稳定南海局势至少要两手准备，不能只是单纯地希望和解，也要准备通过各种手段防止冲突。更为重要的是，要对和平解决南海争端保持信心，从长远角度探索各方"多赢"的局面。

关键词： 南海问题　油气资源　国际仲裁　南海断续线　中国力量

---

* 钟飞腾，中国社会科学院亚太与全球战略研究院副研究员。

2014年南海形势进一步复杂化。从2009年起，由于联合国大陆架界限委员会提议沿海国提交大陆架划界以及中美在海南岛南端的冲突，南海问题引起越来越多的国际关注。相比以往，2014年的突出变化有四点。第一，油气资源开发而非渔业问题成为冲突的主要来源之一。第二，因菲律宾提交国际仲裁，有关南海岛屿划界的法律探讨日渐增多，特别是对南海断续线（"九段线"）的质疑显著增多。第三，美国在外交领域大幅度介入南海争端，压制中国的相关政策建议明显增多。第四，随着技术进步和协调统筹能力的改善，中国在南海进行自主开发的能力显著增强。

一 油气资源还是渔业资源之争？

陆海的地理特征决定性地影响着一国的战略文化。靠山吃山，靠海吃海。对海洋国家而言，渔业资源极为重要。自古以来，在农业时代，渔业资源往往是百姓日常生活中不可或缺的食物来源。对农业时代的国家而言，人口的多寡是决定国家命运的第一因素，进而养活更多人口的资源成为决策者首要关注的课题。由此，海洋国家的战略文化必然极端依赖于如何利用海洋。尽管工业时代来临后，对海洋资源的开发更加多样和深入，但渔业仍然是海洋最为突出的特征。英国海洋问题专家杰弗里·蒂尔在论述海洋的四个历史属性时，仍然将资源属性列为第一。①

以往南海问题呈现出周期性特色，往往与捕鱼的季节性特征有很大关系。南海气候变化多端，在捕捞技术和后勤保障能力的约束下，出海捕鱼势必要看老天的态度。即便是21世纪技术大发展，特别是远洋捕捞大行其道的时代，在南海海域，大多数渔民仍然是小规模的，这一点无论是中国还是越南、菲律宾都是如此。南海周边国家都是发展中国家，发展是第

---

① 杰弗里·蒂尔：《21世纪的海权指南》（第二版），师小芹译，上海人民出版社，2013，第30页。

一要务,因此加剧了渔业资源的竞争,随着社会经济发展进程的加快这种竞争情形更加突出。由于污染导致周边海域捕捞量减少,渔民不得不进入各国海域交错之处,由此带来各国渔业资源分配和恶性竞争的矛盾。当中国经济社会的发展步入"跨越中等收入陷阱"阶段,中国对渔业资源的渴望比以往更加强烈。澳大利亚两位学者在一篇评论中认为,渔业影响到越来越多的中国人,在中国鱼类的人均消费量已经达到31.9千克,是世界平均水平的2倍多,渔业资源已经成为战略性商品,其地位日渐等同于油气资源。① 对渔业的争夺,是南海局势恶化的一大原因,至少是资源民族主义勃兴的一大因素。美国彼得森经济研究所在一则简报中计算了南海周边国家捕鱼量的变化,发现2008年以后越南、菲律宾和马来西亚三国的渔业捕捞量开始超过中国(广东、广西和海南三省),这一变化意味着未来南海的冲突不只发生在中国与东盟若干成员国之间,东盟内部的纷争也将进一步加剧。②

然而值得关注的是,近期导致中越之间南海冲突加剧的因素却是油气资源开发。2014年5月,中海油"981"钻井平台在西沙群岛附近作业时,引发了越南罕见的外交抗议和国内骚乱。越南方面指责中国在其专属经济区内作业,抗议中国违背了相关协议和精神。越南外交学院学者进一步强调,中国石油公司的举动是中国有预谋的行动,得到了中国政府的积极支持。由此带来的问题是,东南亚国家将不再认为中国会恪守友好合作,不再是一个现状维持国家,而是试图重建以中国为中心的地区秩序。③ 但也有评论者指出,越南的指责是站不住脚的,因为即便划分专属经济区,中海油开发的这一区块也是在中国范围内,毕竟距离永兴岛才14海里。因此,对开发区域

---

① Alan Dupont and Christopher G. Baker, "East Asia's Maritime Disputes: Fishing in Troubled Waters," *The Washington Quarterly*, Vol. 37, No. 1, 2014, pp. 80 – 81.
② Sarah Oliver, "China Chart of the Week: Fishing in the South China Sea," PIIE, October 17th, 2014, http://blogs.piie.com/china/? p = 4098.
③ Nguyen Hung Son, "China's Oil Rig Move: Casting Doubt on Neighbourliness," RSIS Commentaries, No. 087/2014, Singapore: Nanyang Technological University, May 14, 2014, http://www.rsis.edu.sg/publications/Perspective/RSIS0872014.pdf.

的争议,其背后实际是西沙的归属问题。① 显然,国际社会普遍认为中国拥有对西沙群岛的主权。

为了中越友好大局,中国国务委员杨洁篪赴越南就南海问题进行沟通。随后,中越之间的纷争有所降温。但树欲静而风不止,美国希望借此机会打压中国。负责亚太事务的美国助理国务卿丹尼尔·拉塞尔5月8日访问越南,表示支持越南提出的政策主张。而8月访问越南的美军参谋长联席会议主席邓普西则明确表示,美方正在考虑放宽对越南的军售限制,将加强越南在沿海巡逻的能力。而远在印度洋的印度也不甘寂寞,因其国内石油公司参与了越南的南海油气资源开发也力挺越南。9月中旬印度总统访问越南时,将越南称作"可靠和全天候朋友"。印度新任总理莫迪在被美国记者问及南海问题时,认为中国不希望被国际社会孤立,最终会接受全球法律,在合作上扮演积极角色。莫迪的这一判断,被认为是敦促中国在南海执行国际准则。② 考虑到印度石油公司深度参与越南在南海海域的石油开发,莫迪的背书反映出印度跨国石油公司在夯实印越双边关系中发挥了一定作用。

理解越南在南海问题上的政策的进攻态势,不仅要考虑地区形势,也离不开对越南国内政治的关注。实际上,2014年1月22日,中国领导人习近平应约同越共中央总书记阮富仲通电话。中方表示,要坚持通过双边谈判和友好协商妥善处理分歧,维持南海局势稳定,推动中越关系稳步向前发展。而阮富仲也表示,越方希望推进越中关系健康稳定发展。③ 几个月后,越南的局势变化超出预料,这不得不让人联想到越南国内势力纷争对国家间关系的破坏性影响。从经济利益考虑,越南国内政局的变革之所以影响到南海

---

① Sam Bateman,"New Tensions in the South China Sea: Whose Sovereignty over Paracels?" RSIS Commentaries, No. 088/2014, Singapore: Nanyang Technological University, May 14, 2014, http://www.rsis.edu.sg/publications/Perspective/RSIS0882014.pdf.

② "No need to follow Chinese model, I have growth roadmap: Narendra Modi-On South China Sea, PM Modi hopes Beijing will accept global laws." *Financial Express* (India) -Monday, September 22, 2014.

③ 《习近平同越共中央总书记阮富仲通电话》,《人民日报》2014年1月23日第1版。

形势，也与其国内势力借助跨国公司的力量有关。这一因素也是油气资源开发往往比渔业资源争夺更具地缘政治性的原因所在，毕竟油气资源开发所需要的复杂技术往往超出南海周边国家的能力，跨国公司为了保障在该区域的油气开采权利，往往游说母国政府介入南海问题。南海局势复杂化，与周边国家国内政治的变化密切相关，而周边国家国内政局往往又与更深层次的域外因素挂钩，深受金融危机以来新一轮政治动荡的牵连。越南的例子表明，在区域外势力介入时，最高领导人的政治承诺往往禁不住国内民族主义的冲击。

二 让国际仲裁决定南海断续线的存亡？

菲律宾自2013年初开始准备进行国际仲裁，但中国于当年8月正式声明不接受。菲律宾试图在《联合国海洋法公约》框架下，选择海牙国际仲裁法庭而不是国际法院处理中菲海上争端，其策略选择是避重就轻。2013年在南宁召开中国—东盟博览会时，菲律宾总统阿基诺没能成行。菲方解释说，中国没有邀请。但根本原因是，菲方并不认为需要通过跟中国接触来缓解双边的紧张局势。尽管中菲南海争端加剧，但双边旅游和贸易仍在增长。有鉴于此，菲律宾大胆地推进其南海问题国际化策略，2014年3月30日，菲律宾正式提交4000页诉状，要求就"有关中国侵犯菲律宾领土主权"问题进行国际仲裁。

菲律宾此举的实质是试图否定中国在南海问题上的"断续线"主张。南海断续线是1947年国民政府内政部划定的，中华人民共和国成立后自然继承。目前，国内外对有关断续线的性质存在很大争议，主要有疆界线、岛屿归属线、历史性水域和历史性权利等四种论断。但目前的趋势是，国际社会越来越否定中国南海断续线，认为其缺乏法理依据。① 从国际方面看，法律学者进一步试图否定中国坚持最久的历史性权利说，他们认为，根据海

---

① 张洁：《对南海断续线的认知与中国的战略选择》，《国际政治研究》2014年第2期。

牙国际法院 1986 年在处理布基纳法索与马里争端案中的说辞，"地图只是构成信息"，但不足以支持中国拥有领土的立论，关键是有效管理。① 对于菲律宾推至国际仲裁的行动，中国官方提出了严厉批评。《人民日报》为此发表评论员文章，认为菲律宾此举是偷梁换柱，不先确立岛屿归属就划分专属经济区，企图将侵占岛礁行为合法化。② 更为重要的是，菲律宾之所以提交国际仲裁，外交含义更重于法律含义，是恶意进行南海岛礁归属问题的多边化。9 月下旬，阿基诺在会见德国总理默克尔时，希望德方支持菲的主张。而德国也表示，德国支持仲裁方案。与此同时，我们也不应忽视，菲律宾 8 月底已经从美国购得两艘汉密尔顿级快艇，用于南海有争端区域巡航。

国际社会呼吁利用国际仲裁的声音在增多。《哥伦比亚国际法》杂志执行主编克里斯托夫·莱恩博（Christopher Linebaugh）认为，鉴于南海的地理特征是半封闭海，沿海国家有义务根据《联合国海洋法公约》第 123 条进行多边开发合作。在他看来，中国坚持双边谈判解决将引发更多的冲突，因为双边进行谈判，乃至共同开发，都不可避免会让其他相关方损失，而且中国的策略选择更多的是一种延迟，逐步提高对南海的控制权。莱恩博认为，尽管中国短期内不会依照公约选择多边谈判，但国际仲裁将施加极大的压力，多边谈判可能是唯一的选择。③

实际上，中国也不是完全不考虑多边合作开发。自 20 世纪 80 年代以来，中国一直主张共同开发。也有中国学者主张中国应该参与国际仲裁程序，通过法律手段在海洋法公约框架内解决争端，而且菲律宾的主张并非无

---

① Florian Dupuy and Pierre-Marie Dupuy, "A Legal Analysis of China's Historic Rights Claim in the South China Sea," *Am. J. Int'l L.*, Vol. 124, 2013, pp. 124 – 141.
② 《滥用国际法律程序的图谋不可能得逞——评菲律宾在南海问题上之妄诉》，《人民日报》2014 年 4 月 1 日第 6 版。
③ Christopher Linebaugh, "Joint Development in a Semi-Enclosed Sea: China's Duty to Cooperate in Developing the Natural Resources of the South China Sea," *Colum. J. Transnat'l L.*, Vol. 542, 2013 – 2014, pp. 542 – 568.

懈可击，在国际法框架内共同开发合作有利于解决岛屿归属问题。①但核心问题是，在没有明确主权的前提下，海洋的资源开发具有很强的流动性，如何分配开发的成本与收益呢？这既涉及对主权原则的认识，也涉及对海洋的认识。如果海洋的主要功能是资源供给，正如蒂尔所强调的，资源是海洋的第一属性，那么争夺资源是战略选择的主要驱动力。但与此同时，也不能忘记，海洋还有作为交通和交换媒介的属性、信息和思想传播的属性，以及作为疆域空间的属性。②

以大陆驱动海洋来看待海洋发展，很可能是一种前现代的思想。1904年，英国地理学家麦金德在《历史的地理枢纽》一文中曾论述，随着俄国远东铁路部署完毕，哥伦布时代以来西方立足于海洋的优势将消失，地缘政治进入了一个陆权主导的新时代。20世纪的地缘政治发展很大程度上是麦金德式的，苏联在欧亚大陆的崛起导致美国进行自我约束，在海洋的国际制度建设上屡屡破除英国建立的规则，对南美国家发起的200海里专属经济区活动让步。美国的自由制度主义学者在论述美国的海洋霸权能力和自由航行制度建设时不无遗憾地强调，尽管美国是第一大海军强国，但"问题和渠道的多元化使美国难以界定和追求在航海自由上的'国家利益'"，此外，美国的航海自由领导权也遭受到国内利益集团的约束。③

从这个意义上说，要从海洋看海洋，根据国家利益的发展阶段制定海洋战略。

三 美国会加入《联合国海洋法公约》吗？

由于将多边制度建设视作美国二战后维持霸权的有力支撑，多数学者以

---

① Yu Mincai, "China's Responses to the Compulsory Arbitration on the South China Sea Dispute: Legal Effects and Policy Options," *Ocean Development & International Law*, Vol. 45, No. 1, 2014, pp. 1–16.
② 杰弗里·蒂尔：《21世纪的海权指南》（第二版），第31~41页。
③ 罗伯特·基欧汉、约瑟夫·奈：《权力与相互依赖》（第四版），门洪华译，北京大学出版社，2012，第146、151页。

及美国政治家倾向于推行海洋领域的多边制度。但令人奇怪的是，自20世纪80年代里根总统拒绝签署公约，1994年克林顿总统签署但参议院拒绝批准后，美国在是否加入《联合国海洋法公约》问题上迟滞不前。奥巴马担任总统后，很大程度上由于中国在南海问题上的进取姿态，而加速推进批准加入公约。

美国布鲁金斯学会在8月底公布的一份南海问题报告中建议，美国政府应加速推进参与公约的相关手续，目前美国国务院、国防部、参谋长联席会议都已经首肯，问题在于参议院。[①] 政策立场偏右的国际战略问题中心（CSIS）在7月的一份南海问题报告中也提出，鉴于中国屡次批评美国没有参加公约，美国政府应该认真谋划如何加入公约来提高合法性。不过，报告也认为奥巴马政府任期内美国不可能完成相关手续。[②] 对美国国际法学者而言，如果美国不设法成为公约成员国的话，将越来越难以通过公约条款约束其他国家。他们认为，目前的主要困难是深海床底矿产采集部门阻碍了美国参议院批准该法，政府应该设法克服利益集团的困扰。而且，尤为重要的是，美国国际法学者相信，美国参加公约后，会起到类似于用WTO约束中国崛起的效应。[③]

相信国际法能解决冲突的不在少数，对于国际关系研究者而言，也很容易从国际关系的理想主义学派中找到持这种想法的人的"身影"。这种法律主义的思维尤其体现在北欧学者身上。赫尔辛基大学的一位政治学教授就认为，如果争端越来越是一种法律规范，那么军事冲突就会越来越少，外部军事干涉和冲突升级的可能性也将下降。如果南海问题由律师来解决，军官就无须出场。而且由于律师的活动更加专业，也可以进一步避免大众民族主义

---

① Jeffrey Bader, Kenneth Lieberthal, and Michael McDevitt, "Keeping the South China Sea in Perspective," The Foreign Policy Brief, Brookings, August 2014.
② Gregory B. Poling, "Recent Trends in the South China Sea and U. S. Policy," A Report of the CSIS Sumitro Chair for Southeast Asia Studies, July 2014.
③ Michael J. Kelly, "United States Ratification of the Law of the Sea Convention: Securing our Navigational Future While Managing China's Blue Water Ambitions," Case Western Reserve Journal of International Law, Vol. 4, 5 2012, pp. 461 – 472.

的干扰。① 上文提到德国总理支持国际仲裁的意见，这在某种程度上也可以看到后现代思路对欧洲国际关系的影响。

不过，美国依然不缺乏从进攻性现实主义思路考虑南海问题的观点。传统基金会两位学者力排众议，认为美国根本就没有必要批准公约。其逻辑简单明了：第一，就算美国批准加入公约，中国也不会改变目前的进攻性行为；第二，美国在南海的航行自由不是靠公约保证的，而是靠强大的美国海军。② 事实上，美国与中国的分歧，核心正在于中国划定的专属经济区是否允许美国军事力量"无害通过"。传统基金会的这两位学者认为，短期内美国是无法加入公约的，美国最好等到南海问题彻底解决后再批准加入公约，也有可能美国永远都不会加入公约。为了阻止中国进一步在南海扩张势力，美国有必要改变目前的中立政策，进行积极地介入。从某种程度上说，美国国务卿克里8月中旬在东盟地区论坛的外交表述，以及稍后在夏威夷的演讲提出了一些与传统基金会报告类似的内容，尽管口头上仍然说着中立，但实际上已经过分地卷入到南海争端中。③

克里用南海争端来指责中国的新型大国关系建设口惠而实不至。实际上，在美国政界屡屡出现用所谓自由主义的路子维持霸权主义的说辞，南海问题的复杂化尽管与中国自身力量的发展有关，但美国在南海争端上屡屡出言混淆视听，同时提高对相关盟友和伙伴国的支持，加大了周边国家逞强的心理。从这个意义上说，美国用参加公约的呼声来降低自身参与南海事务的风险，实质上并没有改变美国用一切手段维持其主导地位的意图。国际法对解决争端很有必要，但从学理上看，制度主义大行其道的时代还远未到来，

---

① Timo Kivimäki, "Can Legalism Avoid War in the South China Sea?" e-IR, Jan. 8, 2014, http://www.e-ir.info/2014/01/08/can-legalism-avoid-war-in-the-south-china-sea/.
② Steven Groves and Dean Cheng, "A National Strategy for the South China Sea," Backgrounder, The Heritage Foundation, No. 2908, April 24, 2014.
③ 《美国介入南海争端 中国将面临巨大外交压力》，路透中文网，2014年8月8日，http://cn.reuters.com/article/cntopgennews/idcnkbs0g804320140808。《美媒：克里称中美关系关乎亚太稳定》，新华网，2014年8月15日，http://news.xinhuanet.com/world/2014-08/15/c_126875990.htm。

现在至多处于防御性现实主义时代，权力的重要性仍然强于法律。从现实来看，美国在中东地区的作为让人很难相信其对自由民主制度的承诺，而美国在海洋领域的自由航行也是选择性的。最近，美国国防部副部长在对外关系委员会发表"新时代的新全球力量部署"演讲时承认，冷战后美国最大的四大建设基地都在太平洋，2020年时美国必定会兑现将60%的海空力量部署到太平洋的承诺。①

四 中国海空力量的专业化运用

自2013年底中国在东海设立防空识别区开始，美国对华政策就进行了较大的转变，尽管其航空界认可了中国的相关规定，但美国军事力量根本不承认，还于当天派遣两架B-52飞过中国划定的区域。回顾南海局势的发展，不能不提到2009年3月发生的美国"无瑕号"抵近侦察事件，明明是美国人侵犯了海洋法公约的规定，肆意进入他国专属经济区探测海底数据，但美国决策者和智库人士偏执地认为，中国是少数坚持军事力量不能抵近的国家，而美国抵近侦察所获得的数据是用于公益事业，是为了国际航行安全，因此中国出于自身利益的规定是不符合《联合国海洋法公约》的。实际上，虽然海洋法公约规定专属经济区内可以"无害地"自由通行，特别是规定了可以进行科学考察，但对到底哪些活动可以纳入科学考察范围，公约在法律上未做出严格定义。

2014年8月底，在距离海南岛220公里的南海上空，发生了"'美军机抵近侦察'事件"。② 美方指责中国飞行员不专业，近距离相向而行相当危险。但美国暴怒的实质是，中国力量的增强已经阻碍到美国随意进出该区域，美国要动用更多的资源、冒更大的风险实现原本的监测目标。从历史上

---

① "Deputy Secretary of Defense Work Delivers Remarks at the Council on Foreign Relations," September 30, 2014, http：//www.defense.gov/transcripts/transcript.aspx？transcriptid＝5509.
② 《国防部召开例行记者会：就美军飞机抵近侦察、国防和军队改革、学生军训等问题回答记者提问》，《人民日报》2014年8月29日第11版。

看，美国感受到的最有压迫感的威胁来自军事力量，冷战时期苏联的国力始终只有美国的 2/3 左右，但在军事力量上苏联屡屡让美国有被压迫感。美国决策者定然不希望出现一个未来 5 年在经济上超过美国，进而在军事上接近美国的国家。有国际观察家认为，2017 年左右，中国在南海的军事力量很可能可以在南海施展霸权性影响，而美国则因受到财政缩减打击力量不增反减。① 到时候，这种力量对比的倾斜将极大影响到美国的地区承诺，以及地区伙伴国对美国战略地位的认知。

与军事力量的提升相比，更具突破性的是，中国海洋石油总公司 9 月中旬宣布，"海洋石油 981"钻井平台日前在南海北部深水区测试获得高产油气流。尽管距离给大陆实质性供气还需要 4~5 年的时间，但其意义不可低估。有学者认为，"陵水 17-2"气田标志着中国正式具有了超 1500 米水深以上深海油气开发能力，将改变南海油气开发格局，影响南海的地缘政治格局。②

五 初步结论

南海的局势发展并非由单一因素推动，既有国内政治的变革所引发的短期冲击，也有社会经济发展所导致的阶段性因素。南海局势也牵涉区域外势力，其中既有跨国公司利益和国家的霸权利益，也有如何认识局势和利益轻重缓急的观念性因素。但几乎所有的学者都意识到，南海问题短期内无法解决，且随着中美博弈的加剧有出现突变的可能性。因此，稳定南海局势不能只是单纯地希望和解，也要准备如何通过各种手段防止冲突。

对国内政治而言，南海问题上的多种声音，一方面是国际舆论和国内舆论在认识海洋秩序上有差异，另一方面从深层次考虑，南海问题的复杂化也

---

① 美国陆军学院教授 Bernard Cole 2007 年做出这一预测，转引自 TOshi Yoshihara and James R. Holmes, "Can China Defend a 'Core Interest' in the South China Sea?" *The Washington Quarterly*, Vol. 34, No. 2, 2011, p. 53.

② 胡波：《"海洋石油 981"陵水油气发现的深远意义》，《中国海洋报》2014 年 9 月 23 日。

源于国内和国际研判中国运用实力方面存在的差异。在海洋问题和秩序构建上，中国是后来者，大多数南海周边国家也是秩序的接受者，多数周边国家决策者倾向于认为美国的崛起模式比较有利，特别是美国二战后利用多边主义制度进行权力约束的历史经验，让周边国家觉得大国必须要遵循美国模式才能维护共同利益。

从权力格局变化看，美国精英自然是希望霸权永久，至少不希望在西太平洋出现一个挑战美国主导权的国家。美国政治家认为中国在南海的维权削弱了美国对同盟的承诺，阻碍了美国海权的发挥，美国在此问题上的筹码远远超过非海洋国家的认知，轻易难以与中国做出大交易。美国通过维持海洋霸权，坚持了全球军事强国地位，进而支撑了美元体制，这就是美国的根本利益所在。如果有朝一日，南海主导权的归属无涉霸权之争，那么美国在与不在，南海的稳定都是可期待的。

就此看来，维持南海局势的稳定，技术性因素（包括开发性技术、军事技术，也包括规则解释权）的权重在上升，但更重要的是相关方对长期利益的考量，如果认为未来的冲突不可避免，那么很可能主导性思维模式是谁先动手谁占优。为了维持南海局势的稳定，要在"多赢"上下功夫。

B.11
亚信会议机制的发展现状及其前景

杨丹志*

摘　要： 亚信会议机制建立22年以来，在理念创新和机制建设两个方面取得了一定的进展。但亚信成员国众多，在经济发展水平、政治制度、社会文化等多方面差异明显，成员国对于亚信的参与意愿及其期待也不尽相同，在各种内外因素的制约和干扰下，亚信成员国可能会产生对亚信机制的离心倾向；此外，亚信自身功能、定位不够明确，运转效率和实效性有待提高；在亚信机制建设进程中，大国引领作用存在缺失。上述因素已经对亚信的发展构成挑战并成为制约亚信机制发展的瓶颈。2014年第四届亚信领导人峰会在上海成功举办，标志着亚信发展进入新的历史时期。作为"亚洲安全观"的首倡国和亚信会议机制新任主席国，中国将在推动亚信会议机制发展方面发挥不可替代的作用。

关键词： 亚信会议　信任措施建立　上海

2014年5月20~21日，第四届亚信领导人峰会在上海举行。47个亚信成员国、观察员国及国际组织代表出席。在乌克兰危机造成的复杂地缘政治效应尚未消除的大背景下，这次由非西方国家主导的盛会自然引起了世人的关注。

---

* 杨丹志，博士，中国社会科学院亚太与全球战略研究院助理研究员。

亚洲相互协作与信任措施会议（以下简称亚信）是哈萨克斯坦总统纳扎尔巴耶夫于 1992 年在第 47 届联合国大会上倡议成立的。此后，亚信的规模不断发展壮大，目前已拥有 26 个正式成员国，此外，还有 11 个观察员（国家和组织），从而成为"亚洲为数不多的跨文明、跨地域、讨论地区安全与合作问题的重要平台"。①

一 亚信机制的发展现状

从 1992 年亚信初创至 2014 年上海亚信峰会举办前的 22 年里，亚信的发展成就主要体现在四个方面。

第一，亚洲国家主导了亚信机制建设进程，再次改写了欧美国家主导地区安全架构建立和运作的历史。亚信机制由亚洲国家（哈萨克斯坦）倡导建立，由亚洲国家制定拟讨论的安全议题和合作领域，在重大国际和地区问题上发出亚洲国家的声音，为亚洲国家主导亚洲事务、亚洲国家实现亚洲安全提供了初级架构。②亚信的建立和发展表明亚洲国家在摆脱域外大国对亚洲安全的影响方面迈出了坚实的一步，在一定程度上标志着"亚洲主义"的复兴。

第二，亚信内部机制建设初步完成。目前，亚信已建立起国家元首和政府首脑会议（简称"峰会"）、外交部长会议（简称"外长会"）、高官委员会会议（简称"高官会"）三级机制。峰会和外长会每四年举行一次，两会交错举行；此外，还包括特别工作组会议（简称"工作组会议"）、成员国商定的其他专门会议、成员国商定的特别会议。亚信还建立了秘书处和主席国工作组等常设机构和机制，在各国间搭建起多层次的官方对话平台。

---

① 参见《亚信：亚洲对话、信任与协作的重要平台》，中国外交部副部长程国平在"蓝厅论坛"的讲话，http://www.fmprc.gov.cn/mfa_chn/ziliao_611306/zt_611380/dnzt_611382/ltlt_611432/djjltlt/t1153895.shtml。
② 苏晓晖：《互信合作加强亚洲安全（聚焦亚信第四次峰会）》，参见人民网，http://paper.people.com.cn/rmrb/html/2014-05/15/nw.D110000renmrb_20140515_4-03.htm。

第三，初步确立了亚信机制赖以运转的原则和规范。这些原则和规范在《亚信会议成员国相互关系原则宣言》（1999年）、《阿拉木图文件》（2002年）及《亚信对外关系指导原则》中得到了体现。《亚信会议成员国相互关系原则宣言》中明确指出了亚信成员国"无论其政治、经济和社会制度如何，亦无论其幅员、地理位置及经济发展水平如何，决心在其相互关系中尊重和采用"的原则。具体包括：主权平等，尊重主权固有的权利；不使用武力或以武力相威胁；成员国领土完整；和平解决争端；不干涉内政；裁军和军控；经济、社会和文化合作；人权和基本自由。① 《阿拉木图文件》则规定了亚信的目标、宗旨、合作方向和组织架构等。② 亚信的对外交往活动根据《亚信对外关系指导原则》来进行。《亚信对外关系指导原则》强调指出，根据《阿拉木图文件》和《亚信会议成员国相互关系原则宣言》所宣示的原则，所有关于对外关系的决策应当经过协商得到一致同意。此外，《亚信对外关系指导原则》还就为加强对外联系而开展的各类活动与程序进行了说明。③

第四，通过了具有可操作性的信任措施相关文件，包括《信任措施在新威胁和新挑战方面实施的行动计划》《信任措施落实纲要》等，在2004年通过的《亚信信任措施目录》中规定成员国在人文、经济、生态、应对新挑战和新威胁、军事政治领域制定和落实信任措施。阿塞拜疆、伊朗、以色列、哈萨克斯坦、蒙古、韩国、俄罗斯、塔吉克斯坦、泰国和土耳其自愿担任了落实具体领域信任措施的协调国或联合协调国（见表1）。

在此进程中，亚信还通过了《亚信在信息技术领域的信任措施概念文件》。该文件以2004年10月22日通过的《亚信信任措施目录》和2007年通过的亚信信任措施合作实施路线为依据，旨在通过信息技术方面的合作与互动促进亚信成员国间的相互信任。韩国作为协调国，提出亚信成员国间在政策和调控活动及电子政府领域开展合作。而亚信成员国也同意把焦点集中在

---

① http://www.cica-china.org/chn/zyhyhwj/zywj/jcxwj/P020140417529413879885.pdf.
② http://www.cica-china.org/chn/gyyx/zyxjj/.
③ http://www.cica-china.org/chn/zyhyhwj/zywj/jcxwj/P020140416547517093188.pdf.

表1　在经济、环境、人文和新挑战与威胁等具体信任措施领域
愿担当协调国或联合协调国的成员国名单（2007年）*

成员国	具体信任措施
阿塞拜疆	合作开发安全有效的交通走廊系统
伊朗	禁赌；国家灾害管理事宜
哈萨克斯坦	待定
韩国	信息技术合作；能源安全合作
俄罗斯	经济领域的一项信任措施
塔吉克斯坦	旅游合作
土耳其	新挑战与威胁

信息技术领域的政策和规范、信息技术产业的发展、电子政府及其安全、打击信息技术领域犯罪等领域。[①] 各种迹象表明，亚信在信任措施落实方面取得了一定的进展。

然而，亚信的发展也面临多方面的挑战。

首先，亚信成员国众多，分属于中亚、南亚、中东、东北亚和东南亚，在社会政治制度、经济发展水平及宗教文化等领域存在着较大的差异性。部分成员国（如印度和巴基斯坦以及以色列和巴勒斯坦）之间还存在着由领土、宗教及民族等问题引发的纷争。这导致亚信成员国就重大地区安全问题达成共识并展开合作存在难度。

其次，亚信成员国中中小国家的作用未能得到有效的发挥。即使已有9个中小国家在亚信框架内的信任措施建设领域担当协调国或联合协调国，其影响力也有限。例如，亚信前两任主席国哈萨克斯坦和土耳其在任内为亚信的发展做出了努力，特别是在哈萨克斯坦担任主席国期间亚信通过了一系列重要文件，初步奠定了亚信机制的基础。但由于历史、现实及地缘等多方面的原因，哈萨克斯坦和土耳其对中东、南亚、东北亚和东南亚事务并不能产生足够的影响力，也难以带动亚信机制实现快速的发展。

再次，亚信的制度建设尚存不足。目前，亚信机制通过的绝大多数政策

---

① http：//www.cica-china.org/chn/zyhyhwj/zywj/xrcswj/P020140416561619737678.pdf.

决议主要还是象征性的。尽管已经初步确立了确保机制运转的原则和规范,但面对复杂的地区安全形势,现有的原则和规范不够充分,对成员国也缺乏必要的约束力。与亚太地区的多边安全机制东盟地区论坛一样,亚信也存在着因过于重视舒适度而缺乏效率的问题。即使是在信任措施建设领域,也只有少数措施得以落实。此外,信任措施以自愿方式逐步实施,只具有建议性质。

最后是亚信机制内部的凝聚力及成员国对亚信机制的向心力均有待加强。亚信成员国,也包括观察员国和地区组织参与亚信的期待和动机并不相同。部分国家和组织更多的是担心不参与亚信会失去地区合作发展的红利,倾向于采取"搭便车"的行为,对亚信的参与具有一定的投机性。此外,部分西方国家针对亚信成员国的外交攻势也干扰了这些国家对亚信活动的参与。

美国和日本均为亚信观察员国而非亚信正式成员国。近年来,美国和日本围绕中国周边,针对多个亚信成员国开展的地区外交势头不减。通过提供经济和军事援助、开展社会文化交流等方式,美日两国试图在中国周边扩大势力范围和影响,进一步对中国构成牵制。这也使得部分亚信成员国与美国、日本建立了紧密的联系并从中获益,其参与亚信机制活动的意愿和力度有所削弱。

在中亚,美国的总体目标是维护地区的安全和稳定,推动该地区国家的民主化进程,并使中亚国家融入世界经济体系的运行中。美国中亚战略目标的实现依赖于三个支柱:培育安全合作,扩展商业和经济机会,促进中亚国家内部民主、经济改革和人权保护。[①] 为此,美国还试图拉拢个别在中亚较有影响力的国家,推进其政治、经济转型,将其打造成一个其他中亚国家可以效仿的榜样。被布热津斯基称为地缘政治支轴国家的乌兹别克斯坦和中亚五国中政局最稳定、发展势头最好的哈萨克斯坦先后成为美国战略视野中重

---

① 杨建宏:《近年来乌兹别克斯坦与美国关系略论》,原刊发于《西伯利亚研究》2012 年第 2 期,转引自新疆哲学社会科学网,http://www.xjass.com/zy/content/2013-02/17/content_265303.htm。

点关注的对象。近年来美国与哈萨克斯坦的关系得到稳步发展。两国共同建立了战略伙伴关系委员会、能源领域合作委员会以及科学技术合作委员会，在政治、经济等广泛领域合作密切。在2014年5月8日哈萨克斯坦外交部部长叶尔兰·伊德里索夫与到访的美国副国务卿威廉·伯恩斯的会晤中，双方对哈美两国在国际安全以及不扩散大规模杀伤性武器等方面的合作所取得的成果表示满意。美方高度评价哈萨克斯坦在签署《中亚无核武器区条约》议定书过程中所发挥的领导作用。哈萨克斯坦外长伊德里索夫则指出，经贸合作将继续成为哈萨克斯坦与美国战略合作的重要内容。双方一致认为在乌克兰问题上冲突各方应积极履行日内瓦协议，并呼吁冲突各方保持克制，和平解决危机。[1]

日本与中亚之间的对话则已经存在10年之久。在2014年7月16日，于比什凯克举行的哈萨克斯坦、吉尔吉斯斯坦、土库曼斯坦、乌兹别克斯坦以及日本外长会议上，各方对中亚—日本对话10周年进行了评估，也讨论了未来10年的发展和增强日本与中亚伙伴关系的方式，包括增强农业领域的合作、实现建立在千年发展目标基础上的可持续发展、打击非法毒品走私、应对阿富汗局势变化及防止自然灾害等。

哈萨克斯坦外长伊德里索夫还与日本外相进行了谈判，议及高层互访、展望经济贸易合作持续向前推进的前景及开展多边外交合作等。两国外长强调了丰田汽车在哈萨克斯坦生产的重要性，以及日本和哈萨克斯坦在核能以及稀土领域合作的重要性。日本外相表示，对"哈萨克斯坦2050战略目标"的实现高度重视，特别提到日本参与哈萨克斯坦中小企业发展的问题。此外，两国外长还讨论了两国开通直接航线的问题，同意增加在国际组织诸如联合国和联合国教科文组织中的合作。

从总体上看，日本与中亚国家特别是近年来与哈萨克斯坦的合作低调而务实，日本更注意发挥自己的软实力优势和赢取人心。

正是由于面临以上四个方面的挑战，亚信机制的发展一直存在着瓶颈。

---

[1] http://kazinform.kz/chn/article/2656455.

近年来，其受关注程度和影响力甚至弱于创立时间在亚信之后且层级低于亚信的香格里拉对话。

二 中国对亚信机制的参与和贡献

中国是亚信会议机制的首批正式成员。亚信机制建立22年来，中国积极遵循亚信关于加强信任协作、增进地区安全的宗旨和原则，与亚信成员国开展建设性的友好合作。前任中国最高领导人江泽民和胡锦涛分别于2002年和2006年参加了第一届和第二届亚信领导人峰会并发表演讲。在江泽民题为"加强对话与合作，促进和平与安全"的演讲及胡锦涛题为"携手建设持久和平、共同繁荣的和谐亚洲"的演讲中，二人均强调"办好亚洲的事情，必须依靠亚洲各国和各国人民的团结协作"。这实际上也是中国参与历次亚信会议时坚持的基本原则。在哈萨克斯坦和土耳其先后担任亚信轮值主席国期间，中国对亚信的参与既积极又较为低调。以"信任措施建立"这一进程为例，截至2013年，中国尚不是亚信框架内任何一个"信任措施建立"小组的协调国。相比较而言，同时期中国将更多的外交资源投入到推进上海合作组织的发展上。

2014年5月20~21日，亚洲相互协作与信任措施会议（亚信）第四次峰会在上海举行。这次峰会也是2014年度中国以东道国身份承办的两场重大多边活动之一（另一重大多边活动为2014年11月召开的北京APEC峰会）。在上海亚信峰会上，中国国家主席习近平发表主旨讲话，倡导共同、综合、合作、可持续的亚洲安全观，推动在亚信基础上探讨建立地区安全合作新架构，这无疑是此次亚信峰会的最大亮点。

2014年9月，主题为"亚信框架下的和平共商和精神文明"论坛在阿斯塔纳举行。亚信会议秘书处执行主任宫建伟在论坛上发表讲话，指出应加强亚信成员国政府间的交流，增加外长会议的频率。中方表示，中国愿与各国在丝绸之路经济带框架下积极开展合作关系，中方支持尽早启动亚洲基础设施投资银行。中方还再次强调建立亚洲安全新架构。此外，论坛还围绕增进民族间宽容及推进文化精神交流等议题进行了讨论。各种迹象表明，上海亚信峰会的精神正在具体落实当中。①

积极推进亚信机制的发展，对中国有着重要的意义。

第一，中国经济和军事实力的显著提升使得中国的国际贡献力也随之加强。中国有能力和意愿为亚洲的安全与稳定做出更大的贡献。在此意义上，亚信为中国提供了一个极其重要的"抓手"或平台。在2014~2016年，中国正式担任亚信主席国，这为中国推进亚信机制建设进程提供了便利，中国在上海峰会上所倡议的成立亚信非政府论坛等推动亚洲安全合作和亚信发展的重要举措也有望实施。

第二，推进亚信机制发展与中国自身发展的大战略相契合。目前，中国正在从战略高度设计并逐步落实"新丝绸之路经济带""海上丝绸之路""中巴（巴基斯坦）经济走廊""孟中印缅经济走廊"构想。通过推进亚信机制的有效运转将"使中国赢得机遇，促进在反恐和经济合作方面的区域互动"，② 从而可将自身发展与地区发展更为紧密地联系在一起。

第三，20世纪90年代以来，中国在国际事务中积极倡导"新安全观"并力行于实践，一度得到了国际社会的普遍认可和赞誉，这为亚信其他成员国接受和践行"亚洲安全观"打下了良好的基础，也有助于有力回击形形色色的中国"威胁"论。

第四，推进亚信机制的发展有助于改善中国周边的安全环境。目前，中国与部分周边国家的边海争端呈升温态势，国际恐怖主义、宗教极端主义和民族分离主义三股恶势力活动猖獗。亚信的存在和有效运转，无疑有助于加强中国与周边国家的相互协作，培养命运共同体意识。

---

① 哈通社阿斯塔纳9月30日电，http://kazinform.kz/chn/article/2701753。
② MuChunshan, "What Is CICA (and Why Does China Care About It)?" http://thediplomat.com/2014/05/what-is-cica-and-why-does-china-care-about-it/, Muchunshan, "What Is China's vision for the Conference on Interaction and Confidence Building Measures in Asia?" http://thediplomat.com/2014/05/what-is-cica-and-why-does-china-care-about-it/.

三 亚信机制的发展前景

展望未来，亚信会议如何实现从会议机制向组织的顺利转型，将是亚信自身发展进程中所面临的最为关键的考验。亚信的发展前景将主要取决于以下几方面因素。

第一，亚信成员国中的大国特别是中国和俄罗斯能否加强合作，带动和引领亚信的发展。

中俄两国是亚信成员国中综合国力最为强大，同时也是对欧亚地区安全秩序构建最为重要的两个国家。中俄两国具备在安全领域和经济领域提供公共产品、引领亚信机制发展的体量和实力。中国作为亚信新任主席国，对于亚信的发展自然持有更多的期待。近年来，俄罗斯对亚信的关注度也在加强。俄罗斯科学院学者维克多·拉林（Viktor Larin）指出，俄罗斯赞赏亚信会议提供的机会和中国在亚信会议中所起的领导作用，参与亚信会议有助于俄罗斯重返亚洲和欧亚地区，有助于其亚洲身份和认同的建立，有助于其在亚洲的和平与稳定方面发挥更大的作用。[①] 当然，由于俄罗斯同时是欧亚大陆多个地区性组织的成员，是中亚地区以促进安全合作为主旨的集体安全条约组织和以促进经济合作为主旨的欧亚联盟的核心成员，2014年起俄罗斯还将担任上海合作组织轮值主席，在资源有限的情况下俄罗斯是否有足够强烈的意愿推进亚信发展尚有待进一步观察。

中俄两国目前都面临西方的防范、围堵和遏制，推进亚信机制的发展无疑有助于中俄获得与西方周旋抗衡、缓解来自西方压力的战略空间。在此方面，中俄两国的利益是高度重合的。中俄至少应保证亚信机制与中俄共同参与或分别参与的其他地区机制能实现并行不悖发展，同时，在亚信机制中中俄不会相互掣肘。

---

① 周世新：《"亚信上海峰会"国际学术研讨会综述》，参见 http://www.cica-china.org/chn/yxzk/yjcg/t1152356.htm。

第二,亚信制度建设进程能否持续推进。

亚信制度建设能否推进,将主要取决于以下四个方面。

(1)自亚信成立22年来已经经受过实践检验的既有原则和规范能否得到坚持,在国际、地区安全形势和经济形势均发生变化的情况下,现有原则和规范能否得到进一步的完善和发展。例如,亚信会议成员国是否能坚持和发展亚信会议成员国相互关系原则,亚信的准入标准是否能得到坚持。

(2)亚信能否制定相对明晰的发展目标和对自身做出准确的功能定位。从长远看,亚信的目标是建立一个泛亚洲的地区安全架构,但这一目标的实现无疑需要分阶段来完成,因此,需要确定更为具体的、阶段性的发展目标,也包括成员国的经济、社会和文化发展目标。此外,由于欧亚大陆地区组织众多,亚信机制与多个组织在功能上有重合交叉,亚信需要有自己的特色和功能定位。

(3)亚信能否建立将合作理念转化为合作实践的有效机制,特别是由亚信高官委员会批准的《信任措施在新威胁和新挑战方面实施的行动计划》能否得到有效的实施。目前,在实现有效的边境管控和打击恐怖主义方面这一问题尤其突出。由于地区安全形势复杂多变,传统安全挑战和非传统安全威胁日益突出。中国倡导的"亚洲安全观"虽然得到了亚信成员国的普遍认可,但具体落实也殊为不易。尽管如此,在能源安全、灾害救助、打击贩毒、人口拐卖、反恐和防范流行性疾病蔓延等非传统安全领域各方开展务实合作仍存在着巨大的潜力。由于恐怖主义已经成为亚信成员国和观察员国(包括中国和中亚、西亚、东南亚国家)面临的共同威胁,亚信正式成员国之间以及亚信正式成员国与观察员国、国际组织之间的反恐合作,包括机制对接、情报共享、联合开展人员培训及联合演习等都需要进一步加强。

(4)亚信在坚持和完善其规范和原则的同时,能否继续保持其开放性。目前,亚信不仅对主权国家开放,也对地区性、国际性组织开放。从长远看,亚信要增强自身作为一个泛亚组织的权威性,需要有更多的地区内国家加入。同时，亚信也需要与更多的地区性、国际性组织建立更为密切的联系。例如，亚信成员国之间的合作可以与集体安全条约组织、欧亚联盟、南亚区域合作联盟、上海合作组织及伊斯坦布尔进程等现有机制相互结合，通过开展组织间合作的方式提升实际效率。

第三，亚信成员国，特别是中小国家能否对亚信机制产生向心力和认同感。亚信不是一个由大国首倡发起的机制，从其宗旨来看也不是一个服务于大国战略竞争需要的机制，因此，中小国家对亚信的广泛积极参与和建言献策是亚信存续发展的必要条件。这不仅可以促进成员国间增信释疑，也可以在亚信机制内进一步营造平等、合作的氛围，防止亚信内部出现离心倾向。亚信所代表和维护的也应是所有成员国的共同利益，而不是因国家大小而有远近疏离。所有亚信成员国应当形成对亚信的功能性认同，带着利益共同体成员的意识参与亚信活动。作为亚信新任主席国，中国也需要妥善处理与周边中小国家的纷争。只有这样，亚信机制才具有真正的凝聚力。

第四，美国和日本的地区外交是否会对亚信机制的发展产生消极影响。亚信会议是除了上海合作组织之外，亚洲范围内第二个美国及其忠实盟友日本被排除在外的重要的国际多边合作平台。鉴于第四届亚信领导人峰会成功举办、中国接任亚信主席国及中俄互动频繁和战略合作深化，美国和日本对亚信未来的发展方向产生了担忧。

美国国务院发言人珍·普萨基5月20日在记者会上表示，"参加（亚信）会议的有亚洲的国家和普京。出席者和主持者说明了会议的性质"。对于致力于加强对亚洲事务参与的奥巴马政府来说，中俄的接近是在"将美国赶出亚洲"。在美方看来，中国国家主席习近平与俄罗斯总统普京通过亚信峰会进一步密切了关系，奥巴马政府的危机感因之加剧。这无疑会动摇美方所重视的"亚太再平衡"政策和在乌克兰局势中孤立俄罗斯政策等战略的根基。

日本国内也有媒体刊文指出，中国国家主席习近平在（5月）21日于上海召开的亚洲相互协作与信任措施会议第四次领导人峰会上发表演说时意欲围绕亚洲安全保障议题建立对抗美国的轴心。① 还有日本媒体认为,为对抗美国的"亚太再平衡"战略,中国在上海召开的亚洲相互协作与信任措施会议第四次峰会上明确表现出推进建立由中国主导的亚洲新秩序架构的意图。在上海亚信峰会上,以观察员身份出席的日本代表、日本驻华大使馆副大使堀之内秀久亦以有关"基于国际法,通过和平方式解决争端"的发言"敲打"中国。② 由于亚信正式成员国中有多个美国的盟友或与日本有密切关系的国家,亚信机制的未来发展会在一定程度上受到美国和日本意志的干扰。

从总体上看,亚信的未来发展不可避免地会受到各种复杂因素的制约,但最终指向将是一个泛亚洲的安全合作架构。这一目标要想成为现实,取决于亚信成员国实现安全利益和经济利益的共享,取决于亚信制度建设的顺利推进,也取决于亚信成员国地区认同的确立。推进亚信机制的发展,对于中国和亚洲的发展都具有深远的意义。

---

① 新华社东京5月22日日文电,《日本经济新闻》记者岛田学的报道《中国谋求在安保领域建立抗衡美国的轴心》。
② 新华社东京5月22日日文电,日本《读卖新闻》记者五十岚文、铃木隆弘的报道《中国的野心若隐若现》。

B.12 泰国"5·22"军事政变的过程、原因与前景

周方冶*

摘　要： 本文通过对2014年泰国"5·22"军事政变过程的回顾，认为泰国再次发生政变的深层次原因在于发展道路选择面临存量改革难题、权力结构面临新旧利益集团冲突、宪政体制面临"有民主无协商"制度缺陷。政变后的政局发展，可能呈现以下趋势：其一是军方话语权显著提升，其二是政治权力出现结构性调整，其三是政治和解将取决于中泰战略合作。

关键词： 泰国　军事政变　政治改革

2014年5月22日，泰国军方发动政变，推翻临时政府，中止宪法，解散国会上议院，并组建"全国维持和平与秩序委员会"（National Peace and Order Maintaining Council，以下简称"维和委"）接管国家权力，从而成为自1932年民主革命以来的第19次政变和第12次夺权。那么，军方为何在时隔8年后再次冒天下之大不韪发动政变？政变后泰国政治走势如何？泰国能否摆脱长达八年的政治动荡？本文将就上述问题进行梳理与分析。

---

* 周方冶，博士，中国社会科学院亚太与全球战略研究院助理研究员。

一 泰国政治权力的非正常更迭

从2013年11月到2014年5月,泰国政局持续动荡,各派力量相继登上前台,围绕"反他信"与"挺他信"展开了针锋相对的政治斗争,严重影响社会安定。泰国军方把握"人心思定"大势,借机发动政变,再次完成从民选文官到政变军人的权力转移,成为泰国本轮政治角逐的最大赢家。

(一)矛盾再次激化的导火索

2011年,他信派系在众议院选举中再次胜出,前总理他信的幺妹英拉牵头组阁,成为泰国首位女总理。由于在2010年的政治动荡和流血冲突中,泰国社会和各派力量都大伤元气,因此在选举后,各派都保持了相对克制。再加上英拉以其女性特有的温和与宽容,在一定程度上缓和了他信派系与城市中产阶级和军人集团的紧张关系,使得泰国政局在英拉执政初期表现得较为平稳。不过,随着英拉政府任期进入中盘,他信派系开始试图以众议院的绝对席位优势,推动政治改革,从而为继续执政和他信回归铺平道路。2013年,他信派系先后提出了宪法修正案和特赦法案。

宪法修正案旨在通过修订《2007年宪法》,使得泰国政治回归有利于他信派系的《1997年宪法》框架,尤其要推动参议院的选举制度改革,废止任命制参议员,使得所有参议员均来自民选。由于他信派系得到占泰国总人口近七成的中下层民众支持,拥有在选举方面的绝对优势,因此在2006年政变后,"反他信"阵营复辟了早在1997年就被废止的参议员任命制度,并调整和增设了诸多条款,借此压制他信派系在众议院拥有的议席优势。他信派系的宪法修正案,正是为了摆脱《2007年宪法》的制度约束。对此,"反他信"阵营在国会进行了坚决抵制,却未能阻止宪法修正案通过审议。

特赦法案旨在通过"一揽子大赦"方式,赦免从2004年到2013年间所有的政治冲突相关人员,其中既包括所有参与暴力冲突的示威民众,也涵盖2006年政变后对他信的舞弊指控,以及对阿披实和素贴在2010年武力驱散

"红衫军"示威者的谋杀指控。此举不仅引起"反他信"阵营的坚决抵制,也引起"挺他信"阵营的强烈不满。他信派系依托众议院议席优势,在2013年11月1日通过特赦法案审议,结果很快就在曼谷地区引发"反特赦法案"的大规模示威集会,并由此掀起了新一轮的政治冲突浪潮。

(二)从和平示威到暴力冲突

针对大规模示威集会,英拉发表声明,敦促参议院依据民众利益,慎重考虑是否批准特赦法案。与此同时,为泰党领袖也公开承诺,如果参议院否决法案,将不再重新提起特赦法案,也不再提起其他任何特赦法案。11月11日,参议院通过投票,以140票对0票一致否决了特赦法案。①

不过,否决特赦法案并未满足"反他信"阵营的政治诉求。民主党秘书长素贴,以及其他8名民主党议员从国会辞职,直接走上街头领导示威活动,号召民众采取非暴力不合作方式,迫使他信"代言人"英拉下台。曼谷街头的示威集会规模进一步扩大。

2013年11月20日,宪法法院判决《2007年宪法修正案》程序与内容违宪,依法无效。② 对此,为泰党进行了公开抵制,声称宪法法院无权进行判决,使得宪法法院一度被称为"无人听从法院"。为泰党的政治表态,进一步激化了"反他信"与"挺他信"的政治矛盾,使得政局开始失控。

11月23日,"反他信"阵营开始在曼谷举行10万人的大规模反政府集会;次日,"挺他信"阵营的红衫军也聚集4万多人,开始在曼谷举行大规模示威集会,矛头直指宪法法院。11月25日,人民民主改革委员会(People's Democratic Reform Committee)抗议者在素贴率领下,开始围攻政府部门,并强行攻占了财政部、预算局、外交部等要害部门。英拉政府援引国内安全法(Internal Security Act)相关规定,开始在曼谷及其周边地区实行管制。

---

① "Senators Shoot down Blanket Amnesty Bill," 12 Nov. 2013, http://www.bangkokpost.com.
② Constitutional Court Decision No. 15 – 18/2556.

12月1日，曼谷街头冲突升级。兰甘亨大学的反政府学生与红衫军的政府支持者发生暴力冲突，导致4人死亡，57人受伤。[①] 与此同时，素贴发表演讲，号召民众发动"人民政变"，要求英拉政府在2日内"还政于民"，并明确表示，无论英拉辞职或是解散众议院都不可接受，必须成立非民选的"人民议会"推选领导人。[②] 12月8日，民主党所有的153名众议院议员集体辞职，进一步对英拉政府施加压力。

（三）陷入困境的众议院选举

面对"反他信"阵营的步步紧逼，英拉政府于12月8日撤回了等待国王签署生效的宪法修正案，并于12月9日宣布解散众议院，提前举行全国大选。不过，英拉政府此举并未取得预期成效。因为，鉴于他信派系在中下层民众支持下连选连胜的历史，"反他信"阵营毫无信心在2014年2月2日的众议院选举中胜出。

2013年12月17日，人民民主改革委员会秘书长素贴号召集会，并提出要求：先改革，后选举；英拉与看守内阁辞职；建立非选举的人民议会，推动12~18个月的改革议程。12月21日，民主党正式宣布抵制2月选举。12月26日，"反他信"抗议者与警方在候选人登记地点发生冲突，导致包括1名警察在内的2人死亡，200人受伤。12月27日，泰国陆军司令巴育上将发表媒体讲话，明确表示"时间会告诉我们究竟会不会发生政变。我们不希望跨越权力界限。我们不希望使用武力。我们努力使用和平方式，通过谈判解决问题"。

2013年底到2014年初，泰国曼谷不断发生零星的枪击和爆炸事件。截至2014年1月19日，至少造成4人死亡，238人受伤。1月21日，英拉政府宣布曼谷进入60日紧急状态，政府有权实行宵禁，审查媒体，驱散集会，使用武力"维护秩序"，未经指控扣押嫌疑犯，禁止5人以上政治集会，并宣布部分地区为禁区。但是，曼谷局势并未得到改善，反而随着大选临近更

---

① "Updated Toll: 4 Dead, 57 Wounded," 1 Dec. 2013, http://www.bangkokpost.com.
② "Suthep Gives PM Ultimatum before Military Leaders," 1 Dec. 2013, http://www.bangkokpost.com.

加紧张。

尽管军警为选举提供了重要的安保支持,配备20万名警察,以及1450名快速部署部队,负责守卫全国93535个投票站,[1] 但是,"反他信"阵营依然在全国范围内尤其是南部各府通过暴力方式阻碍选票运输,结果造成甲米、普吉、宋卡等9个府因缺少选票而被迫取消投票。根据选举委员会统计,2月2日选举,全国投票率为47.72%。其中,他信家族所在地清迈府的投票率最高,为75.05%;全国参与投票的2000多万张选票中,71.38%为有效选票,12.05%为无效选票,16.57%为"无投票";全国共有28个议席由于抗议活动未能产生合法议员。[2]

2月12日,泰国选举委员会宣布,将于4月20日进行众议院补选预投票,4月27日进行补选。对此,"反他信"阵营表示强烈不满,并再次举行大规模示威集会。2月14日,泰国警方开始驱散反政府集会,结果引发多起暴力冲突,至少造成8人死亡,数百人受伤。3月15日,红衫军在临近曼谷的大城府的万人集会上,推选了新领导人,并表示将大举进入曼谷,对抗"反他信"示威集会,声援英拉看守政府。与此同时,素贴领导的人民民主改革委员会也公开表示,将继续坚持示威集会,并将再次阻碍众议院补选。至此,泰国众议院选举彻底陷入困境,不仅无力化解危机,反而成为新的政治风暴策源地。

(四)从司法政变到军事政变

2014年3月21日,泰国宪法法院以6票对3票,判决英拉政府通过王室法令解散众议院违宪,因为该法令影响到选举,使得2月2日的选举未能在全国范围内当日完成选举工作。宪法法院解释称,根据宪法规定,政府通过王室法令解散众议院,必须在45日内,在全国范围内当日完成选举,因此2月2日未能在全国范围内完成选举,也就意味着解散众议院的王室法令

---

[1] "Army Boosts Support for CMPO, Cites Intensification of Violence," 30 Jan. 2014, http://www.bangkokpost.com.

[2] "EC Now Says Official Voter Turnout Is 47.72% ," Thai PBS, 6 Feb. 2014.

违宪，并由此推论，作为该法令直接结果的2月2日选举也因为违宪而无效。① 由于宪法法院在判决中，对于"反他信"阵营通过暴力手段破坏选举的行为置若罔闻，因此引起"挺他信"阵营不满，被指责为"司法政变"。

与此相对，"反他信"阵营倍受鼓舞，公开宣称将继续破坏选举，以促成建立非选举的人民议会。② 4月5日，素贴在人民民主改革委员会的集会上发表演讲，要求民众动员起来，发动"人民政变"，赋予素贴本人"最高权力"，成立非选举的立法机构，推动国家政治改革。③

5月7日，泰国宪法法院在"反他信"阵营的支持下，通过对一起职务调动争议的旧案判决，罢免了英拉及其他9名同意职务调动的内阁部长。④ 英拉被罢免后，他信派系随即推选副总理兼商业部部长尼瓦塔隆（Niwatthamrong Boonsongpaisan）出任看守政府总理，但曼谷局势进一步恶化。素贴领导的人民民主改革委员会发表"最后一战"的媒体宣言，并从5月9日开始进军各大媒体大楼，以迫使相关媒体遵从人民民主改革委员会的新闻宣传。⑤ 与此同时，红衫军也从5月10日开始在曼谷举行大规模示威集会，声援英拉及其他被罢免的内阁成员，并警告指出，如果最高法院和参议院试图任命新的临时政府，将会引发内战。"反他信"与"挺他信"双方的暴力冲突一触即发。

5月20日，泰国陆军司令巴育上将援引1914年颁布的《戒严法》所赋予的权力，宣布在全国范围内从当地时间凌晨3点开始实行戒严。巴育在电视讲话中指出，实施戒严是为了平息各方持续不断的暴力冲突，以及使军方更有效地维护和恢复和平。⑥ 从5月20日到22日，军方两次召集冲突各方

---

① "Court Voids Feb. 2 General Election," 21 March 2014, http://www.bangkokpost.com
② "PDRC Vows to Cause New Elections Invalid in the Same Way as 2 Feb. Election," Voice TV, 21 March 2014.
③ "Suthep to Seek Royal Approval for His'People Coup," Khaosod English, 6 April 2014.
④ "The End of Yingluck and Her Fellow Ministers, Charter Court Removed Them over Abuse of Power to Transfer Thawin in Favour of Priewpan," Manager, 7 May 2014.
⑤ "PCAD's 'Final Battle' Kicks – Off With Media Intimidation," Khaosod English, 9 May 2014.
⑥ "Thailand's Army Declares Martial Law, Says Not a Coup," CNBC, 20 May 2014.

谈判，试图达成和平解决方案，但未能取得成效。5月22日晚，巴育上将通过电视讲话，宣布军方发动政变，推翻看守政府，设立维和委接管国家权力。随后，维和委宣布废止《2007年宪法》。5月24日，维和委解散参议院，全面接管立法权，并开始通过指令方式督导司法权运作。5月26日，普密蓬国王正式任命巴育上将治理国家，为其提供了合法性背书，从而标志着军方政变正式成功。

二 泰国再次政变的深层次原因

如果将2014年政变与2006年政变的过程进行比对，很容易发现诸多相似，都是源于"反他信"与"挺他信"的政治冲突，都是在街头运动下被迫解散国会，都是在民主党抵制选举下陷入政治困境，都是在王室—保皇派支持下的军方干政。那么，为何泰国始终无法摆脱政治困局，时隔八年再次踏上军事政变覆辙？具体来看，主要有以下原因。[①]

（一）国家发展道路面临存量改革难题

从20世纪60年代开始，泰国经济进入高速发展的快车道。90年代初，泰国跻身中等收入国家。当时，由于长期奉行"重城市，轻农村"指针，泰国社会面临着严重的城乡差距、贫富差距、地区差距，这些问题逐渐成为阻碍社会经济进一步发展的瓶颈。1997年金融危机后，有关国家发展道路的争论，逐渐成为泰国社会各界的重要议题。泰国前总理他信作为新资本集团的政治代表，提出了进取性的"他信经济"道路，[②] 并取得明显成效。不过，进取性的改革道路在取得收益的同时，也要付出沉重的改革成本。"他信经济"道路成本，主要由城市中产阶级、军人集团、官僚集团、传统产业集团等军人威权时期的既得利益集团承担，从而引起各方不满。

---

① 周方冶：《泰国政治持续动荡的结构性原因与发展前景》，《亚非纵横》2014年第1期。
② 李峰：《他信经济学及其对后他信时代泰国经济政策的影响》，《南洋问题研究》2009年第4期。

既得利益集团更倾向于普密蓬国王的"充足经济"道路，要求遵循保守性的改良道路，立足于现有的社会经济结构，通过"知足常乐"宣传引导弥合社会裂痕，规避全球化和市场化风险，自力更生而不是依托外力稳步推动社会经济发展。[1] 2006年政变后，"反他信"阵营将"充足经济"的指导原则写入新宪法。但是，2007年上台的沙玛政府以及2011年上台的英拉政府，都是他信派系主导的联合政府，奉行的是"他信经济"道路。英拉政府于2011年开始施行的"大米保护价"政策，更是具有明显的他信色彩，成为2013年11月反政府运动的重要催化剂。

（二）政治权力结构面临新旧利益集团冲突

20世纪80年代以来，泰国政治权力结构长期保持稳定的平衡格局。王室—保皇派、军人集团、城市中产阶级、传统产业集团、地方政客集团等各派力量彼此制衡，保证了政治系统的有序运作。[2] 不过，随着新资本集团的强势崛起，传统权力结构开始面临明显的转型压力。

得益于产业、融资等方面的竞争优势，特别是泰国股市在20世纪80年代末到90年代初的爆炸式增长，新资本集团在短短的十数年内，完成了传统产业集团数十年才能实现的原始资本积累，拥有了雄厚的经济实力与社会资源，为其参政提供了可靠保证。前总理他信·西那瓦近乎白手起家，却在十多年时间里跃居泰国首富，成为身家数百亿泰铢的"电信大亨"，为其踏足政坛提供了充裕的政治资金。

他信派系的成功关键在于对农民群体进行了政治动员，并在此基础上促成了新资本集团"资金"与农民群体"选票"的有机结合。通过大量资金的投入，他信派系在全国构建了广泛的基层组织网络，从而为对农民群体的政治动员和组织提供了有效渠道。新资本集团依托农村选票掌握了政治主导

---

[1] 周方冶：《全球化进程中泰国的发展道路选择："充足经济"哲学的理论、实践与借鉴》，《东南亚研究》2008年第6期。
[2] 周方冶：《泰国政治转型中的政商关系演化：过程、条件与前景》，《东南亚研究》2012年第4期。

权后，采取了激进的政治改革和体制重组，试图构建以他信为首的权力垄断体系，从而引起各派权力集团的强烈不满。2006年以来的"反他信"运动，正是这一不满情绪的直接体现。

普密蓬国王年事已高，近年来健康状况堪忧，因此"反他信"阵营对后普密蓬时代的权力结构失衡存在深刻担忧。长期以来，王室—保皇派都是保持权力平衡的重要支柱。但是，王室—保皇派的影响力根源于普密蓬国王的人格魅力，具有明显的个人属性。随着王位更迭，王室—保皇派影响力很有可能出现衰落，难以继续制衡新资本集团。于是，"反他信"阵营迫不及待地动用各种手段打压他信派系，力求在后普密蓬时代到来前，有效削减新资本集团的影响力。

（三）宪政体制面临"有民主无协商"的制度缺陷

泰国宪政体制过度强调选举民主机制，缺乏民主协商渠道，从而产生了忽视少数派的话语权与正当利益的"赢家通吃"问题。在《2007年宪法》中，"反他信"阵营重新启用参议员任命制度，目的就在于应对他信派系依托"资金"与"选票"联盟形成的政治优势。不过，即使是参议员任命制度也无法在根本上解决"赢家通吃"问题。《2007年宪法》规定，如果参议院不批准相关法案，那么，众议院将有权在180天后重新对相关法案进行审议，并在得到众议院过半数支持的情况下，视同国会已经批准。这就意味着，随着他信派系掌握众议院简单多数席位，在宪政框架下将很难再对其进行制约。由于体制内缺乏民主协商，"反他信"阵营开始诉诸体制外手段，例如街头运动、司法干政、议员辞职，甚至军事政变，对他信派系进行政治约束。

三 军事政变后的泰国政局走势

2014年"5·22"军事政变后，泰国政治紧张局势趋于缓和。各派力量在军方戒严令的压制下，保持了隐忍和克制。以巴育上将为首的政变集团，也并未像2006年政变集团那样刻意保持低调,而是以相当高调的态度表达出主持和推动国家改革的强硬立场。

5月30日,巴育上将在电视讲话中,提出了"三步走"的民主路线图。其中,第一阶段是调停国内矛盾;第二阶段是成立过渡政府,起草新宪法;第三阶段是在民主制度下,进行各方都能接受的选举。依据巴育的规划,完成民主路线图至少需要15个月的时间。从目前来看,泰国政局有可能呈现以下三方面走势。

(一)泰国军方政治话语权将得到显著提升

2014年6月,巴育上将委托法学家威萨努(Wisanu Krua-ngam)及其同事蓬披特(Pornpet Wichitchonlachai)共同起草临时宪法。后者素以其坚定的保皇派立场闻名,并曾提议将泰国刑法中"冒犯君主罪"的适用范围,延伸到所有的王室成员及枢密院成员。7月22日,普密蓬国王批准了巴育上将呈递的临时宪法草案,从而使泰国自1932年以来的第19部宪法正式生效。

根据《2014年临时宪法》规定,泰国军方组建的"全国维持和平与秩序委员会"将在民主过渡时期持续存在,并拥有广泛权力。主要包括:过渡时期设立的一院制的立法机构"国家立法议会"(National Legislative Assembly),其成员均由维和委遴选产生;过渡政府的内阁总理由维和委推选;国王在国家立法议会主席的建议下有权罢免总理,但建议仅能由维和委提出;维和委有权监管内阁;过渡时期设立国家改革委员会(National Reform Council),负责落实各领域改革,其成员均由维和委遴选产生;过渡时期设立的制宪委员会(Constituent Committee),将由36名成员组成,其中委员会主席由维和委提名,20名成员由国家改革委员会提名,5名成员由国家立法议会提名,5名成员由内阁提名,5名成员由维和委提名;过渡时期,宪法法院将继续运作,但要接受维和委主席督导;维和委主席有权"为了任何领域改革、推进国内民众的爱与和谐,或是防范、减少或压制任何危害国家秩序与安全、王权、国民经济或公共管理的行为,无论相关行为发生在国内或国外"颁布法令,并将被视为"合法、合宪和最终决定"。尤其最后

一条，事实上赋予了巴育上将凌驾一切的超然权力，因此经常被泰国学者视为可与20世纪60年代的泰国军人独裁者沙立元帅相提并论。

7月31日，普密蓬国王批准了维和委遴选的国家立法议会议员名单，其中过半数为现役或退役军警高官，并包括巴育上将胞弟。8月7日，国家立法议会举行开幕式。次日，强硬的保皇派人士蓬披特当选国家立法议会主席。① 8月21日，维和委主席巴育上将作为唯一候选人，通过国家立法议会审议，以191票赞成、3票弃权，顺利当选泰国第29任总理。② 8月31日，普密蓬国王批准了巴育总理选定的32名内阁成员名单，其中近半数都是军方将官，从而为军方主导的第二阶段制宪和改革工作奠定了坚实的权力基础。③

（二）泰国政治权力有可能出现结构性调整

2014年9月12日，巴育总理在国家立法议会上发表了首份报告，重点阐释了过渡政府内阁的施政纲领。其中，主要包括11个方面的内容：捍卫与尊崇王室；维持国家稳定与促进外交合作；缩小贫富差距；改进教育和维护宗教与文化建设；提升国民生活质量；提升国家经济实力；加强泰国在东盟共同体中的地位和作用；促进科技发展研究、应用与创新；保护国家资源，实现可持续性发展；促进廉政建设与加强肃贪；优化法律与司法体系。④

通过巴育政府的施政纲领，可以察觉其推动泰国政治权力结构调整，改变20世纪90年代以来军人集团被边缘化的不利趋势的重要意图。具体而言，首先是进一步巩固王室—保皇派与军人集团的联盟，保持政变后的政治优势，增强在后普密蓬时代的话语权；其次是以维护社会稳定和促进经济发展的执行能力，争取传统产业集团和新资本集团的政治认可；再次是利用反腐倡廉，压制地方政客集团和官僚集团，增强军人集团的行政控制力；最后是通过政府补贴和农村发展，缩小贫富差距，争取中下层民众的理解与支

---

① "Pornphet Voted NLA President," 8 Aug. 2014, http://www.bangkokpost.com.
② 《泰国国王正式任命巴育为总理》，新华网，2014年08月25日。
③ 《皇上陛下恩赐委任内阁》，〔泰〕《星暹日报》2014年9月1日。
④ 《泰国新总理巴育阐述施政纲领》，国际在线，2014年9月12日。

持。如果巴育政府的目标得以顺利实现，那么在中长期，泰国政坛将有可能改变目前政治失衡格局，形成以军人集团为政治支点，以城市中产阶级等保守派为一端，以新资本集团等革新派为另一端的政治平衡格局，从而为社会经济发展提供稳定和谐的政治环境。

（三）泰国政治和解将取决于中泰战略合作

由于存量改革引发的社会分裂并未得到根本解决，因此，泰国政变后的政治稳定主要是建立在军方的武力压制基础之上的。如果巴育政府无法实现存量改革到增量改革的发展模式转变，那么，随着军方解除武力压制，必将引发更大规模的政治冲突。

尽管巴育政府提出了兼顾各方利益的施政纲领，但是发展资源的局限性成为施政纲领具体落实的重要障碍。英拉执政时期留下高达7000亿泰铢（约合230亿美元）的政府债务，现已成为巴育政府的重要负担。在节流方面，巴育政府已中止了"大米保护价"政策，以及"乡村发展基金"等草根项目，但是基于维护中下层民众稳定的客观需要，巴育政府势必要提出新的替代政策。在开源方面，巴育政府上台后，首先就将征收遗产税和房地产税、提高增值税提上了议事日程，旨在增加政府税收，但很快引起城市中产阶级和商业集团的强烈不满。因此，巴育政府迫切需要新的增长点，借用外部资源推动泰国社会经济发展，从而实现国内的增量改革。

从目前来看，搭乘中国经济发展的顺风车，尤其是对接21世纪海上丝绸之路发展战略，很可能成为巴育政府的重要选择。2014年7月30日，维和委批准了两条连接中泰的铁路规划，投资总额达7414亿泰铢（约232亿美元）。由此，不难感受到泰国军方在参与区域互联互通，依托区域合作推动社会经济发展的迫切期望。

中泰战略合作对泰国的价值不言而喻，但泰国政局的持续动荡使很多发展契机都在各派"为反对而反对"的非理性政争中被错失。泰国军方接管国家权力，有利于切实提高政府决策力和执行力，从而很有可能推动中泰战略合作进入加速发展的快车道！

B.13
2014年总统大选对阿富汗政治及安全局势的影响

叶海林*

摘　要： 2014年阿富汗总统大选是美国在阿富汗展开"持久自由行动"以来，阿国内首次以选举形式实现权力交接。此次选举也是北约多国安全援助部队结束在阿作战任务前影响阿富汗国内政局发展和安全形势变化的最重要因素。本文简要回顾了2014年阿富汗总统选举的发展演进过程，对阿国内外有关各方的行为和政策动机进行了分析和梳理，对其采取策略的效果进行了评估。在此基础上，对未来阿富汗政治和安全局势的发展演变做出了预测。

关键词： 阿富汗　总统选举　塔利班　民族和解

2014年4月5日，阿富汗举行北约撤退前的最后一次总统大选，选举过程一波三折，直至9月29日，经过两轮选举最终获胜的前财长阿什拉夫·加尼·艾哈迈扎伊才举行总统就职典礼。与此同时，以美国为首的北约多国安全援助部队（ISAF）也逐步加快撤军脚步。阿富汗进入了以总统更迭和外国军队撤离为主要标志的"后2014时代"。

---

* 叶海林，硕士，中国社会科学院亚太与全球战略研究院《南亚研究》编辑部主任，华东师范大学国际关系与地区发展研究院地区安全研究中心主任，云南财经大学印度洋研究中心国际战略研究所所长，副研究员。

"后2014时代"阿富汗面临的两大核心问题依然是中央政府的政治权力分配以及与塔利班武装的和平谈判进程，即所谓"过渡"与"和解"。总统大选的过程与结果和这两个问题均存在着密切关系。加尼的胜出虽然经历了许多波折，但并没有出乎此前分析人士的普遍预料，这一结果符合绝大部分利益相关方的期待。尽管如此，加尼团队的执政前景并不为人看好，其能否稳住阿富汗政局并顺利推进与塔利班的和解进程，多数评估者依然持负面看法。

一 对2014年阿富汗总统选举过程和结果的回顾与评估

2013年7月17日，阿富汗议会正式通过共16章80款的新选举法，7月20日，总统卡尔扎伊签署该法案，阿富汗大选正式拉开帷幕，截至2013年10月6日，一共有27名总统候选人向独立选举委员会登记参选。10月22日，其中的16名因受教育水平、缺少档案等问题被取消资格，11月25日，选举委员会最终公布了11名候选人名单（参见表1）。

表1 阿富汗总统候选人基本情况

姓 名	所属党派	曾任职务	备 注
阿卜杜拉·阿卜杜拉	阿富汗民族联盟	外交部长	
穆罕默德·达乌德·苏尔坦佐伊			
阿卜杜勒·拉希姆·瓦达克		国防部长	退出
卡尤姆·卡尔扎伊	独立人士		退出,支持拉苏尔
阿什拉夫·加尼·艾哈迈扎伊	独立人士	财政部长	
塞达尔·穆罕默德·纳迪尔·纳伊姆		国王秘书	退出,支持拉苏尔
扎尔迈·拉苏尔		外交部长	
库特卜丁·希拉勒		副总理	
古尔·阿加·谢尔扎伊		楠格哈尔省省长	
阿卜杜勒·拉苏尔·萨亚夫	伊斯兰宣教		
希达亚特·阿明·阿尔萨拉		外交部长、财政部长	

由表1可以看出，①此次大选绝大多数候选人来自哈米德·卡尔扎伊总统执政时期的政治精英阶层，许多人都曾在卡尔扎伊政府内担任诸如外交部长、财政部长和国防部长等要职。②候选人中多位曾经担任外交部长或财政部长，显示出这两个政府职位在卡尔扎伊执政时期具有特殊重要意义。卡尔扎伊执政时期，防务主要由美国领导的多国安全援助部队负责，阿富汗政治真正的核心任务是保证自己的经费来源，而这一任务主要由财政部长和负责国际游说的外交部长负责，因而导致这两个职务的担任者不但在国内具有重要影响力，在国际社会特别是西方国家也容易受到认可。③哈米德·卡尔扎伊总统对选举具有很大影响力，先后退出竞选并转而支持拉苏尔的候选人，包括总统的兄弟卡尤姆在内，退选都是卡尔扎伊总统游说和施压的结果。卡尔扎伊总统选择拉苏尔作为自己的接班人。整体而言，由于卡尔扎伊总统本人受到任期限制，无法寻求再度连任，这是一次关于"后卡尔扎伊时代"权力交接的选举。"过渡"的意思就是从"卡尔扎伊时代"向"后卡尔扎伊时代"进行权力交接。在这一过程中，不论是阿富汗国内执政阶层，还是与阿富汗问题有关的各个国家，都希望权力过渡本身不会导致政权出现剧烈变动，甚至国体、政体更迭。在原政治精英团队内实现权力交接是除塔利班武装及其他反政府武装团伙以外各个利益相关方的共同期待。

然而，选举过程险些导致这一进程脱轨。2014年4月5日，大选正式举行。根据阿富汗独立选举委员会的统计，大选的合格选民约为1350万人，参与大选投票的选民逾700万人，占合格选民人数的一半以上。约有350万名选民在选举日当天正午之前就已经投票，其中男性选民占64%，女性选民占36%，投票率超过50%，比2009年大选仅有1/3的投票率有大幅攀升。

4月底，独立选举委员会公布大选初步结果。由于没有一人在首轮就获得50%的胜选选票，首轮投票的两位领先者阿卜杜拉·阿卜杜拉和阿什拉夫·加尼·艾哈迈扎伊将在5月28日进入第二轮选举。随后，独立选举委员会又宣布第二轮投票改在6月14日举行。得到哈米德·卡尔扎伊总统大力支持的拉苏尔没能进入第二轮选举。这也显示出尽管卡尔扎伊家族对选举进程拥有很大影响力，然而毕竟无法决定大选的结果。卡尔扎伊家族希望"后卡尔扎伊时代"阿富汗中央权力还能保持在自己的亲近团队手中的梦想已经无法实现。

第二轮投票后，总统候选人阿卜杜拉·阿卜杜拉在6月18日说，阿总统选举第二轮投票存在违规行为，独立选举委员会应该立即停止计票。其竞选团队随后切断了与独立选举委员会的联系。23日，独立选举委员会秘书长奥马赫因"一直遭到部分候选人的质疑"，为保证选举顺利而宣布辞职。28日，独立选举委员会以书面形式驳回阿卜杜拉关于处理选举舞弊的要求。其间，美国国务卿约翰·克里曾为打破选举僵局两次到访阿富汗斡旋。

阿富汗独立选举委员会7月2日宣布，原定于当天公布的阿富汗总统选举第二轮投票初步结果推迟至7日公布（参见表2）。独立选举委员会主席努里斯塔尼在新闻发布会上说，该委员会将对全国约1930个投票点的选票进行核查。他同时呼吁总统候选人阿卜杜拉·阿卜杜拉尽快恢复与独立选举委员会的合作。

表2 阿富汗总统选举两轮投票结果

候选人	代表政党	第一轮		第二轮	
		选票	得票率(%)	选票	得票率(%)
阿什拉夫·加尼·艾哈迈扎伊	独立人士	2084547	31.56	4485888	56.4
阿卜杜拉·阿卜杜拉	民族联盟	2972141	45.00	3461639	43.5
扎尔迈·拉苏尔	独立人士	750997	11.37		
阿卜杜勒·拉苏尔·萨亚夫	伊斯兰宣教	465207	7.04		
库特卜丁·希拉勒	独立人士	181827	2.75		
古尔·阿加·谢尔扎伊	独立人士	103636	1.57		
穆罕默德·达乌德·苏尔坦佐伊	独立人士	30685	0.46		
希达亚特·阿明·阿尔萨拉	独立人士	15506	0.20		
统计选票		6604546	100	7947527	100

资料来源：http://results.iec.org.af/en。

9月21日，在时任总统哈米德·卡尔扎伊的见证下，加尼和阿卜杜拉在阿富汗总统府签署一份分权协议。这份协议的主要内容包括：由阿富汗国民议会在两年内修改宪法，讨论设置政府总理职位，总理将服务于总统；在宪法修改前，政府设立"政府长官"一职，作为政府部长间会议主席，将发挥总理作用，而内阁依旧由总统领导；在本次选举中得票率居第二位的候选人有权任命"政府长官"人选；总统和"政府长官"在安全、经济、独立机构领域及国家安全委员会内有同等话语权。随后，阿富汗独立选举委员会公布了总统选举结果，前财政部长加尼获胜，当选阿富汗总统，而阿卜杜拉则出任"政府长官"。

此次选举在很大程度上是2009年阿富汗总统选举的翻版，只不过当年的竞争对手哈米德·卡尔扎伊与阿卜杜拉·阿卜杜拉之间的对决换成了后者与加尼的竞争，没有改变的是在阿富汗政治史上长期占据决定性地位的族裔政治传统。卡尔扎伊家族与加尼都来自阿富汗最大民族普什图族，而阿卜杜拉·阿卜杜拉则得到以塔吉克族、乌兹别克族为主体的原"北方联盟"的支持。双方之间的政治博弈实际上是阿富汗东南部族势力和西北部族势力之间长期权力斗争的表现。这一点在2009年大选和2014年大选中都成了决定性因素。

在阿富汗政治进程当中，政治家族裔属性的重要性远远超过了他们的政治纲领甚至个人魅力。普什图族在任何情况下都不会接受来自塔吉克族或者乌兹别克族的国家最高领导人。2009年，哈米德·卡尔扎伊很大程度就是靠着这一点才在第二轮投票中战胜了阿卜杜拉·阿卜杜拉。

2014年大选中，阿卜杜拉·阿卜杜拉团队非常清楚族裔政治的重要性，同样清楚的是，面对不确定的未来，阿卜杜拉·阿卜杜拉也只有这一次机会寻求扩大自己的政治权力。这导致本次选举要比上一次选举更加激烈，阿卜杜拉·阿卜杜拉虽然明知道在选票上不可能超过普什图族最后认可的第二轮总统选举候选人，但必须表现出决不接受失败的坚定信念，把大选拖入胶着状态，从而为国际社会特别是美国的干预创造条件。阿卜杜拉·阿卜杜拉并不真打算推翻选举结果，他的诉求是尽可能扩大"有条件接受选举结果"的"条件"。果然，在大选陷入僵局时，美国国务卿克里两次前来调停，最终为阿卜杜拉·阿卜杜拉安排了"政府长官"这一位置,部分满足了原"北方联盟"集团的要求,也体现了阿富汗族裔政治的基本格局。

这一结果的出现并不让人感到意外,实际上,这也是人们能设想到的实现阿富汗中央权力"平稳"过渡的唯一办法。若非如此,阿富汗中央权力便无法运转,更谈不上处理"后北约多国安全援助部队时代"该国严峻的安全挑战。早在2002年塔利班政权刚刚倒台时,美国在伊朗的支持下[①]促成了普什图族"温和力量"与"北方联盟"的合作。要对付塔利班,这两大力量之间的合作是必须的,但很难说是充分的。

二 2014年总统大选对阿富汗未来政治安全局势走向的影响

2014年起,阿富汗正式进入两大"后时代",一是"后卡尔扎伊时代",核心问题是喀布尔中央政府的权力分配;一是"后北约多国安全援助部队时代",核心问题是阿富汗国内民族和解进程,也就是与塔利班武装的和平谈判问题。两个问题相互关联,但不能混为一谈。

(一)阿富汗总统选举无法改变喀布尔中央政府的脆弱性

选举充其量只能解决"后卡尔扎伊时代"阿富汗中央政府权力分配问题,并不能必然导致阿富汗国内民族和解进程的可持续性,甚至未必能为政治和解进程奠定必要基础。西方国家目前将阿富汗总统选举作为撤军前的最重要政治成就,这足以证明西方对阿富汗民族和解缺乏足够信心,也没有具有可行性的实施方案。

---

① 塔利班政权倒台后,美国主导了阿富汗国内的政治重建进程。当时,配合美国作战的"北方联盟"武装最终同意接受哈米德·卡尔扎伊为过渡政府主席,这是在对"北方联盟"有巨大影响力的伊朗的斡旋下才得以实现的。自此以后,"北方联盟"和卡尔扎伊为代表的普什图族反塔利班势力之间的脆弱联盟就构成了阿富汗喀布尔中央政府的基本盘面。当然,这种联盟关系注定是非常脆弱的,需要得到国际社会,特别是美国的强力保证才不至于分裂。

2014年的总统选举基本上延续了2009年选举的结构和态势,民族和部族因素依然具有决定性意义。尽管经过美国国务卿克里的斡旋,因为选举舞弊丑闻导致的阿卜杜拉和加尼之间的僵局得以缓解,并最终达成了妥协方案,然而,很显然,这种"无论如何都要保证选举成功"的策略并不会真正着眼于缔造一个稳定、均衡和有效的权力架构,更无法改变阿富汗中央政府的虚弱性。喀布尔仍然不可能整合亲中央政府的普什图族与北方塔吉克族、乌兹别克族之间的资源,共同应对东南部的塔利班武装。而失去了国际支持的喀布尔政府,其权威更加不太可能获得国内各地方势力的认可。阿富汗政府的最大弱点就在于其财政支持能力。这一点,不论是代表"北方联盟"的阿卜杜拉·阿卜杜拉还是代表普什图族温和力量的加尼,都是无能为力的。

(二)财政支持能力是决定阿富汗政府战斗力的核心要素,情况将逐年恶化

能够保证阿富汗政府财政能力的,不是喀布尔,而是华盛顿。恰恰是华盛顿的撤军战略,注定了美国对阿富汗的投入——从军事到财政——会逐年减少。在这种情况下,阿富汗中央政府的财政状况只会逐年恶化。

美国和北约虽然为阿富汗政府招募和训练了几十万人的军队,而且在防御作战方面形成了一定的战斗力——进攻作战目前还不现实。在阿富汗政府控制的主要武装力量当中,省警察部队战斗力最强,主要是因为他们战斗的地方就是本乡本土,守土意志坚决。但这些人和他们所控制的土地对阿富汗政府并无政治上的忠诚,不过是政府能够按时发给他们薪水,让他们保护家园而已。一旦阿富汗政府财政来源紧缩,无力支付工资,他们和他们控制的区域会立即加入敌对阵营。1994年刚刚建立不久的塔利班武装迅速占领全国大部分地区,并一度占领喀布尔,不是因为塔利班战斗力强大,恰恰是因为与之对抗的政府军没有薪水而士气低落,纷纷倒戈。当年的纳吉布拉政府在苏联撤退后坚持了4年,只是由于后来苏联解体,阿富汗政府财政枯竭,才导致政权垮台。如今的形势与当年颇为相似。加尼的喀布尔政府的继续存在,完全依赖于这个政府从国外获得稳定的财政支持。

(三)阿富汗问题各参与方对尽快达成有效和解进程的意志不够坚决,缺乏和解基础

关于阿富汗民族和解,当前的核心问题是,美国及北约急于获得一份和解协议,以便宣布战争彻底结束,而势必要和塔利班继续纠缠的阿富汗政府无疑更关心和解的可持续性。美国和阿富汗政府互不信任,难以充分合作。

至于塔利班,逻辑上说,塔利班不会愿意和西方在北约撤军前达成和解,而更愿意选择在北约撤军后直接寻求与喀布尔中央政府"竞逐天下"。而且塔利班内部同样存在着不同的需求和主张,所谓"奎塔塔利班"及"二代塔利班"[①]对和解的态度是有差别的,"奎塔舒拉"能否控制住前线的塔利班指挥官也存在不确定性。

此外,"哈卡尼网络"等能够自行其是的组织和团伙对"和解"根本就不感兴趣,他们不可能从和解中获得好处,自然也不会愿意看到和解的出现。

地区方面,对阿富汗塔利班拥有传统影响力的巴基斯坦目前的政策不够清晰。巴方目前对巴基斯坦塔利班采取了比较坚决的打击态度,在对待阿富汗塔利班和巴基斯坦塔利班的态度上,伊斯兰堡从来都是有差别的。阿富汗塔利班加入所谓阿富汗和解进程是否符合巴基斯坦的利益,在巴基斯坦军事、政治和宗教界也都是有争论的。

(四)塔利班无能力占领全国,恢复政权,阿富汗陷入长期割据状态的可能性很大

即使阿富汗政府军能够获得稳定的财政支持,也不可能彻底击败塔利班。但塔利班同样没有办法消灭20多万阿富汗安全部队和中央及各省的警

---

① 所谓"奎塔塔利班"指的是塔利班政权被推翻后,据称一部分逃亡的塔利班领袖,如毛拉奥马尔等人,躲藏到了巴基斯坦俾路支省省府奎塔及其附近,并建立了所谓"奎塔舒拉",继续扮演塔利班武装领导核心的角色。而"二代塔利班"则是指塔利班武装2006年后,在阿富汗东南部领导各武装分支与美军、北约部队和阿富汗安全部队作战的战地指挥官。后者往往拥兵自重,在行动上拥有很大自主权。

察部队，更无法彻底消除阿富汗西北部的塔吉克族和乌兹别克族武装力量。阿富汗塔利班武装的战斗力并不像人们想象的那样强大，很难重新获得当年席卷全国的压倒性军事优势。当时塔利班巨大军事优势的取得主要是得到了巴基斯坦的军事支持和沙特阿拉伯等海湾国家一些保守财阀的财政支持。这两个因素今天都不可能出现，巴基斯坦政策摇摆不定，可用于支持塔利班的军事资源也比较有限。而沙特阿拉伯等国由于受到"伊斯兰国"的威胁，处在美国的压力之下，也不太可能放任自己的一部分国民向对"伊斯兰国"表示同情的塔利班武装提供财政支持，至少这种支持不可能是半公开且大量的。这将对塔利班的战斗力形成明显制约。

综上所述，阿富汗的政局走向和国内和解进程都不令人乐观，有可能产生的后果包括如下几个方面。

（1）虽然阿富汗内战不至于"外溢"到其他国家，但阿富汗大部地区的无政府状态仍将持续。"后2014时代"，阿富汗敌对双方甚至多方展开漫长的夺权斗争是非常可能的。但这种内乱并不会造成阿富汗国土分裂为东南和西北两个部分，阿富汗的统一在各派武装之间是有共识的，各派都不会接受阿富汗的分裂，但又无法消灭对方，就只能陷入长期的割据状态。

割据并不意味着相安无事，阿富汗最终还是要走向统一的。在这一过程中，不可避免地，各派力量都会积极寻求外国支持，特别是财政支持和军事支持，阿富汗出现中长期代理人战争的可能性较大。这是财政经验丰富但政治军事资源非常有限的加尼总统无法解决的，也是很难避免的。

（2）阿富汗将再次成为极端分子的藏匿地，便于极端主义向中亚、南亚和中国输出。特别需要注意的是，阿富汗有可能成为极端分子在西亚（具体而言是指伊拉克和叙利亚）与东亚、南亚之间进行"穿梭圣战"的中继站。西亚的极端团体，如"伊斯兰国"需要招募有经验的武装人员，阿富汗无疑能够提供，而在西亚地区进行过"圣战"的武装人员如果经过阿富汗回流，再次获得战斗力的提升，有可能在东亚、南亚其他国家制造更大规模的暴力事件，扩大极端主义的影响力。

（3）毒品问题将有所恶化，交战各团体利用毒品作为军费来源的动机将不断增强。同时，鉴于阿富汗周边大部分国家的边境控制能力较弱，阿富汗毒品再次大规模"外溢"的防控难度将会加大。

（4）周边国家的地区开发战略将不得不规避阿富汗，使得阿富汗进一步边缘化，同时增大周边国家地区开发战略的成本和风险。

三 阿富汗问题与中国周边战略的关系及中国的可能对策

阿富汗是中国重要邻国，长期内战虽然严重消耗了阿富汗的国力，却没有降低阿富汗的地缘政治价值。中国正在积极推进新型周边合作战略，主要联通中国与中亚的"丝绸之路经济带"以及通往阿拉伯海的中巴经济走廊都不可能完全回避阿富汗和阿富汗问题。

"后2014时代"阿富汗的国际战略价值或将随着美国力量的消退而下降，但其对周边邻国的影响力依然是非常显著的，且由于阿富汗地缘及历史的特殊性，很容易将这种影响力转换为负面的破坏力。阿富汗的政局和安全态势，以及喀布尔执政集团的对外政策与策略，需要引起中方的关注，并提前做好应对阿富汗出现变化的准备。

阿富汗国内政局不稳、和解进程缓慢，甚至陷入长期动荡的可能性是非常现实的。这种情况下，对于包括中国在内的阿富汗邻国来说，既要和喀布尔中央政府保持必要的联系，又要注意建立和地方实力派的关系。两轨并行才能保证有关国家在阿富汗维护自己的利益。阿富汗政局和安全形势的演变与调整，不可避免会对中国的西部安全及丝绸之路经济带建设产生影响。为适应"后2014时代"阿富汗的变化，中国应从地区战略的视角制定全面综合的对阿政策，需要注意如下几个方面的问题。

（一）中阿巴三角关系中坚持以巴基斯坦为首要合作对象

中国应认识到，和巴基斯坦相比，阿富汗在中国的周边战略中居于次要地位。即使在丝绸之路经济带战略框架下思考问题，也不宜为了增大对阿富

汗的影响力而使中巴关系受到影响。毕竟，巴基斯坦对中国西部地区的安全、经济和战略通道价值要更加显著。巴基斯坦是中国在伊斯兰世界唯一的准"盟友"，在巴国内外困难重重的时候，中国更应显示出对巴的战略支持诚意。同时，中国应将中巴关系和中阿关系分别处理，避免陷入非此即彼的困境。

当然，这并不意味着中国应该一味站在巴基斯坦一侧。实际上，阿富汗方面提出的某些观点还是有道理的，比如巴基斯坦军人和强力部门中间阶层的极端化问题。中国不可低估巴基斯坦"齐亚孩子"不听世俗政府和高级军官指挥自行其是的风险。所谓"齐亚孩子"，即齐亚·哈克时期参军入伍的青年军官，这些人接受了齐亚·哈克主导的系统的宗教培养，且在阿富汗战争期间和阿富汗"圣战者"建立了非常密切的关系，这些人现在基本上是准将或上校军衔，对部队的实际部署与作战行动具有极大影响力。他们中倘若少部分对伊斯兰堡要求其打击巴基斯坦塔利班（TTP）及其他极端主义军事团伙的命令持阳奉阴违的态度，或者对"东突分子"在巴基斯坦活动睁一只眼闭一只眼，哪怕只是极少数人，也会对中国的境内外反恐斗争造成程度不同的消极影响。

对此，中国在和巴基斯坦打交道的过程中，既要坚持原则，维护中巴传统友谊，也要密切注意观察巴基斯坦的社会动向，特别是军政关键中层骨干的动向，一方面加强做他们的工作，用中巴友谊传统的战略价值吸引他们；另一方面，也要通过和当前的军政领导集团的密切关系，对巴基斯坦思想上可能"塔利班化"的一部分社会精英保持压力。

（二）适度积极回应阿富汗的需求，避免阿政府产生对华疑虑情绪

对于阿富汗提出的要求，中国不宜不做回应。阿富汗执政集团目前人心涣散，各寻出路的迹象比较明显，不能排除其中一部分人为了显示自己对美国和西方国家的重要性，而在中阿关系上制造事端的可能性。对于这部分人，中国应做好调查摸底的工作，观察其动向，以便做出预警。中国必须充分估计到阿富汗亲美势力仿效缅甸的亲西方非政府组织在美国离开后炒作中

国"掠夺"阿富汗资源问题的可能性。

中国还应考虑到阿富汗政府有可能在美国撤退后,加深与海湾保守王国的关系,以便和塔利班争夺来自海湾的财政资源。如果出现这种情况,阿富汗政府放松对控制区内外国武装人员的管理的可能性是很大的,这会给包括"东突"势力在内的国际恐怖势力在阿富汗藏匿与活动提供更加便利的条件。在反恐问题上,中国对阿富汗的重视应该有所加强,要求阿富汗政府坚定立场,在外交上表达对中国反恐事业的支持,避免喀布尔和部分海湾国家一样在中国反恐问题上发出杂音。

(三)通过"丝绸之路经济带"战略拉近与阿富汗各派尤其是地方实力派之间的关系,借助地方力量维护中国利益

中国推进"丝绸之路经济带"战略无法回避阿富汗的存在。中国一方面可考虑公开表达对阿富汗参与丝绸之路经济带战略的欢迎,并就这一战略与阿富汗的关系及双边合作政策的可能性举行官方及二轨层面的深入交流,为战略造势,并体现中国对阿富汗的重视。另一方面,中国还应针对阿富汗的政治现实,特别注意做阿富汗利益集团的工作,不但在喀布尔培养与中国利益相关的力量,更要在中国利益集中的地方强化人际交往,保证当地的头人、长老、军阀能从中国的经济存在中获得好处,以便在阿富汗今后如出现政治动荡和安全乱局的时候,能够有效维护中国在阿利益。

(四)适度参与重建阿富汗的国际努力,借助多边机制为阿富汗问题的最终解决贡献力量

阿富汗问题随着美军撤退进程的加快,其作为国际性问题的重要性将不可避免地出现下降,而地区特性将逐步凸显。阿富汗问题未来将主要对阿周边国家,如中亚国家、巴基斯坦、中国和印度造成影响。中国需要看到,在阿富汗问题上,所谓中国接替美国成为解决阿富汗问题的主要力量是一个伪命题,中国既没有能力也没有必要在阿富汗问题上发挥主导作用,更谈不上利用阿富汗问题为中美"新型大国关系"增添合作内容。对于一个美国已

经明显不感兴趣的事务，中国即使倾尽全力配合，也不会得到美国在战略层面的回馈。这是毫无疑问的。

然而，这并不意味着中国应该对阿富汗问题袖手旁观。阿富汗局势的变化，毫无疑问将会对中国的西部安全产生影响。中国应该更多从阿富汗问题对中国影响的角度考虑问题，以地区和双边视角看待作为中国邻国之一的阿富汗。具体而言，中国应该更多发挥"伊斯坦布尔进程"等国际多边机制、上海合作组织等地区机制的作用，协同本地区其他关注阿富汗问题的国家，适度积极参与阿富汗的政治发展、民族和解及经济重建事务，坚持不回避责任也不扩大责任的原则。

中国与地区大国关系

Relations between China and the Regional Powers

B.14
中日关系：转型中的博弈与磨合

李成日*

摘　要：	2013年12月，日本首相安倍晋三公然参拜靖国神社，给2012年日本政府非法"购岛"以来恶化的中日关系更加蒙上了一层乌云，使两国关系陷入了"政冷经冷"的紧张状态。安倍政权一方面突破战后数十年以来行使集体自卫权有关的政府解释，进一步迈进"正常国家化"步伐；另一方面高唱"积极和平主义"，积极开展"价值观"外交，对中国的崛起逐步形成重大的外部挑战。目前，中日关系基本上处于战略上的博弈、重新寻求两国关系定位的磨合状态，在短期内难以得到根本性的改善。
关键词：	安倍政权　集体自卫权　中日关系转型　战略博弈　重新磨合

---

* 李成日，博士，中国社会科学院亚太与全球战略研究院助理研究员。

第二次世界大战结束以后，日本长期专心于国内经济发展，通过对宪法第9条①的解释，对行使"集体自卫权"进行了自我约束。1972年10月，日本政府在众议院对"集体自卫权"做出解释："主权国家都拥有国际法规定的集体自卫权，日本当然也不例外。政府的立场是，日本虽拥有集体自卫权，但其行使超出《宪法》对自卫措施的限制，因而不会获得允许。"② 日本政府"虽拥有集体自卫权，而不能行使集体自卫权"的"解释"，是规范战后日本安全战略的核心因素，而且日本社会也通常承认日本并不具备集体自卫权。③ 因此，对安倍政权来讲，为了"摆脱战后体制"，就必须打破行使集体自卫权问题上的"禁区"。

2014年7月1日，日本首相安倍晋三召开内阁会议，正式通过了有关"行使集体自卫权的宪法解释"的决议案，并提出新的"武力行使三条件"：（1）日本遭到武力攻击，或与日本关系密切国家遭到武力攻击时，威胁到日本的存亡，从根本上对日本国民的生命、自由和追求幸福的权利构成明确危险；（2）为保护国家和国民，没有其他适当手段可以排除上述攻击；（3）武力行使限于"必要最小限度"。④ 安倍政权通过变更日本政府过去对集体自卫权问题的宪法解释，终于解禁了战后长期以来对行使集体自卫权的自我限制，此举将加剧日本政治"右倾化"趋势，并进一步推动所谓"正常国家化"进程。

一 政治关系

中国和日本都是东亚地区的主要大国，中日关系的好坏不仅直接影响到

---

① 《日本国宪法》第9条规定："（1）日本国民衷心谋求基于正义与秩序的国际和平，永远放弃以国权发动的战争、武力威胁或武力行使作为解决国际争端的手段。（2）为达到前项目的，不保持陆海空军及其他战争力量，不承认国家的交战权。"
② 日本防卫省编『平成23年版　防衛ハンドブック』、朝雲新聞社、2011年、665-666ページ。
③ 佐藤功『日本国憲法概説（全訂第5版）』、学陽書房、1996年、121ページ。
④ 「国の存立を全うし、国民を守るための切れ目のない安全保障法制の整備について」、『閣議決定？国家安全保障会議決定』、2014年7月1日、日本内閣官房公式サイト、7ページ、http://www.cas.go.jp/jp/gaiyou/jimu/pdf/anpohosei.pdf（検索日期：2014年9月19日）。

地区的和平与稳定，而且会给中国的崛起带来影响。当今中日关系可以说是利益紧密、相互依存日益加深、矛盾错综复杂、竞争与合作并存。中日两国隔海相邻，一衣带水，经贸及地区合作在双方占据重要地位，构成重大利益攸关国家。但是，进入21世纪以来，由于在历史认识、台湾问题、领土主权及海洋权益等问题上相继出现矛盾，尤其是2012年9月"购岛"事件与2013年12月安倍公然参拜靖国神社后，中日关系已陷入建交40年以来最严峻、最紧张的局面。

2012年12月安倍重新执政以来，为了拉拢日本民众对其政治支持，在各种场合上大肆鼓吹"中国威胁论"，诱导日本国内的媒体煽动民族主义情绪，以便更加有效地推动他的政策主张。2013年12月，安倍内阁通过了战后日本首份《国家安全保障战略》和重新修改制定的《新防卫计划大纲》及《中期防卫力量整备计划》（2014～2018年）。《国家安全保障战略》明确提出："中国国防费不断增加且缺乏开放性和透明性"；中国"企图"根据其自身主张，依靠实力改变东海、南海等区域的现状；经常"入侵"钓鱼岛等。① 2014年8月，日本防卫省发布的2014年度《防卫白皮书》中，谴责中国以"高压"态度开展海洋活动，认为中国划设东海防空识别区"可能会导致事态升级，引发不可预料的事态"。② 而且老调重弹"中国威胁论"，称"中国强化军事力量的目的和目标均不明确，与军事和安全保障相关的决策不够透明"，"中国在东海、南海等海空域的活动急速扩大，日显活跃"等，显示出日本有意通过白皮书欺瞒和误导国内外舆论，散布和传播"中国威胁论"，为安倍政权的军事野心和行动提供借口。③

2014年是中日甲午战争爆发120周年。中国在那场战争中惨败于日本，被迫签订不平等条约，割让包括钓鱼岛在内的台湾岛及其附属岛岛屿，付出

---

① 日本内閣官房公式サイト、2013年12月17日、11ページ、http：//www.cas.go.jp/jp/siryou/131217anzenhoshou/nss－j.pdf（检索日期：2014年9月19日）。
② 日本防衛省公式サイト、2014年8月5日、32－45ページ、http：//www.mod.go.jp（检索日期：2014年9月19日）。
③ 《日本2014年版〈防卫白皮书〉居心叵测》，《人民日报》2014年8月6日。

了大量的战争赔款，苦难不堪回首。今日中国已经不是120年前的中国。改革开放以来，中国经过30多年的经济高速增长，正处于综合国力上升时期，在国际舞台上日益发挥越来越重要的作用。对此，日本认为崛起的中国势必打破自己在东亚地区的主导地位和对国际社会的影响力，由此滋生"战略焦虑"，甚至认为中国将构成对其国家安全的军事威胁。

安倍政权上台将近两年，中日关系仍处于恶化状态。中日双方最高领导人没有举行过正式会晤，而安倍执政以来已经与多国领导人举行了大约200次会晤。日本首相安倍一方面多次公开声称，中日关系是很重要的双边关系之一，希望早日举行两国首脑会谈，通过对话改善双边关系，发展"战略互惠关系"。① 另一方面，日本仍然主张钓鱼岛"在国际法上、历史上都是日本固有的领土，目前有效支配"，丝毫不承认存在领土主权争议，② 并且否定中日之间达成长期默认的"搁置争议"原则。目前，中日两国在钓鱼岛争端、东海防空识别区、日本历史教科书、参拜靖国神社、中国倡议设立亚洲基础设施投资银行（AIIB）等诸多问题上接连出现摩擦和对立，并已经形成了结构性矛盾，使中日关系基本上处于一种"战略博弈"状态。

安倍政权企图通过修改《日美防卫合作指针》，进一步加强日美军事同盟体系，促使其能够在海外行使集体自卫权，并在中国周边地区开展所谓"价值观外交"，尽力遏制或延迟中国的崛起。另外，日本利用美国推行亚太"再平衡"战略之机，拉拢美国介入钓鱼岛问题。2014年4月25日，美国总统奥巴马访日之际，同日本首相安倍晋三进行了首脑会谈，并发表了《联合声明》。该声明称，"针对规定美国对日防卫义务的《日美安保条约》，包括尖阁诸岛（即中国钓鱼岛及其附属岛屿）在内，适用于所有处于日本施政权之下的区域"，美方还就目前日本为解禁集体自卫权所做的努力明确

---

① 「平成26年9月29日　第百八十七回国会における安倍内閣総理大臣所信表明演説」http：//www. kantei. go. jp/jp/96_ abe/statement2/20140929shoshin. html（检索日期：2014年9月29日）。
② 2014年7~8月，日本的非营利特定活动法人"言论NPO"和中国日报社共同举办的第10期"中日共同舆论调查"结果显示，64.3%的日本人认为存在领土问题。参见 http：//www. genron－npo. net/pdf/2014forum. pdf（检索日期：2014年9月19日）。

表示"欢迎并支持"。① 这样就大大增加了中日两国通过和平手段解决钓鱼岛争端的难度,给中国的周边安全环境带来新的战略压力。这对实现"中华民族伟大复兴的中国梦"来讲,是一种战略上的严重对抗。因此,即使实现中日首脑会谈,虽然对两国关系进一步恶化起到控制作用,但包括领土争端在内,两国关系在短期内难以得到根本改善。

二 经贸关系

1972年9月中日邦交正常化以来,双边经济关系作为最主要的合作形式,基本上保持了持续而稳定的发展。2007年中国成为日本最大的贸易伙伴,2009年中国超过美国成为日本最大的出口市场。到2011年,据日方统计,中日贸易额达到了最高峰,双边贸易总额为3449亿美元,其中中国自日进口1614.5亿美元,对日出口1834.5亿美元,② 而同时期美国作为日本第二大贸易伙伴,双边贸易总额为1990亿美元,其中日本对美出口1318亿美元,由美进口672亿美元。③

自2012年9月日本政府宣布非法"购岛"以来,中日关系急速恶化,双方贸易也出现了负增长(2012年负增长3.9%)。2013年,中国货物进出口总额为4.16万亿美元,增长7.6%,一举成为世界第一货物贸易大国,也是首个货物贸易总额超过4万亿美元的国家。2013年,中国对美国与欧盟进出口额分别为5591亿美元和5210亿美元,分别增长2.1%和7.5%,而对日进出口下降了5.1%。④ 据中国海关统计,2013年度中日贸易总额为

---

① 日本外务省公式サイト、http://www.mofa.go.jp/mofaj/na/na1/us/page3_000756.html(检索日期:2014年9月19日)。
② 《2011年中日贸易额再创历史新高》,2012年2月17日,商务部驻日使馆经商处,http://www.mofcom.gov.cn/aarticle/i/jyjl/j/201202/20120207971223.html(检索日期:2014年9月19日)。
③ 日本貿易振興機構(JETRO)「2011年度国・地域別情報(米国)」、http://www.jetro.go.jp(检索日期:2014年10月19日)。
④ 《2013年中国对外贸易发展情况》,2014年5月5日,中国商务部网站,http://www.sinotf.com(检索日期:2014年5月5日)。

3125.5亿美元,其中,中国对日出口1502.8亿美元,比上一年同比下降0.9%,由日进口1622.7亿美元,同比下降8.7%。同时期,中国对外出口中的日本比重,由2011年的11.2%降到了2013年的7.5%,位于欧盟、美国、东盟、中国香港之后,居第五位,而韩国和中国台湾的比重上升了很多(韩国占6.6%,中国台湾占4.7%)。另外,日本在中国对外经济关系中的比重日益下降。截至2003年,日本连续11年为中国第一大贸易伙伴,但2004年被欧盟、美国超过,退居第三。2011年日本又被东盟赶超,成为中国第四大贸易伙伴。2012年被中国香港超过。

目前,对中国来讲,日本仍居欧盟、美国、东盟、中国香港之后,是中国第五大贸易伙伴,按国别统计为仅次于美国的第二大贸易伙伴。日本是中国的最大进口国。中国仍为日本的最大贸易伙伴,但钓鱼岛争端导致双边关系"政冷经冷",中国作为日本第一大出口市场的地位2013年又被美国夺回。表1为2005年以来日本对中美两国出口贸易额占总出口贸易额的比重。

表1 2005年以来日本对中美两国出口贸易额占总出口贸易额的比重

单位:%

年份	2005	2006	2007	2008	2009	2010	2011	2012	2013
对华	13.4	14.3	15.3	16.0	18.9	19.4	19.7	18.1	18.1
对美	22.6	22.5	20.1	17.6	16.1	15.4	15.3	17.6	18.5

数据来源:日本贸易振兴机构(JETRO)官网,http://www.jetro.go.jp(检索日期:2014年9月19日)。

目前从对华直接投资的地区与国别来看,日本仍仅次于中国香港、新加坡,居第三位,在国别中日本居第二位。日本对华投资企业数为22790个,占第一位(第二位是美国,20885个),占外商企业总数的7.9%。改革开放以来,日本对华投资逐步增加(参见表2),截至2013年底,日本累计对华投资955.6亿美元,是中国第三大外资来源地。2010年达到投资顶峰以后,投资趋势缓慢,其投资额也年年减少,在对华投资问题上日益采取慎重态度。2012年度日本的对华实际投资额为73.8亿美元,居对华投资第一大国地位（新加坡为第二大投资国，65.4亿美元），但2013年日本对华实际投资为70.6亿美元，同比下降4.3%，与2011年增长49.7%和2012年增长16.3%形成巨大反差。据商务部统计，2014年1～6月，日本对华投资2.4亿美元，与过去相比大幅减少。目前日本对华投资后劲明显乏力，前景堪忧，必然影响今后的双边经济合作。

表2　2007年以来日本对华直接投资情况

单位：百万美元

年份	2007	2008	2009	2010	2011	2012	2013
亚洲	19338	23348	20636	22131	39492	33477	40470
中国	6218	6496	6899	12649	10046	10759	9104

数据来源：日本贸易振兴机构（JETRO）官网，http：//www.jetro.go.jp（检索日期：2014年9月19日）。

2013年，中国对日非金融类直接投资为1.3亿美元，同比下降23.5%，出现两位数的大幅下降。另外，2012年9月日本政府"非法"宣布钓鱼岛"国有化"以后，中国100多个城市出现了反日游行，掀起了抵制日货的自发行动。当年9月日系汽车销售量大幅下降30%～60%，到了2013年1月才恢复到事件前的水平。

总之，中日双方经济依存度很高，合作领域极为宽广，当务之急是节能环保领域的合作。2013年冬季以来，雾霾频繁袭击中国大陆，影响极其严重，今后中国在这方面的投资力度将会加大。日本在环保领域、治理灾害等方面积累了丰富的经验和先进技术，这些领域有望成为两国合作的重要领域，也能够推动改善两国之间的紧张关系。因此，虽然日本对中国经济的影响力日益下降，但中日关系仍然处于"斗则俱伤，和则两利"的结构状态，所以在经济上的合作依然是基本趋势。

三　民间交流

2012年9月"购岛"事件以后，原本火爆的日本旅游也遭到了国内舆论及中国游客的抵制,各家旅行社的对日旅游项目都严重减少或被取消。2012年11月中国赴日旅游人数从8月的19万人大幅降至5.2万人,与上年同期相比下降了43.6%。中国游客在日本接待外国游客中的占比也从2012年的17.1%降至2013年的12.7%,进入2014年以后才得到改善。中国游客访日人员数从2013年8月的162288人增加到2014年8月的253900人,增长了56.5%。2014年1~8月,累计达到1542400人,同比增长了84%,而且大大超过了2013年度的访日人数(1314437人)。① 由此可见,中国游客访日势头很猛,估计会持续增长。2014年8月19日至9月20日,日本政府观光厅为了在国庆连休期间(10月1~7日)吸引中国游客访日,通过北京、大连、沈阳、青岛、上海、杭州、成都、广州、深圳等地的38个旅行社联合举行了广告活动。与此相比,日本来华旅游人数一直处于低位,2013年为287.8万人,同比下降了22.3%。

2014年7月24日至8月10日,日本的非营利特定活动法人"言论NPO"和中国日报社(China Daily)共同举办了第10期"中日共同舆论调查"(中日比较资料)。② 调查结果显示,③ 日本人对中国印象不好的为93%,达到了最坏的数值,印象不好的主要理由是"不守国际行为规范"(55.1%)、"争夺资源"(52.8%)、"纠缠历史问题"(52.2%)、"钓鱼岛问题"(50.4%)。中国人对日本印象不好的为86.8%,与最坏的2012年相比改善了6个百分点。印象不好的主要理由是"钓鱼岛问题"(64%)、"日本没有对侵略历史进行充分的道歉和反省"(59.6%)、"结盟美国围堵中国"(41.8%)等。

但双方都担心目前的情况。对两国关系重要性的肯定回答为,日本人占

---

① 日本政府観光局「访日外国人数(2014年8月)」、日本政府観光局統計、http://www.jnto.go.jp/jpn/news/press_releases/pdf/140917_monthly.pdf、2ページ(检索日期:2014年11月19日)。
② 共有18岁以上的男女2539人(中国人1539人,日本人1000人)做出了有效回答。
③ 日本認定NPO法人言論NPO、中国日報社(China Daily)、[第10回日中共同世論調査](2014年)、2014年9月9日、http://www.genron-npo.net/pdf/2014forum.pdf(检索日期:2014年11月11日)。

70.6%，中国人占65%；而且认为有必要改善现状，日本人为79.4%，中国人为70.4%。同时，赞成加强两国合作关系的，日本人为66.1%，中国人为52.2%。另外，对举行2012年9月以来中断的中日首脑会谈，64.6%的日本人、52.7%的中国人认为有必要，同时对首脑会谈需要议论的议题，45.8%的日本人主张"为了改善关系而有必要广泛议论"，49.2%的中国人认为"有必要议论钓鱼岛问题"。

从上述调查结果看，中日双方民众对对方国家及两国关系的现状极为不满，希望改善目前情况，支持尽快举行两国首脑会谈。需要指出的是，双方的相互不满和不信任大多可能来自两国新闻媒体，尤其是电视媒体的报道起到至关重要的作用。目前，中日关系正处于一个转型期，要克服困难和推动合作，就需要互相正确认识对方，关键在于两国媒体的客观而真实的报道。[①]

另外，加强民间交流和往来是改善中日关系的重要渠道。2014年6月5日，第五届中日友好21世纪委员会在日本长崎举行中日关系研讨会，双方委员围绕中日关系及有关问题坦诚深入地交换了意见，一致认为中日关系十分重要，当前两国关系严峻局面的持续不符合双方利益，两国政府应通过对话磋商妥善处理矛盾分歧，有效管控危机，防止两国关系受到进一步冲击和干扰。[②]

四 结语

安倍政权通过内阁会议决议对宪法的重新解释突破了对行使集体自卫权

[①] 2014年9月22日，外交部部长助理刘建超在会见来华访问的日本朝日电视台社长吉田慎一和日本广播协会（NHK）理事森永公纪时表示，"中日发展长期健康稳定关系符合两国和两国人民根本利益。希望日本媒体全面、客观、平衡报道中国及中日关系，为两国民众加深相互理解、推动两国关系早日重回正轨发挥积极作用"。《外交部部长助理刘建超会见日本媒体负责人》，2014年9月23日，中国外交部网，http：//www.fmprc.gov.cn/mfa_chn/wjbxw_602253/t1193700.shtml。

[②] 《中日友好21世纪委员会在日本召开中日关系研讨会》，新华网，2014年6月6日，http：//japan.xinhuanet.com/2014-06/06/c_133386877.htm（检索日期：2014年9月19日）。

的"禁区",迈出了日本"摆脱战后体制"的关键一步。安倍政府已经开始积极推进行使集体自卫权的具体工作,已在"国家安全保障局"设立了行使集体自卫权相关法的工作组,该小组由内阁官房副长官助理高见泽将林(防卫省出身)、兼原信克(外务省出身)带领,分为联络部门与法律部门,前者负责与内阁官房厅、外务省、防卫省、国土交通省、警察厅等相关部门联络沟通,后者负责研究与武力袭击对策相关的法律问题,成员共30人。①2014年9月3日,安倍晋三改组内阁之际,又专门新设了"安保法制担当相",由防卫大臣江渡聪德兼任新的安保法制担当相,试图在第二任期内完全实现行使集体自卫权的目标。目前,由于日本现有法律都基于往届内阁不得行使集体自卫权的政府解释而制定,因而必须对相关法律进行修改。为此,预计要修改的法律将包括《自卫队法》《周边事态安全确保法》《应对武力攻击事态法》《联合国维和行动合作法》《船舶检查活动法》《国民保护法》《特定公共设施利用法》《海盗应对法》《防卫省设置法》《国家安全保障会议设置法》等10多部法律。这些法律的修改都需要得到国会的通过,所以安倍内阁的2015年政治动向将进一步受到国内政治力量对比变化及舆论的影响。

2015年是中国人民抗日战争胜利及世界反法西斯战争胜利70周年,以此为契机,中俄、中韩将联合举行大型纪念活动,促使日本能够纠正错误的历史认识、深刻反省侵略战争。与此同时,从长期历史角度看,战后中日邦交正常化和友好合作是来之不易的,所以要高瞻远瞩看待两国关系的健康发展,并且把日本右翼分子同广大日本人民区分开来,最大限度地争取日本民众的理解和认识。

中国外交部长王毅在2014年8月出席东亚合作系列外长会议期间和在9月出席联大会议期间,同日本外相岸田文雄进行了非正式接触,双方就如何改善中日关系交换了意见。由此,中日双方开始有所接触。11月7日,国务委员杨洁篪同来访的日本国家安全保障局局长谷内正太郎举行会谈,就

---

① 「集団的自衛権行使、関連法案準備へ NSCに担当チーム」、『朝日新聞』、2014年7月2日。

处理和改善中日关系达成四点原则共识。① 10 日，国家主席习近平会见了来华出席亚太经合组织领导人非正式会议的日本首相安倍晋三。

当前，中日关系虽然仍处于可控状态，但是两国关系受制于各种矛盾和障碍，尤其是安倍政府的对华战略也一时难以进行根本性的调整，所以中日关系近期不会很快得到根本改善。尽管如此，中日关系的改善或稳定，将逐步取决于中国和平发展的速度和综合国力的增强，这是因为，中国的崛起是影响地区和平和发展的最重要因素，如果中国比较顺利地实现"中国梦"，进一步在东亚地区做出更大贡献和增强影响力，那么日本也不得不调整和改善对华关系。因此，中日关系的和平与发展，虽然从表面上受到日本国内政治右倾化的影响而出现种种矛盾，但归根结底来看，最终会取决于中国的发展和真正的强大，而且随着中国日益全面而均衡的发展，中日关系将会进一步得到改善和稳定。

---

① 第一，双方确认将遵守中日四个政治文件的各项原则和精神，继续发展中日战略互惠关系；第二，双方本着"正视历史、面向未来"的精神，就克服影响两国关系政治障碍达成一些共识；第三，双方认识到围绕钓鱼岛等东海海域近年来出现的紧张局势存在不同主张，同意通过对话磋商防止局势恶化，建立危机管控机制，避免发生不测事态；第四，双方同意利用各种多双边渠道逐步重启政治、外交和安全对话，努力构建政治互信。中国外交部网站：http://www.fmprc.gov.cn（检索日期：2014 年 11 月 10 日）。

B.15
中韩关系的现状及其走向探析

李永春*

摘　要： 在东北亚局势因受到日本日益右倾化、日朝突然接近等因素的影响产生新变化的背景下，中国国家主席习近平对韩国进行国事访问，取得了丰硕成果，提升了中韩双边合作水平，促进了互利双赢，对两国关系实现新的飞跃具有里程碑意义。虽然双方在一些问题上分歧依旧，但"四个伙伴"的提出极大地丰富了中韩战略合作伙伴关系的内涵，也为今后两国关系的健康发展确立了新的目标。目前，中韩关系的发展迎来了大好时机，如何为两国关系的进一步发展注入新的动力，是双方面临的共同课题。为此，最重要的是要做到"四个坚持"。

关键词： 中韩关系　四个伙伴　四个坚持

2014年7月3～4日，中国国家主席习近平应邀对韩国进行了国事访问。由于正值东北亚局势因受到日本日益右倾化、美日同盟加强、日朝突然接近等因素的影响产生了新变化，所以习主席此次访韩受到有关国家的高度关注。这不仅提升了中韩双边合作水平，促进了互利双赢，而且拓展了中韩合作的空间和舞台，取得了丰硕成果。本文将首先分析当前东北亚局势出现的新变化，继而围绕习主席访韩取得的成果论述中韩关系现状，最后对今后中韩关系的走向进行展望。

---

* 李永春，博士，中国社会科学院亚太与全球战略研究院助理研究员。

一 东北亚局势的新变化

随着中国的崛起，东北亚地区的力量格局正在发生变化，围绕中韩关系的外部环境同时存在两种因素：既有中美关系、美韩关系、中朝关系、朝美关系、韩朝关系等持续因素，也有中国外交理念的创新、韩国外交政策的调整、日本右倾化、日朝关系的改善等变化因素。这些因素，尤其是新的变数，对中韩关系的发展将产生重要影响，需要中韩两国进一步加强合作、共同应对，携手迈向未来。

第一，中国外交理念的创新。中国新一届政府执政以来，崛起的中国将如何调整对外政策引起了国际社会的广泛关注。中国政府非常重视外交理论和实践的创新，相继提出了一系列新的外交理念和举措。比如构建新型大国关系，就是要打破大国之间冲突、对抗的历史宿命，走出一条合作共赢、惠及各方的当代新路。这体现了中国处理大国关系的新思维，也体现了中国对国际社会的责任和担当。又如提出"亲、诚、惠、容"的周边外交理念，就是为了进一步展示中国对邻国的诚意和善意，愿意同周边国家一道打造命运共同体。这是中国周边睦邻政策的新发展，也展现了中国开放和包容的胸襟。再如树立正确的义利观，就是要在同发展中国家打交道的时候，坚持道义为先，更好地重视和照顾他们的需求。① 此外，5月21日在上海召开的亚洲相互协作与信任措施会议第四次峰会上，中国国家主席习近平提出了"亚洲新安全观"，强调中国将同各方一道，积极倡导共同、综合、合作、可持续的亚洲安全观，搭建地区安全和合作新架构，努力走出一条共建、共享、共赢的亚洲安全之路。② 上述新的外交理念和举措均传承了中国对外交往的优秀品格，表明了中国不仅自己坚持走和平发展道路，也希望与其他国家共同走和平发展道路的愿望。韩国是中国的重要邻国，韩国如何解读中国

---

① 《外交部部长王毅就中国外交政策和对外关系答记者问》，新华社北京2014年3月8日电。
② 吕岩松：《亚洲相互协作与信任措施会议第四次峰会在上海举行》，《人民日报》2014年5月22日。

的上述外交新理念并做出何种回应,将关系到今后中韩关系的进一步发展。

第二,韩国对外政策的调整。朴槿惠执政以来,韩国政府对东北亚及朝鲜半岛局势进行了重新评估,对李明博政府的对外政策进行了相应调整,推出了一系列新的外交举措。比如"半岛信任进程",其内涵是,以牢固的安保为基石,通过建立韩朝互信,维护朝鲜半岛的持续和平,实现韩朝关系正常化,进而为实现朝鲜半岛的统一奠定基础。① 又如"东北亚和平合作构想"。该构想主张东北亚国家先从环境、能源安全、核能安全、救灾、网络问题等非传统性安全议题着手,通过形成多边对话与合作惯例建立互信,通过构建区域内合作机制确保可持续和平与繁荣的基础,并引导朝鲜融入国际社会,为解决朝核问题做出积极的贡献。② 再如"欧亚倡议",其主要内容是通过欧亚地区国家之间的经济合作,形成经济共同体,并促使朝鲜实行开放,构建朝鲜半岛的和平局面,其目标是将欧亚建成"团结的大陆"、"创造的大陆"与"和平的大陆"。③ 此外,还有"德累斯顿构想"。2014年3月,朴槿惠在德国德累斯顿工业大学发表题为"朝鲜半岛和平统一构想"的主旨演讲中,向朝鲜提出三大倡议,即优先解决南北关系中的人道主义问题、为韩朝共同繁荣构建民生基础设施、恢复韩朝民众之间的认同感,以期作为朝韩构建互信的第一步,为统一奠定基础。④ 从上述外交新举措中可以看出,"信任外交"是朴槿惠政府外交政策的核心概念,包含着韩朝之间的信任、国家与国民之间的信任、韩国与国际社会之间的信任。能否取得中国等相关国家的支持与合作,将直接关系到韩国政府的上述外交新举措是否能够顺利实施,从而实现预期目标。

第三,日本政治日益右倾化。近年来,日本政治日益呈现出右倾化倾向,尤其是安倍政府上台以来,代表右翼势力要求,推动所谓的"普通国

---

① 详细内容请参见韩国统一部发行的《韩半岛信任进程》。
② 详细内容请参见韩国外交部发行的《东北亚和平合作构想》。
③ 《朴槿惠总统提出欧亚倡议》,青瓦台,2013年10月18日,http://www1.president.go.kr/news/newsList.php?srh[view_mode] =detail&srh[seq] =277。
④ 《朴槿惠在德累斯顿工大发表演讲 提出对朝三大提议》,韩联社德累斯顿3月28日电,http://chinese.yonhapnews.co.kr/newpgm/9908000000.html?cid=ACK20140328004000881。

家化"进程,妄图挑战战后国际秩序。其一,否定侵略战争罪行。日本右翼势力一直试图否认或篡改这些历史事实,他们参拜靖国神社,修改历史教科书,公然抛出"侵略定义未定论""慰安妇必要论",否认"南京大屠杀"等,妄图在世界舆论和日本年青一代意识中淡化日本发动侵略战争的罪行。其二,修改和平宪法。战后制定的《日本国宪法》由于规定日本永远放弃发动战争和以武力作为解决国际争端的手段、不能拥有进攻性军事力量而被称为和平宪法。日本右翼势力一直谋求修改宪法,以突破对日本拥兵和出兵的限制,企图将自卫队变为国防军,为发展成军事和政治大国做好法律准备。其三,增加军费,扩军备战。《波茨坦公告》明确禁止日本保持能够再次发动战争的军事力量。1976 年三木内阁为了确保日本和平发展做出决定,日本的军费预算不得超过当年国民生产总值的1%。而 1987 年,日本政府正式决定废除这一限额,致使日本军费开支急剧上升,2014 财年国防预算高达 48848 亿日元。[①] 安倍政府在军事政策上动作频频:修改《防卫计划大纲》,删除了"建设有节度的防卫力"的表述,明确提出要"提升日本军事能力";推出《中期防卫力量整备计划》,不断提高自卫队的机动性和进攻性;又提出取代"武器出口三原则"的"防卫装备转移三原则",大幅放宽日本对外输出武器和军事技术的限制;集体自卫权的解禁则使日本几乎可以把军事行动扩大到全球范围。而国力渐衰的美国为了利用日本牵制中国,在钓鱼岛争端、解禁集体自卫权等问题上对日本给予支持。日本政治的日益右倾化及美国的一味纵容不仅给日本国家的未来发展带来变数,也将为亚洲及国际地缘政治带来新变数。

第四,日朝关系的改善。二战结束至今已近 70 年,但日朝两国仍处于敌对状态,朝鲜是日本在联合国所有成员国中唯一尚未建交的国家。但出乎许多人的意料,近来日朝关系有突破性发展。5 月 29 日,在瑞典斯德哥尔摩举行的日朝外务省局长级磋商结束后,双方宣布就重启"绑架问题"全

---

① 吴恩远:《〈开罗宣言〉与战后日本的履行》,中国新闻网,2014 年 9 月 7 日,http://www.chinanews.com/gj/2014/09 - 07/6569797.shtml。

面调查一事达成协议。朝方承诺就1945年前后在朝鲜境内身亡的日本人遗骸及包括留在朝鲜的日本人、日本人配偶、绑架受害者和下落不明者在内的所有日本人进行全面调查；为对所有对象具体认真地进行调查，成立特别授权的"特别调查委员会"，随时向日方通报调查和确认情况。日方表示将在朝方成立"特别调查委员会"并启动全面调查的同时，解除对人员来往的限制、特别针对朝鲜采取的汇款及携带金额限制措施、对朝鲜国籍船只以人道主义为目的进入日本港口的禁止措施。① 7月3日，日本政府向媒体宣布，鉴于朝方为协助调查"绑架日本人事件"专门设立"特别调查委员会"，且该机构被赋予调查特别权限，日方认为这一安排有助于展开富有成效的调查，因此积极评估朝方举动，决定解除单边制裁，包括：（1）取消禁止朝鲜国籍持有者进入日本和要求自行避免由日本进入朝鲜等限制；（2）向朝鲜携带现金时需申报的金额由10万日元以上提高到100万日元以上，向朝鲜汇款时必须报告的金额由300万日元以上提高到3000万日元以上；（3）解除禁止朝鲜籍船只进入日本港口的限制，但仅限于人道主义目的。②

目前，在中韩关系日益热络的情势下，日本和朝鲜均具有缓和两国关系以拓宽外交空间的战略需求。在目前纷繁复杂的东北亚局势下，日朝两国彼此走近，不仅可能会引起一系列双边关系的变化，而且可能会在某种程度上引发东北亚地区格局的重组。

二 中韩关系现状

中韩建交22年来，双方关系在政治、经济、文化等各领域实现了跨越式发展，两国成为名副其实的利益共同体，也为国际社会树立了国家关系发展的典范，尤其是2013年和2014年中韩两国首脑的互访，推动两国关系迈上了新台阶，更上一层楼。"四个伙伴"，即"实现共同发展的伙伴、致力

---

① 《朝日两国政府在会谈达成共识的内容》，朝中社平壤5月30日电。
② 《基于5月日朝协议，我国解除对朝部分制裁》，日本外务省，2014年7月4日，http://www.mofa.go.jp/mofaj/a_o/na/kp/page3_000842.html。

地区和平的伙伴、携手振兴亚洲的伙伴、促进世界繁荣的伙伴"① 的提出，进一步丰富了中韩战略合作伙伴关系的内涵，为两国关系发展树立了新目标，也注入了新动力。双方一致认为，习近平主席此次对韩国的国事访问，对两国关系实现新的飞跃具有里程碑意义。② 中韩两国首脑签署了《中华人民共和国和大韩民国联合声明》和附属文件，两国还签署了12项重要协议，确定了90余项合作事项。③ 习近平主席的此次访韩之旅取得了丰硕成果，主要表现在以下几个方面。

第一，进一步加强了两国在政治、安全领域的战略沟通。首先，在政治、安全领域构筑了高水平战略沟通关系。两国首脑之间的深厚信任和密切沟通是两国关系发展的宝贵财富。双方商定，今后将两国元首互访机制化，继续在多边场合举行会晤，并通过互致信函、互通电话等方式，保持和加强战略沟通。双方再次确认，按照业已达成的共识，实现中国主管外交的国务院负责人和韩国青瓦台国家安保室长对话机制化，继续推动两国外交部长每年例行互访，推动两国外交安全对话机制化。此外，在安全领域，双方决定继续开展两军高层往来和国防战略对话，保持各层次各领域团组互访，开展青年军官互访交流，扩大专业领域务实合作，尽快开通两国国防部直通电话，不断增进相互了解与信任，为维护本地区的和平与稳定做出贡献。其次，扩大了两国在政治、安全领域的战略沟通渠道。双方商定，加强政府各部门、议会、政党、智库间的交流；通过中韩议会定期交流机制、国家政策研究机构联合战略对话等渠道，不断加强各领域战略沟通；积极推进两国政党间政策对话；设立两国政府官员和学界等民间专家共同参与的1.5轨对话机制，探讨进一步发展中韩战略合作伙伴关系的方案。双方商定，定期举行

---

① 《中华人民共和国和大韩民国联合声明》，新华网首尔7月3日电，http：//news. xinhuanet. com/world/2014 – 07/03/c_ 1111449615. htm。
② 杜尚泽：《聚天时地利人和 谋和平发展合作——外交部长王毅谈习近平主席对韩国进行国事访问》，《人民日报》2014年7月5日；《习近平访韩成为韩中关系里程碑》，《中央日报》2014年7月3日。
③ 具体内容见《中华人民共和国和大韩民国联合声明》附件，新华网，2014年7月4日，http：//news. xinhuanet. com/world/2014 – 07/04/c_ 126707452. htm。

由引领两国未来的青年精英参与的"中韩青年领导者论坛"。与此相关,双方将从 2015 年起 5 年内每年邀请 100 名对方国家青年精英互访。此外,双方再次确认,两国海域划界对推动两国关系长期稳定发展与海洋合作十分重要,商定于 2015 年启动海域划界谈判。①

第二,扩大了面向未来的战略性经贸和产业合作。目前,中国已经成为韩国最大贸易伙伴、最大出口市场、最大进口来源国、最大海外投资对象国,韩国也是中国最重要的贸易和投资合作伙伴之一。2013 年双边贸易额达 2742 亿美元,是建交之初的 55 倍。② 习近平主席此次访韩提升了中韩在经贸领域的双边合作水平,促进了互利共赢。其一,双方积极评价两国为达成一个高水平和全面自贸协定所取得的进展,并承诺进一步努力在年底前完成谈判。按照这一目标,两国政府协商将实现 90% 的商品项目数与 85% 的进口金额的自由化。③ 这不仅非常有利于深化中韩经贸合作,而且从长远看,也有利于建立东亚经济共同体。其二,鉴于推动本币结算有利于促进两国经贸合作,双方同意致力于建立人民币对韩元直接交易机制,在韩国首尔建立人民币清算安排,中方同意给予韩方 800 亿元人民币合格境外机构投资者(RQFII)额度。金融领域合作的深化,不仅有利于促进两国的贸易和投资,而且对各经济领域的合作大有裨益。其三,为实现 2015 年双边贸易额 3000 亿美元的目标,双方决定更好地对接各自发展战略,锁定新能源、电子通信、智能制造、环境、高技术、绿色低碳等战略新兴产业为新的合作增长点,这为中韩经济关系向中高端合作迈进指出了方向。④

第三,就朝鲜半岛核问题和朝鲜半岛统一问题达成广泛共识。首先,就

---

① 《中华人民共和国和大韩民国联合声明》,《人民日报》2014 年 7 月 4 日;《中华人民共和国和大韩民国联合声明》附件,新华网,2014 年 7 月 4 日,http://news.xinhuanet.com/world/2014 - 07/04/c_ 126707452. htm。
② 江冶:《中韩深化战略合作伙伴关系的重要里程碑》,《新华每日电讯》2014 年 7 月 3 日。
③ 董小娇:《中韩关系将实现第二次飞跃——专访韩国驻华大使权宁世》,新华网,2014 年 7 月 18 日,http://news.xinhuanet.com/world/2014 - 07/18/c_ 126735988. htm。
④ 《中华人民共和国和大韩民国联合声明》附件,新华网,2014 年 7 月 4 日,http://news.xinhuanet.com/world/2014 - 07/04/c_ 126707452. htm。

朝鲜半岛核问题，双方在联合声明中再次确认了反对朝鲜半岛核武器开发的坚定立场，两国首脑就此达成以下4点重要共识：实现半岛无核化，保持半岛和平稳定，符合六方会谈成员国的共同利益，有关各方应通过对话协商解决以上重大课题；六方会谈成员国于2005年9月19日达成的共同声明和联合国安理会有关决议应予切实履行；为实现半岛无核化，有关各方应继续坚持不懈地推进六方会谈进程，在这个进程中，各方应本着相互尊重的精神，加强双边和多边的沟通与协调，解决符合《9·19共同声明》的有关各方关心事项；六方会谈成员国应凝聚共识，为重启六方会谈创造条件，双方支持六方会谈团长以多种形式进行有意义的对话，为推动半岛无核化取得实质进展做出努力。其次，就朝鲜半岛统一问题，韩方表示，希望通过"半岛信任进程"构建韩朝互信，以推动韩朝关系的发展，维护半岛和平。韩方强调，将致力于解决韩朝人民人道主义问题，进行民生领域基础设施建设以促进南北共同繁荣，恢复南北双方民族认同感，为实现半岛和平统一和东北亚的共同繁荣做出贡献。中方积极评价韩方致力于改善南北关系，并表示支持半岛南北双方通过对话改善关系，开展和解合作，尊重朝鲜民族实现半岛和平统一的意愿，支持半岛最终实现和平统一。①

第四，人文交流的深度和广度不断深化和扩大。建交以来，中韩两国之间的人文交流非常活跃，目前两国互为最大海外旅行目的地国、最大留学生来源国，每周往返于中韩之间的航班达800多个。2013年，中韩人员往来达822万人次，不出两年就有望突破年度人员往来千万人次。② 促进人文交流，加深交往，增加理解，中韩友谊将有更坚实的民意基础。双方商定，通过中韩人文交流共同委员会进一步促进人文领域合作。为此，双方共同推进2014年度19个人文纽带具体项目，2014年下半年举行中韩人文交流共同委员会第二次会议。为鼓励两国国民互访，双方商定将2015年确定为韩国的"中国旅游年"，将2016年确定为中国的"韩国旅游年"，共同致力于到

---

① 《中华人民共和国和大韩民国联合声明》，《人民日报》2014年7月4日。
② 习近平：《风好正扬帆》，《人民日报》2014年7月4日。

2016年实现两国全年人员往来达到1000万人次的目标。为便利人员往来，双方签署《中华人民共和国与大韩民国领事协定》，并就互免持公务护照人员签证协定案文达成一致。青少年是国家的未来，是构建文化沟通桥梁的主人公，促进两国青少年交流意义重大。目前，在韩的中国留学生和在华的韩国留学生总数近13万人。① 双方将致力于提高两国现有1000名青少年互访交流的效果，丰富和充实两国青少年交流，并商定继续将之扩大。双方商定，通过各种渠道鼓励两国更多优秀青年到对方国家学习进修，致力于继续扩大两国间留学生的流动规模。这对两国青少年来说，是不折不扣的利好。此外，双方还商定继续加强两国公共外交合作，推进文化产业领域研究及项目合作，进一步扩大两国地方政府间的交流与合作，支持两国有关机构开展大熊猫合作研究。②

三 中韩关系的未来走向

作为国家主权象征的外交行为中，首脑外交是外交关系中层级最高的双边与多边交往形式。借助这一形式，对外政策的最高决策者可以避开繁文缛节，甚至可以通过个人友谊来化解危机与矛盾，推动国家间的和解与合作，有效提升双边或多边关系的发展。2013年6月韩国总统朴槿惠应邀访华。在这次被称为"心信之旅"的访华之行中，双方的战略互信得到有效提升。习近平主席此前曾三次访韩，这次出访是就任国家主席后首次访韩，并且是专程访问，充分显示出中国对中韩关系、地区稳定及共同关切的诸多议题的重视。在东北亚局势出现新变化成为舆论焦点的背景之下，习主席访韩能够引领中韩战略伙伴关系的发展，推动半岛和平与发展，以及稳定东亚地区局势。这对于进一步深化和巩固中韩两国的战略伙伴关系，落实周边命运共同

---

① 董小娇：《中韩关系将实现第二次飞跃——专访韩国驻华大使权宁世》，新华网，2014年7月18日，http://news.xinhuanet.com/world/2014-07/18/c_126735988.htm。

② 《中华人民共和国和大韩民国联合声明》附件，新华网，2014年7月4日，http://news.xinhuanet.com/world/2014-07/04/c_126707452.htm。

体的倡议,为地区和平与稳定提供积极的正向推动,可谓意义重大。

虽然习近平主席访韩取得了丰硕成果,目前的中韩关系正处于建交以来的最好时期,但我们也看到,双方在半岛问题、韩美同盟等方面依然存在着分歧和矛盾,这对中韩关系的健康发展产生了不利影响。

第一,双方就朝鲜半岛无核化的实践方式仍存在分歧。在联合声明中,双方再次确认了反对朝鲜半岛核武器开发的坚定立场,并就此达成4点重要共识:一致强调实现半岛无核化,维护半岛和平稳定的目标,一致强调应遵守履行六方达成的《9·19共同声明》,一致强调坚持推进无核化进程,解决各方关切,一致强调为重启会谈凝聚共识创造条件。① 但是围绕着具体的实践方式,双方仍存在意见分歧。鉴于李明博政府时期僵化的南北关系,朴槿惠政府一直致力于推动"半岛信任进程""东北亚和平合作构想""德累斯顿构想"等外交政策,强调通过对话增进信任以改善南北关系。但同时又与美国保持一致,强调朝鲜要在实现无核化方面做出有诚意的行动,即"先弃核,后对话",为六方会谈设置前提条件。中方则一贯主张有关各方应该保持耐心,通过积极对话和接触,逐步积累互信,照顾各方关切,在六方会谈的框架内解决朝鲜半岛核问题。双方的这种分歧对中韩关系产生了不利影响。一项韩国民调报告显示,对2013年的中韩首脑会谈,有75.7%的受访者持肯定态度,而2014年首脑会谈虽然在韩国举行,但这一比率降至64.8%,究其原因,该报告认为,对韩国国民最关心的"朝核问题",此次两国发表的联合声明依然只强调"半岛无核化",没有明确提出"不允许朝鲜拥核",并无实质性变化,韩国国民对此深感失望。② 而韩国政界、学界中也不乏持这种观点的人。

第二,韩美同盟的强化与发展中韩战略合作伙伴关系之间的矛盾。朴槿惠政府执政以来,在继续加强韩美关系的同时,也高度重视发展韩中关系,试图在中美之间进行均衡外交。但对韩国来说,其整个外交政策的基础依然

---

① 《中华人民共和国和大韩民国联合声明》,《人民日报》2014年7月4日。
② 金智允等:《习近平访韩成果与课题》,韩国峨山政策研究院,2014年7月14日。

是韩美同盟关系,而对于韩国人而言,美国依然是最为可靠的盟友。一项韩国民调报告显示,对于"韩国应与哪国加强合作"的提问,受访者中59.6%选择了美国,远远超出选择中国的人(24.9%)。而对安全合作问题,受访者中59%选择了"韩美日安全合作",只有26.5%的人选择了"韩中安全合作"。此外,近来,美国多次要求韩国加入美国主导的导弹防御体系,引起中国方面的安全担忧。对此,韩国国防部发言人在7月21日举行的例行记者会上,就中国反对在半岛部署末端高空区域防御系统(THAAD)一事表示,若THAAD部署在半岛,因防御范围不超过半岛,与中国并无很大关联,如果美国政府正式提出要求,韩方将会讨论该问题。① 而对于中国提出的"亚洲新安全观""设立亚洲基础设施投资银行""构建一带一路"等倡议,韩国人认为中国的目的是要在欧亚大陆排挤美国的影响力以确保中国的主导地位,给韩国外交出了难题,担心中韩过于亲近会引起美国的不满。② 可见,韩美同盟的加强对进一步深化中韩关系形成了阻碍。

中韩关系的未来走向,是相关国家关注的重要问题。对此,《中华人民共和国和大韩民国联合声明》提出,中韩作为东北亚地区的重要近邻和伙伴,要成为实现共同发展的伙伴、致力地区和平的伙伴、携手振兴亚洲的伙伴、促进世界繁荣的伙伴。③ "四个伙伴"的提出,不仅更加丰富了中韩战略合作伙伴关系的内涵,也为今后两国关系的健康发展确立了新的目标。

目前,中韩关系的发展迎来了大好机遇,如何为两国关系的进一步发展注入新的动力,是双方面临的共同课题。综观中韩关系发展历程,有诸多经验需要中韩两国认真总结、继承和发扬。对此,习主席指出,最重要的是要做到四个坚持:一是坚持睦邻友好,增强相互信任;二是坚持互利合作,强

---

① 《韩国防部:韩半岛部署THAAD与中国并无很大关联》,《联合新闻》2014年7月21日。
② 金兴圭:《习近平主席访韩给韩国外交出了难题》,《朝鲜日报》2014年7月7日;李熙玉:《习近平主席访韩与韩中关系的"四个坚持"》,《成均中国观察季刊》2014年第3期。
③ 《中华人民共和国和大韩民国联合声明》,新华网首尔7月3日电,http://news.xinhuanet.com/world/2014 - 07/03/c_ 1111449615. htm。

化利益融合；三是坚持和平稳定，守护共同家园；四是坚持人文交流，搭建友谊桥梁。①

习近平主席的此次访韩之旅，已成为中韩增强战略互信的一个新起点。以此为契机，中韩关系必将在诸多领域开创合作的新局面；在国家层面、社会层面乃至个人层面推动中韩立体外交新格局的建构与发展；在两国良性互动的基础上，有效推动半岛和平与发展，为地区稳定与繁荣注入强大动力。

---

① 习近平：《风好正扬帆》，《人民日报》2014年7月4日。

B.16
大选后的印度尼西亚与中国关系

许利平*

摘　要： 2014年，印度尼西亚举行了大选，产生了新一届议会与政府。大选后，印度尼西亚政坛呈现出新的政治格局，即"朝小野大"，这将对新政府施政造成明显阻力。同时，印度尼西亚新政府还面临贫富悬殊、能源问题、粮食问题和东盟一体化等挑战。基于印度尼西亚作为新兴经济体崛起的强大推动力，以及中国提出的"共建21世纪海上丝绸之路"倡议的感召力，中国和印度尼西亚的关系将上升势头不可阻挡。

关键词： 大选　中国　印度尼西亚　全面战略伙伴关系　21世纪海上丝绸之路

2014年4月和7月，印度尼西亚分别举行了议会选举和总统选举，10月产生了新一届国会、地方理事会和人民协商会议及新一届政府。尽管存在选举纷争，但印度尼西亚各派政治力量基于尊重现有法律框架，实现了政权的平稳过渡。那么，大选之后的印度尼西亚将面临怎样的政治新格局？印度尼西亚新政府有哪些施政特点？未来中国和印度尼西亚的关系将走向何方？

一　大选后印度尼西亚政治新格局

大选后，印度尼西亚产生了新的国会，组成了十大派系，形成了朝野两

---

* 许利平，中国社会科学院亚太与全球战略研究院研究员。

大阵营,即代表反对派势力的红白联盟和支持政府的辉煌联盟。红白联盟占有国会2/3的议席,而辉煌联盟只占国会1/3的议席(见表1)。红白联盟由在总统大选中支持一号候选人普拉波沃的政党组成,而辉煌联盟则由支持二号总统候选人、新任总统佐科·维多多的政党组成。根据修改后的议会领导人产生办法,来自国会第二大党——专业集团党的财务总管塞迪雅当选国会议长,其他四位副议长分别来自民主党、大印度尼西亚运动党、繁荣正义党和国民使命党,红白联盟推出的所有议长候选人占据了国会全部领导职位。

表1 2014~2019年印度尼西亚国会各政党的议席分布

序号	政党名称	所占国会议席	所属联盟
1	民主斗争党	109	辉煌联盟
2	专业集团党	91	红白联盟
3	大印度尼西亚运动党	73	红白联盟
4	民主党	61	(亲)红白联盟
5	国民使命党	49	红白联盟
6	民族复兴党	47	辉煌联盟
7	繁荣正义党	40	红白联盟
8	建设团结党	39	红白联盟
9	民族民主党	35	辉煌联盟
10	民心党	16	辉煌联盟
合计		560	

资料来源:印度尼西亚国会网站,http://www.dpr.go.id/id/anggota/p2014。

而印度尼西亚的人民协商会议,由国会560名代表和地方理事会132名代表组成。在人民协商会议的领导层选举中,红白联盟以17票的优势获得所有政党派系的领导层职位。来自国民使命党的祖尔基弗利·哈桑当选为人民协商会议主席,而来自专业集团党、民主党、繁荣正义党和地方理事会的代表当选为副主席。

根据印度尼西亚宪法,总统拟任命的国民军总司令、全国警察总长、部

长、驻外大使等需要国会批准，而所有法律需要国会和政府共同制定，在国会通过才能生效。因此未来新政府的施政可能会遇到来自国会的阻力。

人民协商会议是印度尼西亚最高权力机关，有权修改宪法和对总统进行弹劾。在进入民主改革以后，印度尼西亚的前总统瓦希德就是通过人民协商会议被弹劾下台的。从目前的政治新格局来看，红白联盟可能还没有充分做好准备承认总统失败的结果。2014年8月9日，普拉波沃的弟弟哈希姆·佐约哈迪库苏莫在接受路透社采访时表示，"我们将用力量调查和抗衡佐科·维多多。佐科·维多多涉及雅加达1.1万亿盾的公共汽车购买贿赂案和梭罗市教育预算资金挪用案"。[1] 不过，来自红白联盟的领导人法德利·棕并不认同，"那是哈希姆个人的观点，并不代表红白联盟的观点"。[2] 红白联盟的其他成员也并不认同哈希姆·佐约哈迪库苏莫的观点，他们更关注在未来5年对一些过于宽松的法律条文进行修改，比如矿产法和银行法等。

但是根据第四版《印度尼西亚1945宪法》，弹劾总统需要宪法法院对总统犯罪事实的认定，并且需要人民协商会议3/4的议员出席，2/3的议员支持。而人民协商会议的议员中，支持佐科总统的辉煌联盟成员远远超过1/4，只要这些议员在弹劾案件中缺席，弹劾案就难以成立。因此，红白联盟试图用弹劾案来推翻总统的愿望只是一种假想，除非修改宪法，但修改宪法是一个漫长而复杂的过程。

此外，虽然红白联盟的各政党签署了政党联盟的协议，其内容对各政党具有一定的约束力，但政治上没有永远的朋友，只有永远的利益，不排除在未来红白联盟有出现变化甚至解体的可能。比如在人民协商会议领导层的选举中，来自红白联盟的建设团结党派系就支持辉煌联盟提出的候选人。未来印度尼西亚新政治格局是否稳定，还要看新政府成立6个月之后各个政党的人事变动情况。因为6个月后，印度尼西亚许多政党将召开党代会，改选领

---

[1] http://news.detik.com/read/2014/10/08/164003/2713315/10/hashim-djojohadikusumo-kami-akan-pakai-power-untuk-hambat-jokowi?n991102605.

[2] http://news.detik.com/read/2014/10/09/103625/2713877/10/2/keinginan-hashim-hambat-jokowi-dan-tekad-prabowo-i-will-never-surrender.

导层,而未来各个政党新的领导层也许会改变现有的结盟政策,毕竟加入执政联盟当选部长的诱惑太多。

二 新政府的施政特点

2014年10月26日,印度尼西亚新政府宣布成立。新政府被称为"工作内阁",由34个部组成,其中有4个统筹部。34个部长,20位是专业人士,14位来自支持政府的辉煌联盟政党和建设团结党,专家治国是新政府施政的一大特点。

(一)"新老结合"领衔新政府

印度尼西亚新政府由新任总统佐科·维多多和副总统尤素福·卡拉领衔组成。佐卡组合被称为"新老组合",当地媒体把其与奥巴马—拜登组合相提并论。从二人的出生和经历来看,佐卡组合具有一定的互补性。

佐科·维多多出生于1961年6月,在中爪哇梭罗的一个平民家庭长大。他毕业于卡查玛达大学林业系,在其父亲的影响下从事家具生意,成为一个成功的家具商人。2005年,他作为斗争民主党的候选人成功竞选梭罗市长。2005~2010年,他将梭罗市从一个脏乱城市打造成一个管理有序、整洁干净的城市,并成为国外大学的教学研究模板。

2010年,他以超过90%的得票率成功连任。2012年,世界城市联合会表彰佐科把梭罗这个高犯罪率城市打造成文化艺术中心,并吸引众多国际旅游者来访的贡献,评其为全球最佳市长前三甲。2012年,他又参加雅加达省长竞选,结果成功当选。在出任雅加达省长期间,他对穷人推行健康卡和智慧卡,并改善雅加达的防洪设施,深得当地老百姓的欢迎。但佐科是一个民族主义者,与伊斯兰组织的渊源不深。

尤素福·卡拉今年72岁,苏拉威西布吉斯人,是一个成功的企业家,曾是印度尼西亚专业集团党的总主席,与最大的伊斯兰组织——伊斯兰教师联合会关系密切。他曾在2004~2009年作为苏西诺总统的搭档任副总统。

卡拉在管理国家经济、处理政府与国会的关系等方面经验丰富，并且他敢于拍板，做事雷厉风行，在印度尼西亚政坛具有较高的威望。

佐科与卡拉私交不错，正是在卡拉的劝说下，佐科才同意参加2012年雅加达省长的竞选。应该来说，他们彼此相互欣赏，又在老百姓的心目中人气很高，因此才得以搭配竞选总统和副总统。

（二）民生工程优先

在总统竞选期间，佐科·维多多和尤素福·卡拉公布其未来5年要做的"9件实事"，这"9件实事"涉及公务员待遇，普通老百姓的卫生、教育、商业、就业等实际内容，体现了未来新政府施政的优先方向。①

（1）提升公务员、军人和警察的专业水平，提高他们的工资和福利水平，实施中央公务员的薪酬计划，并扩大到地方公务员。

（2）以特殊援助项目的形式每年向每个村提供14亿盾资金，用于提高村庄的福利，并分阶段将村干部纳入公务员队伍。

（3）在经济增长超过7%的前提条件下，提高减贫预算，每个月给予每个贫困家庭100万盾补贴。

（4）实施450万个家庭土地所有计划，建设或改善300万公顷稻田的水利设施，新建25个水坝，在外岛新开垦100万公顷农田，建立农民银行、中小企业，强化后勤供给系统。

（5）改善全国5000个传统市场的条件，并建立拍卖中心、仓储中心和渔业加工中心。

（6）在未来5年内，新创造就业机会1000万个，降低失业率，每年给中小企业或合作社援助1000万盾，推动和强化创意产业和数字产业的发展，以提高经济增长率。

（7）发放健康卡，对急诊和住院患者实行免费医疗；新建6000个社会卫生所，为老百姓提供住院医疗设施和清洁饮水。

---

① http：//pemilu.metrotvnews.com/read/2014/07/04/260963/ini-9-program-nyata-jokowi-jk.

(8) 帮助提高《古兰经》寄宿学堂和全国世俗教育的质量,并把《古兰经》寄宿学堂的老师作为全国教师的一分子,提高其待遇与福利。

(9) 发放智慧卡,实现对全体国民的教育,其中包括对农民、渔民和工人等社会各个阶层的教育。提供良好的教育设施,实现小学100%入学率、初中95%入学率的目标,并通过保障老师福利和提高老师津贴等措施实现高质量教学目标。通过实施教师资格培训计划,提高教师的素质。

(三)重点领域突破

在宏观上,佐科·维多多提出了未来5年的愿景,即建设一个政治独立、经济自立、具有互助合作精神的印度尼西亚。在政治独立方面,提出了12项战略规划;在经济自立方面,提出了16项战略规划;而在民族个性塑造方面,提出了3项战略规划。在这31项战略规划中,未来5年重点发展的领域集中在以下四大领域。

(1) 把教育放在优先发展的地位,要对学生进行品格教育,塑造印度尼西亚年轻一代现代化的思想品格,用佐科·维多多的话就是"精神革命",其目的是提高印度尼西亚年轻劳动力的素质,为工业化起飞储备人才。

(2) 对体制和机制进行改革,建设廉洁、高效、民主和有信誉的政府。要实现这一点,新政府将继续坚持反腐的高压态势,特别是对国会议员、地方官员和内阁成员加强反贪腐的预防教育,在一定程度上扭转社会上的"三股歪风"。

(3) 加大对农业、制造业及基础设施的投入,实现农产品特别是粮食的自足,增强印度尼西亚产品在国际市场上的竞争力,发展国内具有战略意义的产业。

(4) 以建设世界海洋轴心为目标,发展海上物流、海洋经济,打造岛际快捷通道。

（四）四大挑战考验新政府

对于新政府来说，未来5年还面临一些艰巨的挑战，这些挑战主要是贫富悬殊、粮食安全、能源安全问题和东盟一体化。

（1）贫富悬殊问题。最近几年，印度尼西亚的贫困率每年都在下降，"2010年贫困率为13.33%，人数为3102万人，2013年贫困率为11.37%，约为2807万人。而同期的失业率，2010年为8.59%，2013年为7.17%"。①但财富越来越集中在少数人手中，"根据世界银行统计，印尼10%的人掌握了65.4%的财富（2013年）。在所调查的150个国家中，印尼是贫富悬殊最严重的17个国家之一。2002年印尼的基尼指数为0.329，2011年扩大为0.413，而在新秩序时期则为0.3，这表明贫富悬殊在扩大"。②

（2）粮食安全问题。20世纪80年代，印度尼西亚一度实现大米自给，苏哈托政府还获得了联合国的相关奖章。但是自从1998年亚洲金融危机之后，印度尼西亚的粮食安全问题一直比较突出，主要表现为大米、大豆等基本粮食需要大量进口，这不仅消耗了大量外汇，制约了经济发展，而且影响到社会的稳定。

（3）能源安全问题。印度尼西亚曾经是欧佩克成员，东南亚最大的石油净出口国。政府一直对国内的燃油实行补贴政策。但近年来，印度尼西亚的油气开采量下降，而随着工业化进程的加快，国内的燃油消耗量不断增加，结果造成印度尼西亚成为石油净进口国。每年政府对燃油的补贴资金占政府预算的近20%，严重影响了政府对基础设施等的投资，制约了经济发展。而削减燃油补贴会影响到政治和社会稳定，如何调整能源安全政策成为新政府的一个两难课题。

（4）东盟一体化问题。2015年，东盟将建立东盟经济共同体，但印度尼西亚许多部门还没有做好充分准备，特别是如何应对东盟一体化问题，保

---

① 〔印度尼西亚〕穆罕默德·黑卡姆主编《迎接2014~2019：在变化世界中做强印度尼西亚》（印度尼西亚文），家庭书籍出版社，2014，第197页。
② http://pemilu.tempo.co/read/analisa/32/Koalisi-untuk-Kepentingan-Siapa.

护国内的产业,对此政府还没有一个积极、稳妥的方案。此外,印度尼西亚在建成后的东盟经济共同体中是否能扮演领导角色,推进东盟一体化进程等,这些对新政府来说,也是一个严峻的考验。

印度尼西亚政府还面临着如何跨越中等收入国家陷阱的考验。为了成功跨越中等收入国家陷阱,2014~2019年印度尼西亚的发展指标应该具有可持续的成长性(见表2)。未来新政府的发展目标应该以表2所列发展指标为参考依据。

表2 2014~2019年印度尼西亚发展目标

项 目	2014	2015	2016	2017	2018	2019
人口(亿)	2.53	2.57	2.6	2.63	2.66	2.7
国内生产总值(万亿美元)	1.15	1.22	1.332	1.451	1.538	1.631
国内生产总值增长率(%)	5.8~6.1	6.2~6.5	6.2~6.5	6.5~7.0	6.8~7.2	6.8~7.2
基尼指数	0.4	0.39	0.39	0.36	0.35	0.35
通货膨胀率(%)	5.5~6	4.5~5.5	4~5	4~5	4~5	4~5
外汇储备	1030	1150	1250	1450	1750	210
贫困率(%)	9.5~10.5	8.0~8.5	7.0~7.5	6.0~6.5	5.0~5.5	4.0~4.5
公开失业率(%)	4.5	3.9	3.3	2.7	2.1	1.5~1.8
电气化率(%)	80	83	85	90	93	95

资料来源:〔印度尼西亚〕穆罕默德·黑卡姆主编《迎接2014~2019:在变化世界中做强印度尼西亚》(印度尼西亚文),家庭书籍出版社,2014,第207页。

三 未来五年中国—印度尼西亚伙伴关发展方向

在苏西洛总统执政十年中,中国与印度尼西亚关系的显著特点可以说是多边合作重于双边合作。在佐科·维多多执政的未来5年,中国与印度尼西亚可能会强化双边合作,同时会继续在多边合作方面加强配合与协调。

2014年11月中上旬,佐科·维多多首访中国并出席亚太经合组织首脑会议，这标志着中国与印度尼西亚的关系进入了一个承上启下的时期，将开启未来5年中国—印度尼西亚的新阶段。

2013年10月，习近平主席访问印度尼西亚，首次提出"共建21世纪海上丝绸之路"与"建立更加紧密的中国与东盟命运共同体"两大倡议，得到了印度尼西亚各界的热烈反响。时任总统苏西洛评价这两大倡议为"异床同梦"，表明印度尼西亚高度认同中国提出的倡议与愿景。习主席与时任总统苏西洛一道将两国战略伙伴关系提升为全面战略伙伴关系，并在此框架下，双方签署了"上天、入海"的合作项目。这次佐科·维多多总统的来访，将为未来5年中国—印度尼西亚关系的发展打下良好基础。

（一）继续推进双边政治安全合作

双方应该继续相互尊重彼此的核心利益与重大关切。比如，在一个中国的原则、中国的领土与主权完整方面，印尼继续支持中国；而对印尼打击地区分离主义分子、维护印尼领土完整等方面，中国应该给予坚决的支持。

完善现有的战略对话或沟通机制，将双边副总理级的战略对话机制提升为副总理级的战略经济对话机制，共同协调双方五年国家发展计划的对接。

提升双边国家领导人的定期会晤机制，密切领导人之间的个人感情，加强了解与沟通。除了APEC和东亚峰会外，还可以利用2020年中印尼建交70周年，提升双方领导人的会晤机制。扩大政党、议会、地方政府等交流的规模，共同探讨治国经验，取长补短，共同进步。中国实行的是多党合作的政治协商制度，除了共产党外，还有8个民主党派。在政治协商会议上，中国正在进行双周协商制度，各个党派在专业调研的基础上，就重大热点问题开展协商，这一制度推动了政府决策的民主化、科学化。印度尼西亚新一届国会由10个党派组成。中国和印度尼西亚政党、议会可以开展多种形式的协商。

地方政府之间的交流是未来5年的一个重点内容，比如扩大更多的"姐妹城市"或"姐妹省份"，开展地方政府之间的投资、贸易和文化等方面的交流。未来5年，港口城市之间的交流尤为重要，中国提出建设21世纪海上丝绸之路，而印尼提出建设海洋强国，港口城市的合作至关重要。

在亚洲安全观的指引下，开展传统安全与非传统安全的合作。在传统安全领域，联合军事演习机制化、常态化，扩大各个层级的军队交流规模，扩大互派军官培训的规模，从而增加双方的了解和信任。在非传统安全领域，重点联合打击恐怖主义、极端主义，建立两国联合打击恐怖主义和极端主义的联合网。同时，开展执法合作，深化打击跨国犯罪、非法移民、人口贩卖、网络犯罪、经济犯罪，以及禁毒、执法能力建设领域的务实合作。两国建立各个执法机关的协调与合作机制，在情报信息共享、技术培训等方面开展合作。

（二）深化双边经贸合作

双方继续实施"中国和印度尼西亚经贸合作5年规划"，加强金融领域的合作，特别是货币互换、金融政策的协调等方面。

随着印度尼西亚禁止原矿出口的法律的实施，以及煤炭和棕榈油等在国际市场上价格的下跌，印度尼西亚对中国的贸易逆差可能有上升趋势。针对这一现状，中国要积极采取措施拓宽进口印度尼西亚产品的渠道，特别是其热带水果、咖啡、燕窝等产品，以实现2015年双边贸易额达到800亿美元的目标。

在投资方面，特别是在基础设施方面，双方具有互补优势。中国可以利用资金和技术优势，在港口建设、公路、铁路等方面深度参与印度尼西亚的基础设施建设，把21世纪海上丝绸之路的规划与印度尼西亚建设海洋轴心国的目标结合起来。与此同时，中国继续参与印度尼西亚2011~2025年经济发展总体规划包含的项目，即六大经济走廊框架下的基础设施合作项目。

强化工业合作，把中国—印度尼西亚综合产业园坐实，让一些有实力的中国企业进入园区，实现优势互补、强强联合的战略，推动印度尼西亚的工业上一个台阶。

此外，在农业、能源等领域，双方合作空间巨大。在农业领域，双方推动在粮食生产与加工、食品安全、化肥和农产品互惠贸易等领域开展务实、

全面的合作,保障粮食安全。在能源领域,发挥双边能源论坛的作用,扩大在油气、矿业和电力等领域的合作,积极探讨新能源和可再生能源合作的机会。

(三)提升社会文化合作水平

在合作机制方面,双方可设立社会文化合作高官磋商机制。目前,中国与印度尼西亚建有副总理级的战略对话机制,在此机制下,可以设立部长级的社会文化合作机制,对未来两国的社会文化合作进行"顶层设计"。此外,印度尼西亚作为东盟最大国家,可发挥其示范作用,把双边的社会文化合作与"10+1"和"10+3"社会文化合作多边机制相衔接。

尽快在两国互设文化交流中心。作为两国文化交流的直接平台,文化交流中心方便普通民众近距离了解彼此文化,加深相互了解。

抓紧签订互认教育学位、学历协议。随着两国教育合作步伐加快,学位、学历问题成为相互合作的一个短板,需要双方部门配合与协调。

推动互免签证待遇,刺激旅游业合作。互免签证待遇体现了两国关系的紧密度,特别是随着中国境外旅游人数的增加,互免签证将对拉动印度尼西亚的旅游业起到一个巨大的推动作用。

推动文化创意产业的发展。中国与印度尼西亚都是文化资源丰富的国家,中国的电影和动漫产业、印度尼西亚的流行歌曲等,互补性强,市场广阔,可以加强合作。

深化青年交流项目。中国领导人访问印度尼西亚时承诺每年邀请100名青年访华,并得以落实。现在的问题是交流刚刚开始,内容局限于参观访问,实质性的、专业性(如青年企业家、学术界之间)的交流还有待深入。青年企业家是一个国家创业的活力所在,能直接解决国家的就业等问题。同时,在智库交流方面,特别要推动青年研究人员的交流,可以设立青年互访学者基金,特别是在社会人文科学等方面。

推动文学作品的互译。文学作品对加强两国人民的相互理解可发挥长效的、潜移默化的作用。两国对对方经典文学的译介基本止步于20世纪,印度尼西亚现有部分中国古典名著翻译出版，但质量不高，为此，双方需整合相关院校人力资源，民间运作困难多，最好是政府立项。

中国与印度尼西亚在地区中的重要地位决定了双方在未来5年不仅在双边关系上具有广阔的发展空间，而且在多边框架下合作潜力也很巨大。在未来5年，中国与印度尼西亚可以建立更多的三边对话机制，比如在二十国集团，可以建立中国—印度尼西亚—澳大利亚三边对话机制；在亚太经合组织峰会中，可以建立中国—韩国—印度尼西亚三边对话机制；在联合国气候谈判中，可以建立中国—印度—印度尼西亚三边对话机制，协调三方共同立场，增强共同的话语权。

同时，在全球政治、经济秩序出现深刻调整的背景下，中国与印度尼西亚的关系不可避免地受到一些挑战，特别是作为一个地区大国，印度尼西亚被美、日、澳等国拉拢制衡中国的作用日渐凸显。比如在10月份印度尼西亚以没有完成组阁为由缺席签署亚投行备忘录，这出乎许多人的意料，毕竟亚投行对印度尼西亚这样急于大规模进行基础设施建设的国家来说无疑是"雪中送炭"，其背后美、日等国的制约因素不可排除。

总而言之，尽管印度尼西亚还面临着各种挑战，但是作为新兴经济体的一支重要力量，其内部的增长具有无限潜力，而21世纪海上丝绸之路将作为一个外部推动力量，把未来5年中国—印度尼西亚的关系推向一个新的高度。可以乐观预期，在不远的将来，作为地区合作的一支重要力量，印度尼西亚将加入金砖国家峰会，与中国、印度一道推动整个亚洲经济的增长，为东亚地区的合作奠定良好基础。

B.17 中印关系：增信释疑与双轨政策

吴兆礼*

摘　要： 2014年，中国从政治、经济、外交与安全等领域致力于发展并巩固与印度的面向和平与繁荣的战略合作伙伴关系，两国的各种对话与磋商机制有序展开，为双边沟通与建设战略互信发挥了积极作用。莫迪政府对中国积极对印外交给予了谨慎积极回应，对华双轨政策渐显。近期内，中国将印度置于周边外交的优先方向不会变化，印度对华经济合作战略上平衡的双轨政策也会进一步发展。边界问题仍是影响双边关系的关键性议题，尽管最终解决的条件尚不成熟，但有利于解决边界问题的积极因素也在积累。

关键词： 中印关系　磋商机制　双轨政策　边境管控

2014年是"中印友好交流年"，同时也是中印缅共同倡导的和平共处五项原则发表60周年。中国致力于打造"中国改革发展3.0版"与印度新政府致力于推动"印度经济新起飞"，为中印关系的发展提供了新机遇、新动力和新前景。① 中国领导人首次提出了推动中印关系继续向前发展的"历史

---

* 吴兆礼，博士，中国社会科学院亚太与全球战略研究院助理研究员。
① 《驻印度大使魏苇接受〈经济时报〉专访谈中印关系前景》，中国外交部网站，http://www.fmprc.gov.cn/mfa_chn/gjhdq_603914/gj_603916/yz_603918/1206_604930/1206x2_604950/t1150668.shtml。

使命说",彰显了中国深化与印度关系的战略决心,也为未来中印关系的发展设定了基调,奠定了基础。

一 中国致力于增信释疑,双边经贸平稳发展

值 2013 年中印建交 60 周年之际,两国总理实现了历史上第二次年内互访,中印向世界释放了"中印能够合作,中印能够友好"的明确信号。进入 2014 年以来,随着印度大选落定及印度人民党新总理莫迪就职,两国高层延续了频繁互动的良好态势,中国对印度的友好政策更为积极,印度也就中国对印友好政策做出谨慎积极的回应。

中国对印度友好政策更为积极,这不仅表现在中国发展与印度关系的政治意愿上,还体现在经贸和区域合作等诸多领域。

首先,中国发展与印度友好关系的意愿表述更为明确。2006 年中国国家主席胡锦涛访问印度时就明确表示,"同印度发展长期稳定的战略合作伙伴关系是中国政府的既定政策和战略决策,绝非权宜之计";[1] 2010 年中国总理温家宝访印强调,"任何力量都不可能动摇我们发展睦邻友好关系的坚定信念";[2] 2013 年李克强总理履新后首次出访选定印度,在题为"跨越喜马拉雅山的握手"的署名文章中深情表露,"中国乐见印度的上升势头,愿意与印度不断扩大合作范围、拓展合作领域、提升合作规模……中国的发展是印度的机遇,印度的发展也是中国的机遇";[3] 2014 年 3 月,中国国家主席习近平在接受印度新任驻华大使康特递交国书时表示,"两个伟大国家携手合作是对世界的贡献,推动中印关系继续向前发展是我们共同的历史使命"。[4]

---

[1] 《胡锦涛:中印发展战略合作伙伴关系绝非权宜之计》,中国新闻网,2006 年 11 月 21 日,http://www.chinanews.com/other/news/2006/11-21/824653.shtml。
[2] 《温家宝在印度世界事务委员会的演讲(全文)》,新华网,2010 年 12 月 17 日,http://news.xinhuanet.com/world/2010-12/17/c_12889202_2.htm。
[3] 《李克强在印度发表署名文章:跨越喜马拉雅山的握手》,中国政府网,2013 年 5 月 20 日,http://www.gov.cn/ldhd/2013-05/20/content_2406788.htm。
[4] 参见 http://www.fmprc.gov.cn/mfa_chn/dszlsjt_602260/t1160288.shtml。

5月,李克强总理电贺莫迪当选印度总理,表示"中国始终将中印关系作为中国外交的优先方向之一"。① 6月,习近平在会见到访的印度副总统时表示,中方视印度为重要战略合作伙伴,将中印关系置于中国外交的优先位置。9月,中国国家主席习近平访问印度,这是中国国家元首自2006年对印度进行国事访问以来的又一次高层访问,也是中国政府首脑2013年访问印度后连续两年将印度列为高层访问目的国,凸显了中国在周边外交上对印度的高度重视。

其次,中国致力于加大与印度双边贸易和对印投资力度,希望成为印度经济增长的组成部分。2013年,中印双边贸易总额达到654.71亿美元,中国出口484.43亿美元,从印度进口170.28亿美元,中国对印度贸易顺差314亿美元。自2011年双边贸易创739亿美元历史最高纪录以来,中国与印度双边贸易连续三年出现下滑。2014年前7个月,中印贸易总额达到401.69亿美元,其中中国出口298.37亿美元,进口103.32亿美元,较上年同期分别增长7.1%、5.5%和12.2%,中国对印度贸易顺差195亿美元。② 另据印度储备银行统计,2013~2014财年,印度进口4501亿美元,出口3126亿美元,中国是印主要进口来源国,占印进口份额的11.3%,同时中国也是印第三大出口市场,占印度出口份额的4.8%,位居美国和阿拉伯联合酋长国之后。③ 据印度商工部产业政策促进局(DIPP)统计,2000年4月至2014年5月,印度FDI累计流入3319.23亿美元,截至2014年5月,中国对印度直接投资4.1014亿美元,占印度FDI流入总量的0.18%,位列第28位。④ 而另据中国统计数据,截至2013年底,中国对印度直接投资存

---

① 《李克强致电祝贺莫迪就任印度总理》,《人民日报》2014年5月27日第1版。
② 《2014年7月进出口商品主要国别(地区)总值表》,参见中华人民共和国海关总署网站,http://www.customs.gov.cn/publish/portal0/tab49666/info715488.htm。
③ RBI Monthly Bulletin,"India's Foreign Trade:2013-14,"http://rbidocs.rbi.org.in/rdocs/Bulletin/PDFs/01IFRT110814F.pdf.
④ DIPP(Department of Industrial Policy & Promotion, Ministry of Commerce & Industry, India),"FACT SHEET ON FOREIGN DIRECT INVESTMENT (FDI):From APRIL 2000 to MAY 2014,"http://dipp.gov.in/English/Publications/FDI_Statistics/2014/india_FDI_May2014.pdf.

量达 24.47 亿美元。①

莫迪政府制订了宏伟的基础设施建设规划，中国也希望投资于印度基础设施领域。《中印经贸合作五年发展规划》是 2005 年 4 月温家宝总理访印期间中印签署的 12 项文件之一，2014 年中国与印度相关部门正在探讨下一个五年合作规划。2 月，中国工作组向印度政府提交了五年贸易和经济合作计划，提出为印度第十二个五年规划期间总计一万亿美元的基础设施专项投资提供 30% 的资金支持，投资比例高过日本等传统投资大国。中国希望通过多渠道安排为印度公共和私营项目提供金融支持（例如中国工商银行已经在孟买开设分行，并拟在古尔冈开设第二家分行，中国银行也已启动在孟买设分行的项目），希望通过提升中印金融合作水平更好地帮助双方企业促进互相投资。对于中国的愿望，莫迪在 7 月金砖峰会期间举行的双边会谈中表示，印度新政府更加致力于经济建设，欢迎中国企业投资印度铁路等基础设施建设。2014 年 9 月，两国签署"五年经贸发展计划"，中方表示将争取在未来五年内向印度工业和基础设施发展项目投资 200 亿美元。

中印两国加快推进在印度设立中国产业园区的进程。在印度设立中国产业园区是 2013 年 10 月印度总理辛格访华期间两国达成的共识之一。园址备选的中央邦、哈里亚纳邦和安德拉邦十分积极，希望中国产业园区落户。2014 年 6 月 25 日，莫迪内阁原则上批准了中国在印度建立产业园的备忘录。6 月 30 日，值印度副总统安萨里访华庆祝和平共处五项原则发表 60 周年之际，两国正式签署《中印关于在印度开展产业园区合作的谅解备忘录》。签署该备忘录的目的十分明确，就是扩大相互投资领域的合作，促进中国对印度投资。8 月 18 日，中国一个投资与工业考察团访问印度，就在印度设立的工业园区进行考察。9 月，习近平主席访问印度期间，签署了中方在印度古吉拉特邦和马哈拉施特拉邦建立两个工业园区的协议。

最后，中国致力于将印度纳入地区繁荣的区域合作框架。中国积极推动

---

① 中华人民共和国商务部：《对外投资合作国别（地区）指南：印度 2014 年版》，第 25 页，http://fec.mofcom.gov.cn/gbzn/upload/yindu.pdf。

孟中印缅经济走廊倡议（BCIM），邀请印度参与"21世纪海上丝绸之路"倡议（2014年2月），邀请印度加入亚洲基础设施投资银行（AIIB），推动建立金砖国家开发银行并由印度人出任首席总裁，致力于实现中印两大市场的对接以培育亚洲经济新增长点。2014年10月，印度与包括巴基斯坦、斯里兰卡、尼泊尔和孟加拉国在内的南亚各国一道，在北京签署了亚洲基础设施投资银行备忘录，是AIIB框架内除中国外的第二大经济体。

中国更加积极与务实的对印政策得到印度的响应。在外交政策上，印度领导人多次表示，印度把同中国的关系作为印度外交的优先方向。在经济领域，印度希望深化双边经贸合作，欢迎中国投资印度，回应中国在AIIB上的倡议并签署了相关备忘录。在反恐等具体议题上，两国的共识也在增多，如印度外交部发表声明强烈反对发生在昆明和乌鲁木齐的暴恐事件。

二 各种合作与磋商机制有序开展

目前，中印已经建立起多渠道多层面的对话磋商机制，其中最主要的包括战略经济对话、中印防务与安全磋商、战略对话，以及涉边问题的特别代表会谈等。2014年以来，两国各种对话与磋商机制有序展开，为双边沟通与建设战略互信发挥了积极作用。

一是战略经济对话。中印战略经济对话是温家宝总理在2010年12月访印期间确立的。自2011年9月26日在北京举行首次中印战略经济对话以来，中印开始就各自的经济形势、宏观经济政策及相关领域的产业政策和务实合作进行有效沟通与对话，以加强两国宏观经济政策协调，共同应对彼此经济发展中出现的问题和挑战。2014年3月18日，第三次中印战略经济对话（SED）在北京举行，双方同意继续改善投资和贸易环境，鼓励两国企业扩大相互投资，加强基础设施、信息技术、节能环保、能源和金融领域的合作，并签署了关于可持续城镇化、信息通信技术等领域合作备忘录，以及开展城镇化和能源领域联合研究的行动计划。

二是涉边机制。其一是边界问题特别代表会谈。2003年，中印建立边界问题特别代表会晤机制，探讨解决边界问题的框架。① 2003年10月第一次特别代表会谈确立了解决边界问题的三步走战略，② 2005年4月第五次特别代表会谈达成了《中印关于解决中印边界问题政治指导原则的协定》。至2014年2月，两国共举行了17轮特别代表会谈。在第17轮特别代表会谈中，双方认为有效管控涉边分歧为两国关系健康顺利发展创造了有利条件，双方愿在边界问题解决前切实落实中印在边境地区保持和平与安宁的相关协定及中印边防合作协议，共同维护边境地区的和平与安宁。

其二是中印边境事务磋商和协调工作机制（WMCC）。2010年12月，温家宝总理访印期间两国就建立中印边境事务磋商和协调工作机制达成共识，并于2012年签署了协定。协定规定，两国由外交部门司局级官员牵头，成员由双方外交和军事官员组成，处理涉及保持边境地区和平与安宁的相关边境事务。③ 该机制不承担探讨边界问题解决方案的任务，也不影响中印边界问题特别代表会晤机制，而是更多地体现为一种沟通与交流渠道，主要目的是确保边境地区和平稳定，为谈判解决边界问题创造良好条件。从2012年3月至2014年2月，中印边境事务磋商和协调工作机制共举行了五次会议。在第五次会议上，双方回顾了关于边界问题的新进展，讨论了边境防务合作协议（BDCA）的执行情况，并探讨了进一步建立信任措施及维护边界和平与安宁的举措。

三是安全与防务交流。安全与防务交流是国家间关系的晴雨表，而中印国防部长2013年的互访也奠定了2014年两国军事交流的基础。2014年2月24日，第六届年度中印防务与安全对话在新德里举行。双方确定了

---

① 《中华人民共和国和印度共和国关系原则和全面合作的宣言》，中华人民共和国外交部网站，2003年6月23日，http://www.fmprc.gov.cn/mfa_chn/gjhdq_603914/gj_603916/yz_603918/1206_604930/1207_604942/t23718.shtml。

② 所谓的三步走战略，就是先确立解决边界问题的指导原则，再确立落实指导原则的框架协定，最后在地面上划界立桩。

③ 《中华人民共和国政府和印度共和国政府关于建立中印边境事务磋商和协调工作机制的协定》，中华人民共和国外交部网站，2012年1月17日，http://www.fmprc.gov.cn/mfa_chn/wjb_602314/zzjg_602420/bjhysws_603700/bhfg_603706/t947958.shtml。

2014年进行军事交流和互动的相关措施,同意于2014年在印度举行联合军事演习,并就加强双方海军间的海上安全合作,加强各级服务部门间的人员交流及专业沟通活动,举行高级作战指挥官定期会议,加强有关维持和平、反恐、人道主义援助及灾难援助方面的交流活动等达成共识。实际上,自2007年两军进行首轮"中印防务与安全磋商"以来,这一机制已经成为两军互信建设的重要平台。此外,2014年也是中印军事交流成果突出的一年。4月,解放军副总参谋长戚建国访问印度,与印方就落实《中印边防合作协议》、推进两军边防部队交流及加强两军合作等交换意见。5月,中国海军训练舰编队访问印度。7月,印度军队参委会主席兼陆军参谋长自2005年9年来首次访问中国。9月,两国决定年内举行首轮海上合作对话,就海洋事务、海上安全交换意见,议题包括反海盗、航行自由和两国海洋机构合作等。此外,双方还决定尽早举行裁军、防扩散和军控事务磋商。

四是中印战略对话。副部长级的中印外交战略对话始于2005年1月,是两国就双边与共同感兴趣的多边问题进行沟通与磋商的重要平台。2014年4月,第六次中印战略对话在北京举行,中方表示愿与印方一道保持高层接触与互访势头,增进战略互信,拓展务实合作和友好交流,加强在重大国际地区问题上的战略沟通与协作,妥善管控和处理分歧,推动中印战略合作伙伴关系迈上新的台阶。印方也表示希望利用此次战略对话重申印度政府极为重视对华关系,致力于巩固印中面向和平与繁荣的战略合作伙伴关系。

三 边界问题得到有效管控,解决问题的愿望有所提升

有效管控边界符合印度新政府稳定周边的战略诉求,有利于边界管控的因素在增多。与莫迪政府在地区内推行积极的怀柔政策不同,实际上,莫迪政府在对华政策上正日益显示出"经济上合作与战略上平衡"的双轨迹象。鉴于印度对华政策既有合作的现实需求,也有平衡的战略考量,印度近期在

边界问题上的政策不会出现大的变化,并且在签署多个涉边协议的基础上发生立场倒退的可能性也不大。塑造稳定的周边、发展经济、巩固印度人民党的执政基础,是莫迪政府的当务之急。通过已经建立的边界会谈机制就边界问题与中国进行沟通和磋商,通过多种信任措施(1993年协议、1996年协议、2013年协议)维护边界地区的和平与安宁,符合莫迪政府当下执政需要。目前,尽管中印解决边界问题仍面临现实困难,但客观分析,就莫迪政府来说,有利于加强边境管控甚至解决边界问题的积极因素也在增加。这主要体现在以下几个方面。

第一,虽然莫迪政府一方面通过平衡政策平衡中国的实力与影响,但另一方面也需要在经济上与中国维持良好的合作关系,以提振印度经济。印度对华政策中的经济目标在一定程度上限制了其战略平衡的作用与决心,莫迪在巴西金砖峰会上就明确邀请中国参加印度工业走廊和其他基础设施领域的投资与建设,也对建设BCIM有一定的共识基础,中国有可能成为印度新政府长期发展战略的一部分。

第二,莫迪对中国加快解决边界问题的提议态度积极。6月,中国外交部长王毅作为特使访问印度时表示,两国已经就边界协议达成基本共识,并准备出台最终解决方案。7月,在巴西金砖峰会上,莫迪表示如果中印能和平解决边界问题,将为全世界树立良好的榜样。可见与中国一样,印度也对和平合理解决边界问题抱有期待。与中国解决边界问题,有可能成为莫迪政府对华政策的重要任务之一。

第三,中国积极推进对印友好政策,在一定程度上影响了莫迪政府的对外行为。莫迪就职典礼邀请流亡藏人与台湾经贸代表对中国释放强硬信号,但在中国保持对印克制的基础上第一时间派出特使沟通,明确了奉行对印友好政策是中国既定政策而非权宜之计,这产生了积极效果。巴西金砖峰会上两国领导人的双边会晤,也证明双方都将把发展与对方的关系作为外交的优先方向之一。

第四,两国政府与民间的舆情氛围有所改善。中国对印度邀请流亡藏人与台湾经贸代表参加总理就职典礼保持克制,莫迪总理访问尼泊尔期间也没

有响应印度某些舆论宣扬青藏铁路已由拉萨伸延到日喀则,以及中国将帮助尼泊尔加强公路建设对印度构成的威胁,可见两国舆论已经可以从两国关系的大局出发,这在以前也是不多见的。

第五,印度国内政治氛围的变化。印度现在有了在人民院居多数的印度人民党政府,莫迪在议会中的优势让他能够在实施外交政策时拥有其前任不曾拥有的机会,这在一定程度上为推进边界问题的新进展奠定了基础。与辛格的联合政府相比,莫迪在掌控外交政策议程方面具备明显的优势。

边界磋商从解决问题过渡到解决与管控并重,印度能谨慎回应中方提议。自2003年以来的17轮特别代表会谈,只是就解决边界问题形成了三步走路线图,到目前为止还没有形成一个双方都认可的时间框架。目前,中印边界问题特别代表会谈的重心是解决边界问题与管控边界并重,甚至在解决边界问题条件不成熟的条件下以更有效的管控边界为主要任务。在边界管控问题上,印度基本上能顺应形势需要,谨慎地回应中方提议。2012年底,中国提议与印度签署边防协议,印度最初并不愿意,但在2013年4~5月发生"帐篷对峙"事件后,印度于2013年10月与中方签署《边防合作协议》(BDCA)。第17轮特别代表会谈,中方提议与印度就存在争议的边界问题制定一项行为准则,以规范两国军人和人员在边界的行为。尽管印度对本次中方提议的反应比以往积极,但还是比较谨慎,对于中方在签署BDCA不到一年提出一项新准则的动机存在疑虑,对于在已经签署BDCA的情况下又磋商行为准则的实际效用存在思考。

综上所述,尽管有利于管控甚至解决边界问题的积极因素在积累,但客观地说,目前中印最终解决边界问题的条件还不成熟。

四 中印关系近期趋势

中国始终将印度置于周边外交的优先方向,对印度的这一战略定位在可以预见的未来不会发生变化与动摇。中印关系超越双边范畴具有全球和战略意义，这是两国决策层的共识。印度对中国的重要性主要体现在以下四个方面。第一是印度自身发展愿景及市场潜力。印度拥有成为全球性大国的自然禀赋，正致力于恢复经济高速增长，拥有巨大的发展潜力和市场潜力。第二是塑造稳定的周边环境。周边地区是中国对外战略的重点，稳定周边是中国始终坚持的对外政策目标，在中国构建稳定周边的战略中，印度及其南亚地区是重要一环。第三是国际通道建设。中国致力于推动的孟中印缅经济走廊建设和21世纪海上丝绸之路建设，都需要得到印度的支持与参与，而中巴经济走廊建设在一定程度上也需要消弭印度的疑虑并取得其对项目的理解。第四是推动国际政治多极化的努力。印度与中国一样，是新兴大国的代表，是推动国际格局多极化的重要驱动力量，中印如何相处或者是否携手合作将成为全球格局转型的关键。①

莫迪政府的对华政策将更多地体现为"双轨政策"——经济上合作，战略上平衡。经济上，印度希望扩大与中国的经贸与投资合作，并进一步缩小印度对华贸易逆差。为此，印度愿与中方一道推动中国在印度设立产业园区，希望中国投资于印度基础设施建设，对中国提出的有利于带动印度东北地区发展的孟中印缅次区域合作开始给予积极回应，不顾美国因素签署中国倡议的AIIB备忘录，并希望在AIIB框架内根据自身经济体量发挥应有作用。深化经济合作将为两国关系发展提供新机遇。

战略上，印度致力于在地区及全球层面上平衡中国的影响力。首先是南亚地区层面，一是印度致力于在南亚区域合作联盟（SAARC）框架内发挥主导作用，莫迪力排众议邀请南亚邻国领导人参加其就职典礼充分证明了这一点。二是莫迪履新后对南亚邻国不丹与尼泊尔的访问，希望强化对这些国家的传统影响。其次是跨地区层面，印度将会加大与东盟国家、日本及美国的战略互动，进一步营造有利于其发展的战略平衡。与中国相比，印度在塑造对外环境方面有天然优势，而且自21世纪第二个十年以来印度在此领域

---

① 关于印度对中国的重要性，可参见赵干城《中印关系：新型大国关系的潜质与衍生》，《南亚研究》2014年第2期，第49~50页。

的优势更为显著。莫迪总理在习近平主席访印前后先后访问日本和美国，凸显了这一战略意图。然而客观地说，印度的战略平衡不是与西方形成战略联盟，对中印双边关系的影响程度相对有限。

在边界问题上，中印双方达成共识，将早日解决边界问题作为一项战略目标加以推进。印度新政府将继续通过已经建立的多种涉边机制与中国进行对话磋商；谋求边界问题最终解决的愿望会进一步提升，但在此过程中也会积极推进边境地区能力建设，以进一步缩小与中方的实力差距；有效管控边界有利于印度新政府国内经济发展优先政策的实施，有可能对中方提出的加强管控的新建议给予谨慎积极的回应。

南亚是中国周边外交的重点，中国更加重视在"整体上和均衡上"与南亚国家发展关系。巴基斯坦作为中国的传统伙伴是中国南亚政策的支柱，但印度也是中国努力构建的战略伙伴和发展伙伴，并将印度置于更加突出的战略位置，将印度定位于"更加紧密的发展伙伴、引领增长的合作伙伴、战略协作的全球伙伴"。① 大国关系的本质就是竞争与合作，中印关系也不例外。鉴于中国对印度的友好政策更为积极，莫迪政府的对华政策也趋于务实。正如两国领导人达成的共识，发展伙伴关系未来将成为两国战略合作伙伴关系的核心内容，因为这不仅符合中印的共同利益，而且有利于本地区乃至世界的稳定与繁荣。

---

① 《习近平在印度世界事务委员会的演讲（全文）》，中华人民共和国驻印度共和国大使馆网站，2014年9月19日，http://www.fmprc.gov.cn/ce/cein/chn/ssygd/xjp/t1192744.htm。

B.18 阿博特政府外交动向、经济困局与中澳关系

高 程*

摘　要： 本文通过阿博特政府执政一年多以来的外交动向和澳大利亚国内经济形势，透视了中澳关系近期的走向。与工党政府在美国安全同盟体系下寻求大国间的战略平衡相比，阿博特政府加强了澳美同盟关系，更为紧密地追随和配合美国的亚太和全球战略。从升级美国在澳军事存在、对待中国东海防空识别区的态度和对乌克兰危机的处理上，可以看出这种外交倾向。不过，在国际资源市场萧条的大背景下，澳大利亚经济可能将面临长期打击和不景气，中国市场充当着其经济复苏的唯一外在动力，这决定了阿博特政府对华政策自主空间不大，中澳务实合作会继续向前推进。

关键词： 阿博特政府　中澳关系　澳美同盟　铁矿石

2013 年，托尼·阿博特率反对党联盟击败陆克文，出任澳大利亚新一届政府总理。我们通过阿博特政府执政一年多以来的外交动向和国内经济形势，可一窥中澳关系近期的走向。中澳关系随着中美竞争关系的加剧，步入深水区。在如何平衡与中国和美国的关系上，对新一届澳大利亚政府的外交

---

* 高程，博士，中国社会科学院亚太与全球战略研究院副研究员。

能力和技巧是一种考验。这不仅是一个外交问题，而且同时关系到澳大利亚的政治安全和经济福利。

一 在对待澳美同盟关系上，阿博特政府加强了追随美国战略的力度

2014年是阿博特政府执政的第一个年度，尽管中澳关系并未经历风浪，但我们仍然可以从一系列事件中窥测澳大利亚新政府班子的对外政策方向和处理大国关系的思维方式。长期以来，澳大利亚的外交一直遵循两条主线：一方面，凭借美国忠实盟友的身份提高自己在国际社会中的存在和影响力；另一方面，追求中等强国的相对独立性，特别是在与国家现实利益关切度高的亚洲地区。从霍华德政府到两任工党政府，在外交领域都体现得较为成熟、稳健，既明确地与美国在全球的战略保持协调一致，同时在涉及与世界其他大国关系时又较为谨慎，不轻易卷入大国之间的摩擦。总体看，阿博特政府继承了澳大利亚一贯对美国的追随战略，并且在这一年多的时间里使得这种同盟关系捆绑得更紧密。但与此同时，由于外交经验不足、急于求成等多方面原因，阿博特政府在平衡大国关系方面并不尽如人意，重新开始主动扮演美国大国战略的"马前卒"角色，而这正是霍华德、陆克文和吉拉德政府时期极力避免的局面。阿博特政府的这一外交动向不但体现在其具体外交行为上，同时也体现在政客的外交姿态和措辞上。这一点从2014年澳大利亚对待乌克兰危机和中国的态度上可以初见端倪。

阿博特政府在乌克兰事件中采取高调态度彰显了自己作为美国国际事务"马前卒"的角色。在克里米亚公投加入俄罗斯联邦之后，乌克兰东南部地区的民兵武装与政府军之间发生了局部冲突。7月17日，承载298名乘客由阿姆斯特丹飞往吉隆坡的马来西亚航空公司MH17客机在乌东冲突地区上空突然坠毁。事发之后，美国和乌克兰第一时间通过媒体大肆宣传，认定客机是被乌东民兵组织用山毛榉导弹击落，并指责俄罗斯为乌东武装提供了该导弹和操作训练。随后，美国以马航MH17事件为由，向西方盟友施加压

力，使其与美国一起对俄罗斯进行第二轮实质性的贸易和金融制裁。事实上，至今马航 MH17 的调查并没有任何实质证据指向乌东武装，而乌克兰政府对客机坠毁不但具有难以推卸的未在战区净空和导航的责任，而且对于客机被击落存在同样的嫌疑。但美国充分利用马航 MH17 事件造势，在乌克兰危机中再次在欧洲事务上反客为主，主导了西方世界对俄罗斯在经济、政治和外交上的打压。在这一过程中，欧洲大陆主要国家尽管选择了追随美国的策略，但表现得相对克制，在马航 MH17 事件发生后，媒体报道也较为谨慎。配合美国媒体、最为积极针对俄罗斯的盟国正是英国、澳大利亚和波兰。澳大利亚不但第一时间在毫无证据的情况下通过主流媒体配合美国针对俄罗斯，而且阿博特总理还在 10 月 13 日表示，他将在 11 月举行的 G20 峰会上就马航 MH17 事件向普京表达强硬立场，其夸张地说："我将用橄榄球的'抱摔'方式放倒普京，我将对他说澳大利亚人被谋杀了，他们被俄罗斯支持的叛乱分子，用俄罗斯提供的武器杀害了，我们对此很不痛快。"①这一外交失态随后引发了国际媒体的嘲讽。从马航 MH17 事件后美国的高调介入和成功迫使欧洲、日本及澳大利亚对俄罗斯进行制裁可以看出，一方面，在大国关系问题上，美国依然保持着令其西方盟友选边站的能力；另一方面，乌克兰事件原本是俄美和俄欧之间的矛盾冲突，与远在南太平洋的澳大利亚关系不大，但阿博特政府身先士卒地积极介入，体现了新政府在对外政策上追随美国的决心和态度。

除了在乌克兰事件中扮演美国的"马前卒"角色，阿博特政府还配合美国增加了美军在澳大利亚基地的军事存在。早在 2011 年底吉拉德政府时期，澳美已经就"扩大澳大利亚军队与美国海军陆战队及美海空军的既有合作关系"达成共识，美国在澳大利亚驻军常态化，美国对澳北部基地的使用权限扩大。② 2014 年 8 月 12 日，在美澳外交部长、国防部长"2 + 2"

---

① 雷希颖：《澳大利亚外交的偏执：缺乏智慧的无奈》，《南华早报》2014 年 8 月 18 日。
② "US Seeks Deeper Military Ties," Australian, 28 March 2012, http://www.theaustralian.com.au/national-affairs/defence/us-seeks-deeper-military-ties/story-e6frg8yo-1226311869939.

会议（AUSMIN）上，美国防长哈格尔与澳大利亚防长约翰斯顿正式签署了《澳美驻军协定》，将此前阿博特访问美国时与奥巴马达成的战略合作意向落实到正式协定中。根据这一协定，美国驻澳大利亚的海军陆战队人员数量将翻倍，美国海军陆战队及空军也将分别增加在澳大利亚西部和北部地区的轮防。同时，以B-52为代表的美国战略性空军力量将入驻澳大利亚的达尔文（Darwin）和丁达尔（Tindal），而北领地凯瑟琳（Katherine）附近的德拉米尔（Delamere）机载武器靶区将成为美军重要的实弹训练基地。另外，在此次会议上，澳美两国防长还同意加强彼此在特别作战和网络战等方面的合作，澳大利亚方面还将为美军核潜艇等舰艇使用澳方港口提供便利支持。与此同时，澳大利亚还在积极研究是否要在日本之后成为第二个为美国的弹道导弹防御系统提供军事基地的亚太国家。理论上，这一反导系统最终的战略效果将打破亚太地区大国之间的战略核平衡，将威胁和损害中国的安全利益。尽管在会后的新闻发布会上，美国国务卿克里和澳大利亚外长毕晓普先后强调该协议并非针对中国，但这些说法显然并不具有说服力。

阿博特就任总理以来，澳大利亚政府在外交上多次站队表态，对中国释放不友好信号。中国划定东海防空识别区后，澳大利亚一改昔日工党政府在涉及中国海洋问题上的模糊立场，外长毕晓普直接批评中国"宣布划设东海防空识别区的时间和方式都不恰当，于区域稳定无益"。2013年11月，澳大利亚召见中国大使，对中国宣布东海防空识别区提出指责，称"反对任何改变东海现状的强制性或单方面行动"。[①] 作为利益非直接相关方，澳大利亚对此做出如此过激反应，明显是为了与美国和日本保持战略协调，表达其与美国联盟体系的共识。日本首相安倍晋三访问澳大利亚时，阿博特公然称"澳大利亚人民虽然不认同日本在二战期间的作为，但对日本人在战

---

① Minister for Foreign Affairs, "China's Announcement of an Air-defence Identification Zone over the East China Sea," November 26, 2013, http://www.foreignminister.gov.au/releases/2013/jb_mr_131126a.html.

争中的技能及完成使命的荣誉感相当钦佩"。① 另据日本共同社称，澳大利亚与美国和日本在2014年11月15～16日举行的二十国集团（G20）峰会期间举行三国首脑会谈进行协调，在海洋安全领域，三国有意对中国形成牵制。

与霍华德、陆克文和吉拉德政府时期奉行的大国间相对圆通的政策相比，阿博特政府一年来的外交态度似乎更倾向于积极主动地向美国靠拢，效仿英国通过宣示自己作为美国铁杆盟友的立场和身份，向美国高调表决心和打外交前阵，以此提高澳大利亚在国际上的地位。与大部分美国的亚太和欧洲盟友不愿主动出头的态度相比，阿博特政府在对外政策方面呈现出对美国紧密追随的一面。

导致这种趋向，澳大利亚方面的原因首先是国内经济的不景气，阿博特政府需要更多通过短期外交攻势甚至是外交行为艺术来聚拢人气，安抚经济萧条在国内导致的民族主义和对政府的不满情绪。其次是执政经验特别是外交经验的不足。近年来，俄美关系和中美关系的竞争和矛盾加剧，步入深水区。作为美国的重要盟友，在平衡大国关系上需要高超的外交技巧。自由党先后两次在大选中落败，长期作为澳大利亚反对党，其主要成员在执政经验尤其是外交经验上存在明显不足。与在外交领域具有出色能力和抱负的陆克文相比，无论总理阿博特还是外长毕晓普，其从政经历都仅限于教育、科技、劳工、培训等方面。② 阿博特政府不善于在盟友与大国之间进行高超的外交平衡操作，而更倾向于明确"选边站"策略，同时更多凭借个人价值观偏好去决策外交事务。

此外，作为重返亚太战略的一部分，美国在南太平洋地区加大战略投入也导致了澳大利亚追随策略的明确化。近年来，美国积极巩固和强化与澳大利亚的同盟关系，加强了首脑及部长间的外交互动，在澳洲推进其主导的"跨太平洋伙伴关系协议"（TPP），在澳大利亚军事基地加强军力部署，监

---

① 《澳总理"钦佩二战日军"言论遭谴责》，央视网，http://news.cntv.cn/2014/07/12/VIDE1405122844617185.shtml。
② 雷希颖：《澳大利亚外交的偏执：缺乏智慧的无奈》，《南华早报》2014年8月18日。

视和干预南中国海域。与此同时,美国还推动澳大利亚与日本双边军事合作的力度及美澳日单边防务合作。2014年2月,美澳日三国在关岛安德森空军基地举行"对抗北方2014"空战演习,这是三国第三次实施此类联合演习。① 澳大利亚作为美国在亚太地区最亲密的盟友,不仅和美国有着共同价值观,更意图借助美国的影响力获得"中等强国"地位,维持对南太平洋地区事务的主导权和在亚太地区的影响力。这就需要澳大利亚在外交政策和军事防务上追随美国的亚太战略。从防御角度,在澳大利亚2013年最新发布的《国家安全战略》中,中国同邻国在南海和东海上的领土争端、台湾问题和朝核危机被视为澳大利亚面临的最大风险,而协助美国在亚太地区保持军事存在和巩固澳美同盟关系则被看作亚太地区稳定的关键。② 从积极角度看,澳大利亚对于围绕制衡中国为目标的美国亚太政策的积极响应,是在力图提高自己参与远东地区事务的发言权和提升其国际地位。

在阿博特政府与美国关系继续贴近的同时,我们看到中澳合作关系也在小幅推进,澳大利亚不希望因此影响与中国在亚太多边机制和双边经贸关系上的密切合作。在一些不涉及美国亚太利益的领域,阿博特政府试图向中国做出友好协调姿态。为配合中国的反腐进程,中澳警方正在展开合作,联手查没中国贪官在澳的非法资产。澳大利亚已同意协助中国追踪和引渡外逃贪官,他们在澳的非法资产也将被查封。中澳警方如今已就一份优先处理名单达成共识。与此同时,澳大利亚联邦警察局发言人还表示,澳大利亚联邦警察局和中国安全机关将通过高层行政会议加强双方在反洗钱、打击非法资金往来、追踪经济罪犯之间的合作。

阿博特政府对中国的另一友好态度体现在其对马航MH370客机的配合搜寻工作上。2014年3月8日,马来西亚航空公司的MH370客机从吉

---

① 《日美澳将举行"对抗北方"联合演习》,中国新闻网,2014年2月12日,http://www.chinanews.com/gj/2014/02-12/5827919.shtml。
② "Strong And Secure: A Strategy for Australia's National Security," Australian Government, http://www.dpmc.gov.au/national_security/docs/national_security_strategy.pdf.

隆坡国际机场起飞前往北京。起飞后不久，该航班在马来西亚吉隆坡航空管制区与越南胡志明市航空管制区交界处突然与地面控制塔失去联络。该航班搭载的227名乘客中中国乘客人数最多，为154名。该航班失联后至今下落不明。4月8日，有关方面根据拖曳声波定位仪所获信号估测出一个半径10公里的圆形范围，并将其锁定为"水下搜索核心区域"。该水域属于澳大利亚管辖范围。4月14日，澳大利亚"海洋之盾"号军舰搭载的"蓝鳍金枪鱼"自主水下航行器开始对这片水域进行扫描式搜索。在搜索无重大发现后，负责协调南印度洋搜寻工作的澳大利亚方面宣布，搜寻工作继续进入新阶段，重点放到水下。最新公布的澳大利亚国家预算文件显示，澳大利亚已在对马航MH370客机的搜寻行动中投入8990万澳元，约合人民币5.23亿元。澳大利亚政府还将向澳大利亚交通安全局提供6000万澳元，用于澳方参与下一阶段的搜寻行动。阿博特表示，澳方将尽其所能搜寻马航MH370客机，进一步的水下搜索或将花费6000万澳元，约合人民币3.5亿元，澳大利亚将承担其中的主要费用。作为失联乘客最多的中国，马航MH370客机的搜寻工作一直备受关注，中国政府为此投入了巨额资金，而澳大利亚在该航班的搜寻工作中给予了中国重要的帮助。

此外，澳大利亚曾一度对参与中国牵头筹建的亚洲基础设施投资银行（AIIB）表示意愿。由于由日本、美国主导的亚洲开发银行不能有效满足地区公共需求，拒给中国和新兴国家应有的话语权，由中国牵头和来自东亚、西亚、中亚和中东的国家决定成立亚投行，为亚洲国家基础设施等发展问题提供贷款支持。这是中国实践"周边命运共同体"倡议走出的重要一步。美国的亚太盟友澳大利亚和韩国有意加入该行建设，但遭到了美国的公开阻止。美国务卿克里会晤阿博特时以中国在管理、环保及人权、社会责任等方面达不到可以接受的标准为由，要求澳大利亚不要加入亚投行。由于美国的公开阻挠和施压，本已表达加入意向的澳大利亚和韩国最终决定退出第一轮签约。这体现了中澳两国双边和多边合作的推进步伐开始越来越多地受到美国的人为阻碍。

亚太蓝皮书

二 在世界资源市场价格下滑的情况下，澳大利亚经济面临困境

受全球经济和自身资源出口型经济影响，2013年澳大利亚经济情况总体呈现弱势，进出口均出现减速。据澳大利亚统计局统计，[①] 2013年澳大利亚货物进出口额为4856.8亿美元，比上年同期下降4.2%。其中，出口下降1.4%，进口下降7.2%。澳大利亚和主要贸易伙伴的关系中，只有对中国的出口增长了20.5%，对日本、韩国和印度的出口则分别下降了8.1%、9.7%和27.1%。由于国内消费能力下降，澳大利亚自四大进口市场——中国、美国、日本和新加坡的进口额全面下滑，分别下降了1.3%、17.3%、7.4%和16.1%。矿产品、贵金属及制品和植物产品是澳大利亚主要出口商品，2013年出口额分别占澳大利亚出口总额的57.8%、6.4%和5.5%。其中，贵金属及制品和植物产品分别减少了10.8%和0.9%，由于中国的需求，澳大利亚矿产品出口增长0.6%。机电产品、矿产品和运输设备是澳大利亚进口的前三大类商品，2013年合计进口占澳大利亚进口总额的56.0%，其减少幅度大于出口。

中国是澳大利亚最大贸易伙伴，同时继续保持澳大利亚第一大出口市场和第一大进口来源地位。2013年，在澳大利亚整体进出口下降的情况下，中澳双边货物进出口逆势增长了12.3%。其中，澳大利亚对中国出口增长20.5%，占澳大利亚出口总额的36.0%，提高了6.5个百分点；澳大利亚自中国进口下降1.3%，占澳大利亚进口总额的19.5%，提高了1.2个百分点。矿产品是澳大利亚对中国出口的主力产品，2013年出口额增长22.0%，占澳对中国出口总额的72.4%。贵金属及制品是澳对中国出口的第二大类商品，增长37.2%，占澳对中国出口总额的8.6%。纺织品及原料是澳对中

---

① 本节数据来自《国别贸易报告：澳大利亚》2014年第1期，http://countryreport.mofcom.gov.cn/record/qikan/10209.asp?id=5961。

国出口的第三大类商品，出口额下降了6.6%，占澳对中国出口总额的3.9%。此外，贱金属及制品成为澳对中国出口的第四大类商品，增长39.3%，占其对中国出口总额的3.4%。澳大利亚自中国进口的主要商品为机电产品、纺织品和家具、玩具、杂项制品，2013年占澳大利亚自中国进口总额的62.5%。

以上数据充分体现了澳大利亚对中国经济依赖性的逐年增加和中国需求对澳大利亚经济的重要性。过去十年，澳大利亚对华出口占该国GDP的比重从1%一路增加至6%。

澳大利亚2014年经济的不景气，主要是受国际矿石价格的拖累。过去十年，世界金属价格暴涨，即便在2008年金融危机经历短暂下滑后，中国需求的拉动仍然维持了铁矿石价格的温和上涨，一度使澳大利亚成为最早实现经济复苏的发达国家。在其他经济领域复苏乏力的情况下，澳大利亚经济畸形依赖矿石出口，这导致了澳大利亚对矿业的严重过度投资。澳大利亚铁矿石产量在过去4年大幅增长了40%。然而，支撑澳大利亚1/4出口的铁矿石价格从2012年末开始衰落，2014年则迅速下滑。2014年以来，世界铁矿石价格已暴跌40%以上，如今已跌至每吨80美元以下，并在这个价位徘徊。高盛预计，2015年国际铁矿石均价为80美元/吨，而全球铁矿石供应过剩量将增至1.63亿吨。中国需求的放缓和钢铁价格走低压低了国际铁矿石价格，使之跌破5年低位，铁矿石市场恐难复苏，铁矿石产能的扩张速度追上了需求增速，利润率跌至历史新低。

此外，强势美元对以美元计价的大宗商品施以巨大压力。近期的美元升值趋势，犹如20世纪80年代早期和90年代末期的情形再现，以石油、矿石为代表的大宗商品跌幅可能在未来年度继续加深。澳联储预计，澳大利亚GDP增速可能将连续几个季度放缓。近期澳大利亚矿产采掘业的就业水平下降，企业投资低迷。[1] 随着全球铁矿石供应增加而钢铁需求增长放慢，铁

---

[1] Yveline：《澳大利亚：当幸运儿不再好运》，《华尔街见闻》2014年10月13日，http://wallstreetcn.com/node/209335。

矿石价格的崩盘走势还没有结束。穆迪表示,有可能会调低铁矿石生产商的评级,其分析师在报告中预测,未来数年,将有大约3亿吨新增及扩大的铁矿石产能投产。报告还称,随着钢需求的主要推动力量中国的需求继续放缓,2014年全球钢产量增长将保持低迷。为此,依靠矿石出口的澳大利亚经济将首当其冲。

与此同时,为了将小型高成本竞争者挤出市场,争夺更多定价权,国际大型矿商展开铁矿石价格战,而且产量不减反增。必和必拓近期表示,计划提高铁矿石产出,尽管其高管认为产能扩张致使全球供应过剩,铁矿石价格可能进一步下跌15%,且底部时间可能长达3年。力拓也确认,公司将继续执行此前规划好的产能扩张。在市场的"囚徒困境"下,包括世界三大矿石巨头(必和必拓、淡水河谷和力拓)在内的矿石生产商均增加了低成本铁矿石产量,导致全球供应过剩,价格进一步承压。而亚太经合组织北京峰会召开前,中国钢铁减产继续削弱了对澳大利亚铁矿石的短期需求,使澳大利亚经济雪上加霜。①

澳大利亚主要矿业产品价格进一步走低不但对其贸易领域施加了额外的重压,而且影响到澳元的坚挺。2015年中国经济增速可能进一步放缓至7%,并为了节能环保将进一步缩减钢铁等高能耗、高污染产业的规模(中美已签订减排协议)。对澳大利亚而言,这种经济环境可能将迫使澳联储诉诸更为激进的宽松政策的立场。自2011年末以来,该行已将基准利率累计降至2.5%。若将通胀因素考虑进来,实际利率已在2013年降至负数区间。近期,该行甚至还公开讨论是否通过市场操作压低本币价格。②

在国际矿石价格的萧条期,澳大利亚经济正承受着巨大压力。中国作为澳大利亚矿石最大的买家和最重要的贸易伙伴,与之尽快达成中澳自由贸易区是中期内挽救澳大利亚经济颓势的出路之一。中澳双边自由贸易区若能按

---

① Yveline:《国际铁矿石"熊态尽显":价格频频刷新五年最低》,《华尔街见闻》2014年9月20日,http://wallstreetcn.com/node/208468。

② Yveline:《澳大利亚:当幸运儿不再好运》,《华尔街见闻》2014年10月13日,http://wallstreetcn.com/node/209335。

计划顺利签订，则澳大利亚经济将与中国继续加深捆绑，这决定了澳大利亚政府在外交领域不可能不考虑中国因素的存在。

三 中澳关系的未来展望

尽管前面提到阿博特政府上任以来，外交动向出现一些不和谐的音符，但其之后几年对华政策尚不能下定论。阿博特明确站队的外交政策在国内也遭遇不少批评。一些政策界人士对澳大利亚享受中国经济发展红利的同时，在军事安全领域保持与美国密切的战略协作，成为后者在南太平洋地区战略调整的"马前卒"这一矛盾角色表示担忧。澳大利亚前总理保罗·基廷曾指责阿博特政府过于倚重澳美同盟，牺牲了澳大利亚与重要亚洲邻国的关系，这削弱了澳大利亚对外事务的影响力，导致其在地区外交领域被边缘化。[①] 另位前总理马尔科姆·弗雷泽也指出，澳大利亚需要维护自身的战略独立性，摆脱对美国的依赖，避免在可能的地区冲突中与中国对立。[②] 反对党领袖比尔·肖顿则表示，澳大利亚应在中日之间推行平衡外交，避免与其中一方关系的增进被另一方视为打击，澳日关系不应被用以遏制中国崛起。澳大利亚著名智库"战略政策研究所"认为，"阿博特政府需要在日益亲密的澳中经济关系和澳美军事同盟关系之间小心翼翼地寻求平衡点"。[③] 这些不同的观点对阿博特政府一边倒支持美国的外交政策将起到制约作用。

澳大利亚当前的经济形势不容乐观，而中国将成为澳大利亚经济复苏的主要引擎，这一结构性关系有助于阿博特放下对华偏见，冷静处理中澳关

---

① Paul J. Keating, "Forget the West, Our Future Is to the North," *The Sydney Morning Herald*, November 15, 2012.
② Stephen Romei, "A Pair of Ragged Claws," *The Australian*, February 22, 2014, http://www.theaustralian.com.au/arts/review/pollies-with-pens-at-the-ready/story-fn9n8gph-1226831715751.
③ David Hale, "China's New Dream: How Will Australia and the World Cope with the Re-emergence of China as a great Power?" https://www.aspi.org.au/events/defence-and-security-lunch-chinas-new-dream-how-will-australia-and-the-world-cope-with-the-re-emergence-of-china-as-a-great-power3.

系，而不是选择无视本国利益紧随美国。在中美两个大国之间搞平衡，仍将是澳大利亚的战略定位，并将在很长一段时间内继续下去。澳大利亚在经济上越来越依赖中国，同时又是美国在亚太地区最重要的盟友。所以，这种平衡战略既可以看作澳大利亚的无奈之举，同时如果它借势巧妙，也会有助于澳大利亚在国际事务中发挥更加积极和重要的作用。只要中美在亚太地区维持目前的竞争关系，平衡战略就仍是澳大利亚目前最理性的选择。根据以往的博弈经验，澳大利亚擅长在向美国政治表态和以实际行动向中国示好之间进行平衡。2011年美澳签署驻军协议，澳日军事合作加强，可并未影响中澳合作的推进。中澳之间的"利益捆绑"已是事实，尽管双方对两国之间如今的不对称依赖关系认识存在差异，但这种利益捆绑本身就意味着政客个人不大可能脱离中澳关系基本大局而自主选择。

美国在南太平洋地区对其联盟体系的巩固和加强，无疑使东海、南海和台海局面更为复杂，中国将不得不面对更多变量。中国希望与澳大利亚这个无结构矛盾且经济高度相互依赖的美国盟友保持平衡、友好的关系。因此，中国对阿博特政府的不友好姿态保持了相对克制和容忍的态度。从乌克兰事件的启示看，中美在太平洋发生冲突或摩擦时，澳大利亚会迫不得已在政治上站在美国一边。正因为如此，中国手里需要握有对美主要盟国进行牵制的牌。诚如此次西方联手制裁俄罗斯，俄罗斯可迅速在农产品和南千群岛（日本称"北方四岛"）问题上对欧洲和日本进行反制。中国在较长一段时期不能指望澳大利亚脱离美国联盟体系阵营，而是要通过利益捆绑，让它日后在政治上追随美国针对中国时"投鼠忌器"。这要求中国发挥经济和军事的双重威慑作用，特别是依托铁矿石市场的调整作为经济牵制手段。与此同时，对于澳大利亚国内因对中国快速发展的疑虑和由此产生的民族主义情绪，中国应约束和规范本国企业在澳大利亚单纯追求利润的行为，树立其良好的商业道德形象，将由此产生的经济福利深入澳大利亚民间社会层面，真正让澳中小企业和民众获得实惠，让澳普通民众对中国的了解更加全面和客观，避免中国的国家形象过度被西方媒体扭曲和妖魔化，以降低中国崛起带给澳大利亚人的不适感。

附 录
Appendix

B.19 亚太地区大事记
2013年9月至2014年9月

2013年

9月

23日 日本首相安倍晋三前往加拿大和美国访问。安倍于24日在渥太华与加拿大总理哈珀举行会谈,双方就日本自卫队与加拿大国防军相互提供物质支援一事签署协定达成共识,同时就日本加盟环太平洋经济协定(TPP)问题与加拿大政府寻求一致意见。

24日 柬埔寨第五届国会举行第一次会议,选举产生了新一届国会领导人和新一届内阁成员,洪森当选政府首相。之后,洪森在国会会议上发表讲话,表示要进行改革和发展经济,推动国家走向繁荣。

10月

1日 由于民主、共和两党未能解决新财年的政府预算分歧,美国联邦政府非核心部门被迫关门。美国白宫因此于3日宣布,总统奥巴马彻底取消其原定于本月5日开始的亚洲四国之行。

2日 韩美国防部长在首尔举行第45次韩美安保会议,正式签订应对朝鲜核威胁的"针对性遏制战略"计划。"针对性遏制战略"是指当发现朝鲜有使用核武器的迹象后,韩美军方联合启动海、陆、空力量,采取先发制人的威慑战略。

2~5日 中国国家主席习近平对印度尼西亚和马来西亚两国进行国事访问。访问印尼期间,中国和印尼两国元首共同规划两国未来合作,决定把两国关系提升为全面战略伙伴关系。双方发表了《中印尼全面战略伙伴关系未来规划》。访问马来西亚期间,两国领导人一致同意将中马战略性合作关系提升为全面战略伙伴关系。双方还签署了《中华人民共和国政府与马来西亚政府经贸合作五年规划》(2013~2017年)。

7日 亚太经合组织第二十一次领导人非正式会议在印度尼西亚巴厘岛开幕。中国国家主席习近平出席并发表重要讲话。本次会议的主题是"活力亚太,全球引擎",实现茂物目标、可持续和公平增长、亚太互联互通等为会议的主要议题。此外,区域经济一体化、多边贸易体制、经济结构改革等问题也颇受各方关注。

20日 中缅天然气管道干线全线建成投产。

24~25日 周边外交工作座谈会在北京召开。中共中央总书记、国家主席、中央军委主席习近平在会上强调,做好周边外交工作是实现"两个一百年"奋斗目标、实现中华民族伟大复兴的中国梦的需要。周边外交的基本方针是坚持与邻为善、以邻为伴,坚持睦邻、安邻、富邻,突出体现亲、诚、惠、容的理念。

11月

4~5日 缅甸政府同18支少数民族武装代表在克钦邦首府密支那举行为期两天的会谈。这是自1947年《彬龙协议》签署后,缅甸政府首次同少数民族武装举行类似的集体会谈。根据5日晚间会议发布的联合声明,双方同意协商全国性停火协议，以推动缅甸的和平进程。

5日 印度首颗火星探测器"曼加里安"号在印度南部安得拉邦斯里赫里戈达发射场发射升空。

10日 外交部长王毅与俄罗斯外长拉夫罗夫、印度外长胡尔希德在新德里共同举行中俄印外长第十二次会晤。三国外长就共同关心的国际和地区问题深入交换意见，达成广泛共识。中国外交部长王毅11日出席在印度首都新德里举行的第十一届亚欧外长会议并讲话。

史上最强台风重创菲律宾，菲律宾官员10日估计，这场菲律宾有史以来遭遇的最强台风造成的死亡人数最终可能超过1万人。

11日 "第二届首尔安保对话"在韩国首尔开幕，来自21个国家和3个国际组织的代表出席，会议将持续至13日。在本次对话中，与会者就东北亚和平合作和亚太地区安全、核不扩散、网络安全等议题展开广泛讨论。

14日 中国外交部边海司副司长易先良与越南外交部国家边界委员会副主任陈维海在河内举行工作会议，双方就建立中越海上共同开发磋商工作组的机制与框架等相关事务达成了共识。

23日 国防部发布声明，宣布划设东海防空识别区。具体范围为以下六点连线与我国领海线之间的空域范围：北纬33度11分、东经121度47分，北纬33度11分、东经125度00分，北纬31度00分、东经128度20分，北纬25度38分、东经125度00分，北纬24度45分、东经123度00分，北纬26度44分、东经120度58分。

24日 为期6天的跨太平洋伙伴关系协定（TPP）首席谈判官会议在美国犹他州盐湖城闭幕。根据美国贸易代表办公室25日发布的新闻稿，此次TPP的12个谈判国在会议期间就知识产权、跨境服务贸易、临时入境、环境和市场准入等问题展开了谈判并取得进展，但仍未能在撤销关税等关键谈判领域取得突破。

28日 越南第十三届国会六次会议表决通过了《1992年宪法修正案》草案。新宪法将于通过之日起15日内正式公布，并于2014年1月1日起施行。修订后的新宪法强调越南共产党是国家和社会的领导力量，政府在国家经济生活中起主导作用。修订后的新宪法共有11章120条,较《1992年宪法》减少1章27条。新宪法对越南的政治制度、国家机构、经济文化、教育科技、公民权利及义务、捍卫国家主权等领域做出明确规定。

泰国国会下议院28日否决了反对党提出的针对总理英拉及内政部长乍鲁蓬的不信任案。当天下午,英拉发表讲话称,政府愿意与反对党通过对话找到解决问题的办法,结束国家旷日持久的政治危机。

29日 国务院总理李克强在塔什干出席上海合作组织成员国总理第十二次会议,同与会各国领导人就促进上合组织框架内多领域合作、加强上合组织建设等深入交换意见,达成广泛共识。

12月

2日 泰国刑事法庭下午发出对反政府示威领导人素贴的逮捕令,指控他煽动群众占领政府。这是一周内法庭对素贴发出的第二个逮捕令。上次是指控他损害公共财产。反政府抗议集会者2日继续攻占政府部门,关键目标是总理府、议会大厦和警察总署。示威者试图冲破警察设置的路障,警方使用催泪瓦斯和高压水枪驱赶示威者。20多所学校和9所大学当天宣布停课。1日晚间,素贴发出最后通牒,要求总理英拉在两天内下台,"还政"于民。

2~4日 亚太安全合作理事会第九次大会在北京举行。来自亚太地区多国的官员、学者200余人出席会议。与会者就亚太地区安全架构、东北亚安全、网络安全、水资源安全和海事安全等议题进行了深入讨论,其中如何构建有效的亚太安全机制成为讨论热点。

4日 作为统筹日本外交、安全保障政策"司令部"的国家安全保障会议在日本东京正式成立。4日,国家安全保障会议召开了由首相安倍晋三、副首相麻生太郎、官房长官菅义伟、外相岸田文雄及防卫相小野寺五典组成的"五大臣会议",就年内制定的国家安保战略、如何应对中国设立防空识别区、朝鲜局势等问题进行了协商。

6日 国家主席习近平在人民大会堂会见韩国国会议长姜昌熙。

8日 韩国国防部正式公布了韩国防空识别区扩大方案。扩大后的防空识别区范围将覆盖中国的苏岩礁（韩国称"离於岛"）水域上空，并延伸至韩国马罗岛和红岛南部领空。这是韩国自1951年3月划定防空识别区以来，时隔62年首次重新划定这一区域。

8日，泰国反政府示威活动仍在继续。当天下午，泰国最大反对党民主党召开特别会议，经过4个小时的激烈讨论，决定全部160名议员集体从国会辞职，加入反政府集会示威的队伍中。

朝鲜劳动党中央政治局8日举行扩大会议，宣布张成泽一伙有严重反党反革命行为，解除张成泽一切职务并开除出党。

10日 亚太经合组织非正式高官会在北京国家会议中心举行。外交部长王毅出席会议并致辞，外交部副部长李保东主持会议。会议主题为"共建面向未来的亚太伙伴关系"，三大议题为"推动亚太区域经济一体化""促进经济创新发展、改革与增长""加强全方位基础设施与互联互通建设"。

16日 美国国务卿克里在访问越南期间宣布，将向越南提供资金援助，帮助其购买巡逻艇。此外，推动"跨太平洋伙伴关系协定"（TPP）谈判和所谓"南海航行自由及安全"是克里谈及的重要议题。

17日 美国国务卿克里访问美国的传统军事盟友菲律宾。

18日 印度议会人民院（下院）通过了《公民监察法案》，为这一反腐法案的最终实施铺平了道路。

18~19日 孟中印缅经济走廊联合工作组第一次会议在昆明成功召开，四国政府高官和有关国际组织代表出席。会议就经济走廊发展前景、优先合作领域和机制建设等进行了深入讨论，就交通基础设施、投资和商贸流通、人文交流等具体领域合作达成广泛共识。各方签署了会议纪要和孟中印缅经济走廊联合研究计划，正式建立了四国政府推进孟中印缅合作的机制。

19日 根据中韩双方共识，双方就移交中国人民志愿军烈士遗骸事宜进行了工作磋商，韩方同意尽快将迄今发掘的遗骸、遗物移交中方。双方将

本着人道主义精神，通过友好协商推进相关工作。

24日 印度尼西亚政府宣布，将放宽机场、医药业、发电厂和高速公路等领域的投资限制，以吸引更多外资。

2014年

1月

2日 国务院总理李克强在中南海紫光阁会见来华出席中柬政府间协调委员会首次会议的柬埔寨副首相兼外交国际合作大臣贺南洪。

12日 原矿出口禁令在印尼正式生效。即日起，印尼政府将停止所有原矿出口，在印尼采矿的企业必须在当地冶炼或精炼后方可出口。

14日 韩国外交部发言人赵泰永在记者会上敦促日本收回在中学教科书编写指南中加入"独岛（日本称竹岛）是日本领土"的内容的决定，否则后果自负。

16日 朝鲜国防委员会当天向韩国当局发出"重大提案"，提议双方从1月30日开始采取实际措施，全面停止相互刺激和诽谤中伤，停止针对对方的一切军事敌对行为，采取措施防止发生核灾难。

27日 美国国务院对朝政策特别代表戴维斯于27～28日访华，中美就推进朝鲜半岛无核化和重启六方会谈问题深入交换意见。

28日 泰国看守政府副总理蓬贴在与选举委员会成员举行会议后宣布，2月2日大选将如期举行。同日，反贪污委员会决定对看守总理英拉是否在大米收购项目中存在渎职行为进行调查，如果罪名成立，可能将对英拉发起弹劾。

2月

6日 国家主席习近平在俄罗斯索契会见俄罗斯总统普京。两国元首在亲密友好务实的气氛中，全面总结了过去一年中俄关系发展形势及取得的重要成果，对新的一年两国的合作做出战略规划和部署，就加强双方在重大国际和地区问题上的战略协作达成重要共识。

7日 韩朝在开城工业园区举行通信领域工作会议，磋商园区内开通互联网服务的问题。

10日 尼泊尔第二届制宪会议公布了当天进行的总理选举结果，尼泊尔大会党主席苏希尔·柯伊拉腊当选为新一届政府总理。

中印边界问题特别代表第十七次会晤于10~11日在新德里举行。中方特别代表、国务委员杨洁篪和印方特别代表、国家安全顾问梅农就中印边界问题、中印关系和共同关心的国际、地区问题深入交换了意见。双方一致认为，中印近年来保持边界谈判势头，有效管控涉边分歧，为两国关系健康顺利发展创造了有利条件。双方愿共同努力，根据"三步走"路线图，坚持解决边界问题的政治指导原则，寻求早日谈成公平合理、双方都能接受的解决框架。在边界问题解决前，双方愿充分发挥好涉边机制作用，切实落实中印在边境地区保持和平与安宁的相关协定及中印边防合作协议，共同维护边境地区的和平与安宁。印度总理辛格11日在新德里会见中印边界问题中方特别代表、国务委员杨洁篪。

11日 外交部长王毅在北京与来访的斯里兰卡总统特使、外长佩里斯举行会谈。

12日 印度尼西亚国会日前通过一项全面贸易法案，该法案将允许印尼政府通过限制进出口的方式，保护本国产业和市场。

朝韩高级别接触于12日和14日在板门店举行，双方就北南之间的一系列问题认真进行了协商，并发表联合公报，达成以下共识：第一，双方决定如期举行离散家属会面；第二，为增进相互理解与信任，双方决定停止针对对方的诽谤中伤；第三，双方决定就互相关心的问题继续协商，为发展北南关系做出积极努力。双方将择日再举行高级别接触。

14日 国家主席习近平在人民大会堂会见美国国务卿克里。国务院总理李克强14日在中南海紫光阁会见美国国务卿克里。

15日 美国总统奥巴马签署了债务上限法案，使其正式成为法律。该

法案将美国联邦政府举债权限延长至 2015 年 3 月 15 日。美国迫在眉睫的债务违约警报得以阶段性解除。

17 日 泰国反政府示威领导人素贴带领几千名示威者前往总理府，与一直驻扎在附近的示威者在总理府 1 号、2 号和 5 号门堆放沙袋并浇灌水泥，封堵总理府大门，总理府内驻守的警察和士兵未进行阻拦。

17 日，澳大利亚政府公布了 2013 年 12 月与韩国签署的自由贸易协定的有关细节。根据该协定，澳大利亚出口到其第四大贸易伙伴韩国多达 98% 的产品将免于征税。

19 日 国家主席习近平在人民大会堂同巴基斯坦总统侯赛因举行会谈。同日，发表了中华人民共和国和巴基斯坦伊斯兰共和国关于深化中巴战略与经济合作的联合声明。

21 日 中国驻美国大使崔天凯在华盛顿就美国总统奥巴马会见达赖向美国政府提出严正交涉。

25 日 为期 4 天的跨太平洋伙伴关系协定（TPP）部长级会议在新加坡闭幕，谈判未能达成协议，进展甚微。

韩国总统朴槿惠 2 月 25 日公布了"经济革新三年规划"，以期通过改革到 2017 年把韩国的经济增长率提升至 4%，就业率达到 70%，人均年收入增加至 4 万美元，实现"474"的蓝图。

朝韩离散家属团聚活动第二轮会面当天在朝鲜金刚山结束，朝方人员 266 人和韩方人员 497 人参加了此次团聚活动。

3 月

8 日 据马来西亚航空公司官方通报，该公司 MH370 航班于凌晨 2 点 40 分与空中交通管制台失去联系。

10 日 国家主席习近平应约同美国总统奥巴马通电话。两国元首就中美关系及乌克兰局势交换意见。

17 日 中韩自由贸易协定第十轮谈判在韩国京畿道一山开幕，中韩双方就货物和服务贸易、投资、技术性贸易壁垒及知识产权等领域广泛展开磋商，谈判持续至本周末。

18日 泰国看守内阁在曼谷北部的佛统府召开例行内阁会议，决定从19日起停止实施曼谷及其周边地区的紧急状态法，转而实施管制程度相对较低的国内安全法。

19日 国家主席习近平在人民大会堂会见新西兰总理约翰·基。

国务院总理李克强19日下午在中南海紫光阁会见来华出席第三次中印战略经济对话的印方主席阿鲁瓦利亚。

22日 马尔代夫议会举行选举，马尔代夫总统亚明所属的进步党赢得了34席，进步党的盟友共和党也赢得了15席，执政联盟在议会所有85个席位中已居多数地位。前总统纳希德所领导的民主党获得了24席。

24日 国家主席习近平在海牙会见美国总统奥巴马。

26日 日本自卫队的网络战专门部队——"网络防卫队"正式成立。网络防卫队隶属于日本内阁防卫省，由约90名自卫队员组成。

朝鲜和俄罗斯两国政府26日在平壤签署了关于贸易经济和科技合作的会谈纪要。

27日 菲律宾政府在马尼拉同"摩洛伊斯兰解放阵线"（"摩伊解"）签署"邦萨摩洛全面协议"，该协议将以"邦萨摩洛政治实体"取代目前的"棉兰老穆斯林自治区"，标志着菲律宾政府与南部伊斯兰分离运动之间长达17年的和平谈判宣告结束。

30日 缅甸移民和人口部表示，缅甸正式在全国开展人口普查，以便掌握人口、经济和社会基本情况，制订符合国情的国家发展计划。这是缅甸31年来首次进行人口普查。

31日 巴基斯坦审理前总统穆沙拉夫一案的特别法庭正式指控穆沙拉夫涉嫌犯有叛国罪。

4月

7日 日本首相安倍晋三与到访的澳大利亚总理阿博特在东京举行会谈，就着手开展潜艇相关技术的共同研究达成协议。

日本首相安倍晋三与澳大利亚总理阿博特7日在东京就两国的自由贸易协定达成基本一致。澳大利亚由此成为首个与日本达成贸易协定的农产品出口国。作为协定的一部分，日方同意大幅下调澳大利亚产牛肉的进口关税，澳方则同意取消对日本汽车的进口关税。

8日 澳大利亚总理阿博特到访韩国，与韩国正式签署了澳韩自由贸易协定。根据该协定，韩国将在今后10年内对90%以上的澳大利亚产品免除关税。澳大利亚则在5年内免除对几乎所有韩国产品的进口关税。如果两国国会批准程序进展顺利，澳韩自由贸易协定有望于明年生效。

国家主席习近平8日在人民大会堂会见东帝汶总理沙纳纳。两国领导人一致决定，将双边关系提升为睦邻友好、互信互利的全面合作伙伴关系，秉承传统友好，深化互利合作，携手共同发展。

9日 印度尼西亚议会举行选举。这是印尼自1998年进入民主改革时代以来的第四次议会选举，选举结果将于5月公布。

国务委员杨洁篪9日在北京会见美国国防部长哈格尔。双方对中美两军关系发展取得的成果给予了积极评价。杨洁篪重申了中方在台湾、东海、南海等问题上的立场和关切。

10日 美国国防部长哈格尔对蒙古国进行正式访问。蒙美两国国防部长在会谈中对双方军事合作表示满意，承诺将丰富和扩大合作的内容和形式。会谈后，两人签署了《蒙美安全合作目标联合声明》。

国务院总理李克强10日上午出席博鳌亚洲论坛2014年年会开幕式，并发表了题为"共同开创亚洲发展新未来"的主旨演讲。来自亚洲、非洲等52个国家的政界、工商界人士和专家学者参加了开幕式。

11日 韩国政府表示，签署韩美日三国军事情报交流谅解备忘录一事时机尚未成熟，尤其是韩日之间现仍存在各种尚需解决的问题。

菲律宾军方11日发布新闻公报说，菲律宾和美国当天在马尼拉结束了关于加强两国军事合作的第八轮会谈，双方就扩大美国在菲军事存在协议草案的诸多关键性问题达成共识。

16日 上午8时58分许，一艘载有459名乘客的"岁月"号客轮

(6825吨级)在韩国西南部全罗南道珍岛郡屏风岛以北20千米海上发生浸水事故后沉没。这艘客轮于15日21时许从仁川港出发，在驶往济州岛的途中发生事故。乘客大部分为前往济州岛参加修学旅行的京畿道安山市檀园高中师生。

21日 柬埔寨与美国在柬埔寨首都金边以西的磅士卑省军事基地举行"2014年吴哥哨兵"联合军事演习。

第二十次中国—东盟高官磋商于21~22日在泰国帕塔亚举行，其间还举行第七次落实《南海各方行为宣言》高官会，中国外交部副部长刘振民率团与会。

23日 美国总统奥巴马抵达日本东京，开始为期3天的访日行程。25日，美日发表联合声明，其中称《美日安保条约》适用于钓鱼岛，还对东海防空识别区、南海问题等发表评论。中国外交部负责人25日下午分别约见美国和日本驻华大使，提出严正交涉。

28日 在美国总统奥巴马即将抵达菲律宾进行访问前数小时，菲律宾国防部长加斯明和美国驻菲律宾大使戈登伯格代表双方政府在马尼拉签署了《强化防务合作协议》，该项为期10年的协议旨在强化美国在菲律宾的军事存在。

5月

4日 执政党为泰党5月拒绝反对党民主党主席阿披实提出的政治提案，称其设想根本不切实际，且违反宪法，认为看守政府已同中央选举委员会商定大选日期，民主党积极参选才是化解当前政治僵局的良策。5日，反政府组织"人民民主改革委员会"示威者继续游行活动，其领导人素贴表示将坚持到底，直至最后胜利。

5日 菲美"肩并肩2014"联合军事演习在菲律宾首都马尼拉举行，此次演习将持续两周，双方有约5500名官兵参加。

7日 泰国宪法法院做出裁决，认定看守政府总理英拉2011年调动前国家安全委员会秘书长他汶的职位一事违宪，要求终止英拉的看守政府总理职务。宪法法院同时裁决，终止当时参与发出调任命令的内阁成员的职务，这意味着包括英拉政府外交部长、财政部长、劳工部长在内的多名内阁成员也将被迫离职。看守政府副总理蓬贴表示，内阁已指定现任副总理兼商务部长尼瓦他隆接任看守政府总理。

8日 泰国反贪污委员会（反贪委）认定前看守政府总理英拉在"大米收购计划"实施过程中存在渎职、玩忽职守等罪行，对其提起诉讼，并建议国会上议院弹劾英拉。

12日 一度被推迟的斯里兰卡和印度第二轮渔业谈判在科伦坡举行，但因双方分歧严重，谈判无果而终。

13日 缅甸政府与克钦独立军在缅甸克钦邦首府密支那进行新一轮和谈。缅甸总统府部长昂敏带领的政府代表团，同克钦独立军副总司令甘莫带领的克钦代表团举行了会谈。会谈中，缅甸政府与克钦独立军达成初步协议，将成立"和平监督委员会"，以监控双方军队的动向，并负责裁定"谁应当为新的冲突负主要责任"。不过，双方尚未就该委员会的组建方式及委员会人选等问题达成一致。

15日 以"携手推进泛北合作，共建海上丝绸之路"为主题的第八届泛北部湾经济合作论坛在广西壮族自治区首府南宁开幕。开幕式上，来自中国、缅甸、柬埔寨、新加坡、越南等国的政要、领导和嘉宾代表分别发言，共同探讨如何推动泛北部湾经济合作进一步成为21世纪"海上丝绸之路"的先行项目等议题。

16日 印度人民院（议会下院）选举初步结果公布。人民党已获得280个以上的席位，首次单独成为议会多数党。

17日 2014年亚太经合组织贸易部长会议在青岛召开，亚太经合组织21个经济体贸易部长或代表率团与会，并发表了《2014亚太经合组织贸易部长会议青岛声明》和《亚太经合组织贸易部长支持多边贸易体制的单独声明》。

19日 外交部部长助理郑泽光召见美国驻华大使博卡斯，就美国司法部不顾中方强烈反对，执意宣布起诉5名中国军官一事提出严正交涉和抗议。

20日 俄罗斯联邦总统普京对中华人民共和国进行国事访问。两国元首在上海举行了会晤。双方发表了《中华人民共和国与俄罗斯联邦关于全面战略协作伙伴关系新阶段的联合声明》。21日，国家主席习近平和俄罗斯总统普京在上海共同见证中俄两国政府《中俄东线天然气合作项目备忘录》、中国石油天然气集团公司和俄罗斯天然气工业股份公司《中俄东线供气购销合同》的签署。根据双方的商定，从2018年起，俄罗斯开始通过中俄天然气管道东线向中国供气，输气量逐年增长，最终达到每年380亿立方米，累计30年。国家主席、中央军委主席习近平20日在上海吴淞海军军港同俄罗斯总统普京一起出席"海上联合2014"中俄海上联合军事演习开始仪式，并看望两国海军官兵代表。习近平和普京分别发表讲话。

第八次东盟国防部长会议20日在缅甸首都内比都举行。本次会议通过了2014~2016年工作计划，同意建立东盟防长会议热线，以便处理危机和紧急事务，特别是海上安全相关问题。第九次东盟防长会议将由东盟下任轮值主席国马来西亚主持召开。

纳伦德拉·莫迪20日接受印度总统慕克吉关于组建新一届联邦政府的邀请，并将于26日宣誓就任总理。

21日 亚洲相互协作与信任措施会议（亚信）第四次峰会在上海举行，包括亚信成员国、观察员、峰会客人在内的47个国家和国际组织领导人及代表共商亚洲安全合作，共谋亚洲长治久安，共襄亚洲未来发展。中国国家主席习近平主持会议并发表题为"积极树立亚洲安全观　共创安全合作新局面"的主旨讲话，中国还正式接任2014~2016年亚信主席国，倡议成立亚信非政府论坛等推动亚洲安全合作和亚信发展的重要举措。会后发表了《亚洲相互协作与信任措施会议第四次峰会上海宣言》。

22日 国家主席习近平在上海会见巴基斯坦总统侯赛因。两国元首共同见证了《中国和巴基斯坦关于拉合尔轨道交通橙线项目的政府间框架协议》的签署。

国家主席习近平22日在上海会见斯里兰卡总统拉贾帕克萨。

新西兰储备银行22日宣布，中国人民银行与新西兰储备银行22日续签

本币互换协议,以支持不断发展的双边贸易。

泰国陆军司令巴育发表电视讲话,宣布成立由陆海空三军及警察组成的"国家维护稳定委员会",从当地时间下午4时30分开始接管国家政权,停止看守政府职能。泰国军方22日深夜宣布,由"国家维护稳定委员会"负责人、陆军司令巴育上将担任代理总理,直到军方找到合适的总理人选。23日,英拉、尼瓦探隆等看守内阁成员按照军方命令向军方报到。泰军方指示各部委常务次长暂时行使部长权力,并下令各府府尹向所属军区报到。

23日 巴基斯坦总理府宣布,巴总理谢里夫接受了出席印度新总理莫迪就职仪式的邀请。

26日 泰国陆军司令巴育在陆军总部举行仪式,宣布获得泰国国王普密蓬谕令,正式被任命为国家维护稳定委员会(维稳会)主席,全面管理国家事务。巴育表示将尽快任命临时总理,推动国会选举。

27日 柬埔寨全国选举委员会公布了第二届地方选举正式结果,柬埔寨人民党赢得地方多数理事席位。

30日 国家主席习近平在钓鱼台国宾馆会见马来西亚总理纳吉布。

6月

6日 应中华人民共和国国务院总理李克强的邀请,孟加拉人民共和国政府总理谢赫·哈西娜于2014年6月6~11日对中国进行正式访问。访问期间,国家主席习近平会见了哈西娜总理,李克强总理同哈西娜总理举行了会谈,全国政协主席俞正声会见了哈西娜总理。双方就中孟关系及共同关心的国际和地区问题等议题进行了深入讨论。哈西娜总理还出席了在昆明举行的第二届中国—南亚博览会开幕式。

柬埔寨诺罗敦·拉那烈亲王在柬埔寨首都金边正式宣布,由他组建的新保皇派政党君主主义人民社会党正式成立,并将参加2018年大选。

巴基斯坦国民议会6日在首都伊斯兰堡通过了2014年反恐怖主义法修正案。这将有助于有效打击巴境内的恐怖组织及其支持者参与恐怖主义和洗钱等不法行为。

国务委员杨洁篪6日在北京钓鱼台国宾馆同俄罗斯联邦安全会议秘书帕特鲁舍夫举行中俄第十轮战略安全磋商。双方就中俄关系、国际和地区安全形势、有关热点问题深入交换意见，达成高度共识。

9日 印度总统慕克吉在印度议会两院联席会议上公布了印度新政府的执政纲领，基本上涵盖了印度人民党竞选纲领的所有内容，而其中复苏经济成为核心内容。这份新的执政纲领涉及经济、基础设施、能源、农业、国防、外交等十余个领域。

13日 日本《国民投票法》上午在参议院全体会议上经表决通过，根据该法，4年后修宪公投的投票年龄将从20岁下调到18岁。

泰国"国家维护稳定委员会"13日晚宣布，从当天起解除全国范围内的宵禁。

18日 国务委员杨洁篪在河内同越南副总理兼外长范平明举行中越双边合作指导委员会团长会晤。双方就中越关系及当前海上局势坦诚、深入地交换了意见。

27日 国家主席习近平在人民大会堂同缅甸总统吴登盛举行会谈。两国元首一致同意，坚持中缅友好正确方向，深化全面战略合作，推动中缅关系继续健康稳定向前发展。

30日 国家主席习近平在人民大会堂会见印度副总统安萨里。

印度空间研究组织30日在印度东南部安得拉邦斯里赫里戈达岛发射场成功发射了一枚印度国产极轨卫星运载火箭，将来自法国、德国、加拿大和新加坡的5颗卫星送入太空。

7月

4日 国家主席习近平在首尔与韩国总统朴槿惠共同出席中韩经贸合作论坛。习近平发表了题为"携手合作，共创未来"的重要讲话，指出两国经贸合作具有天时、地利、人和的优势，中韩各自发展必将为两国企业家提供更广阔的合作空间，希望双方抓住机遇，不断提高中韩经贸合作水平。4日，国家主席习近平在首尔再次会见韩国总统朴槿惠。

7日 朝鲜当天发表政府声明，呼吁结束北南敌对状态，为改善朝韩关系提出4项内容，包括将派遣运动员和后援团参加仁川亚运会等。

9~10日 中越海上低敏感领域合作专家工作组第六轮磋商在北京举行。双方一致同意落实两国领导人共识及《关于指导解决中越海上问题基本原则协议》精神，继续积极推进中越海上低敏感领域合作。

10日 第六轮中美战略与经济对话和第五轮中美人文交流高层磋商当日圆满结束。对话和磋商发表的成果清单共包含300多项合作成果，不仅数量创了纪录，而且内容实实在在，对两国在双边、地区、全球层面广泛领域的对话合作做出了明确要求和规划。

15日 韩国总统府青瓦台外交安保首席秘书朱铁基表示，致力于朝鲜半岛统一、直属于总统的统一准备委员会当天正式启动，总统朴槿惠任委员长。

22日 柬埔寨首相洪森与反对党救国党领导人桑兰西签署协议，双方同意打破持续近一年的政治僵局，反对党同意加入国会，同时柬埔寨政府将对选举委员会进行改革。

泰国陆军司令、全国维持稳定委员会（维稳会）主席巴育上将从泰国国王手中接过由国王御准的临时宪法。这是泰国迄今为止的第十九部宪法，临时宪法的通过将为泰国建立过渡政府和国家改革委员会铺平道路。

22日晚，印度尼西亚选举委员会宣布佐科·维多多以53.15%的得票率赢得2014年总统选举。

28日 中共中央总书记、国家主席习近平28日在人民大会堂同老挝人民革命党中央总书记、国家主席朱马里举行会谈。双方就两党两国关系、执政治国理念及共同关心的国际和地区问题深入交换了意见，达成重要共识，强调无论国际风云如何变幻，都要坚持推动中老两党两国关系不断向前发展，做好邻居、好朋友、好同志、好伙伴。

国务委员杨洁篪在中南海会见来华举行中不第二十二轮边界会谈的不丹外交大臣仁增·多吉。

由中国银行和澳大利亚证券交易所共同开发的人民币清算系统28日在

澳大利亚成功运行，这标志着人民币成为第一个被纳入澳大利亚本地清算系统的外国货币。

31日 印度外交部长斯瓦拉吉与美国国务卿克里一起主持了第五轮印美战略对话。经贸议题成为此次战略对话的焦点。克里还将于8月1日会见印度总理莫迪。

中国外交部长王毅31日出席在塔吉克斯坦首都杜尚别举行的上海合作组织外长会议。

8月

1日 日本政府公布158个"无名岛屿"的新名称，其中包括中国钓鱼岛的5个附属岛屿。当日，中国驻日本大使馆就此事向日方提出交涉，表示抗议。

5日 俄罗斯外交部表示，俄日两国副外长原定8月底就南千岛群岛（日本称"北方四岛"）争议领土问题进行的磋商将推迟举行，推迟的原因是日本对俄罗斯追加制裁。

8日 泰国新成立的国家立法议会召开第一次会议，会议选举出议会主席和副主席。

8~10日 东亚合作系列外长会在缅甸首都内比都举行。为期3天的系列外长会讨论了政治、安全和发展问题，以及与会各方共同关心的地区和国际问题。中国外交部长王毅出席在缅甸内比都举行的中国—东盟（10+1）外长会、东盟与中日韩（10+3）外长会、东亚峰会外长会和东盟地区论坛外长会，并访问缅甸。

9日 美国国防部长哈格尔在印度观察家研究基金会发表演讲时称，美印两国的防务合作应当由简单的买卖关系向联合生产、研发和更自由的技术交流转变。

9日，外交部长王毅在出席东亚合作系列外长会期间，应约同日本外相岸田文雄进行了非正式接触。双方就如何改善中日关系交换了意见。据了解，王毅严肃阐明了中方的原则立场，要求日方为克服两国关系中存在的政治障碍做出切实努力。

20~21日 2014年亚太经合组织（APEC）第三次高官会在北京举行。21个成员高官在"共建面向未来的亚太伙伴关系"的主题下，围绕区域经济一体化、经济创新发展、改革与增长、全方位互联互通与基础设施建设等重要议题进行了深入讨论，进一步凝聚共识，落实合作倡议，为领导人会议取得重要成果做好了准备。

21日 印度尼西亚宪法法院就总统大选结果做出最终判决，维持原选举结果，驳回败选总统候选人普拉博沃·苏比安托的一切诉求。普拉博沃阵营各党派宣布接受这一结果，而当选总统的佐科·维多多则表示希望双方阵营即刻展开合作，组建新政府。

22日 国家主席习近平在乌兰巴托会见蒙古国总理阿勒坦呼亚格。

习近平同额勒贝格道尔吉总统举行会谈，一致同意把中蒙关系提升为全面战略伙伴关系，并签署了一系列重要合作文件。会谈后发表了《中华人民共和国和蒙古国关于建立和发展全面战略伙伴关系的联合宣言》。

25日 现任泰国国家维护稳定委员会主席、陆军司令巴育获泰国国王普密蓬御准，正式成为该国第二十九届政府总理，并于陆军总部举行就职仪式。

28日 亚太经合组织（APEC）第四届海洋部长会议在福建厦门开幕。会议通过了《厦门宣言》。此次部长会议的主题为"构建亚太海洋合作新型伙伴关系"，重点讨论海洋生态环境保护和防灾减灾、海洋在粮食安全和相关贸易中的作用、海洋科技创新、蓝色经济等四个议题。

9月

1日 日本首相安倍晋三与印度总理莫迪举行会谈，双方就加强在安全领域的合作达成一致。报道称，两国将开始研究建立外交与防务部长级磋商（2+2）机制，以及定期举行日本海上自卫队与印度海军联合军演。同时，双方还就今后5年内日本对印直接投资和进军印度市场的日企数量翻一番达成共识。两位首脑发表了写有上述内容的联合声明。关于印度关注的日本海上自卫队救难艇"US2"向印度出口一事，双方确认将加快协调工作。

2~4日 印尼总统苏西洛对新加坡进行为期3天的国事访问。苏西洛将分别与新加坡总理李显龙和总统陈庆炎举行闭门会谈，讨论两国双边关系的最新进展，两国将签署新加坡海峡东部领土海洋划界协议。除签署海洋划界协议之外，两国元首也将讨论两国双边关系的最新发展，并通过建立7个工作组，加强投资、农业、旅游、劳工与巴淡、民丹、卡里温与其他经济特区的合作关系。

3日 日本首相安倍晋三进行自民党内部人事调整，同日下午于首相官邸确认内阁改组方针。

"跨太平洋伙伴关系协定"（TPP）首席谈判代表会议3日开始在越南首都河内举行。本次会议持续至10日，日美等12个谈判国就知识产权保护、国有企业改革等分歧较大的问题展开讨论。

俄罗斯总统普京3日在访问蒙古国期间称，1939年诺门罕战役的胜利是俄罗斯与蒙古国关系的基石。

6日 朝鲜劳动党中央委员会主管国际事务书记姜锡柱启程访问德国、比利时、瑞士、意大利和蒙古。

6~8日 日本首相安倍晋三访问孟加拉国和斯里兰卡。安倍在孟加拉国与总理哈西娜举行了会谈。哈西娜表示孟加拉将退出2015年10月联合国安理会非常任理事国的竞选，支持日本担任非常任理事国。日本首相安倍晋三7日下午在斯里兰卡科伦坡与该国总统贾帕克萨会谈，双方就建立政府间磋商机制等加强在海洋安全领域的合作达成一致。由于斯里兰卡位于日本从中东运输石油的印度洋海上要道，安倍表示将启动调查为提供巡逻船做准备。

8日 泰国国王普密蓬·阿杜德发布谕令，批准一份军队人事变动名单，乌东迪将接任泰总理巴育的陆军司令一职。

11日 俄驻日大使阿法纳西耶夫在接受报纸采访时表示，受日本对俄实施制裁的影响，俄罗斯总统普京的今秋访日计划将被推迟。

朝鲜国家科学技术委员会和蒙古教育科学部11日在平壤签署科技合作

谅解备忘录。

12 日 泰国新总理巴育向国家立法议会阐述了其施政纲领,他的施政纲领包括 11 个方面的内容,涉及国体、民生、经济、社会、文化、宗教、医疗、科技、可持续发展、法治等方面。

澳大利亚宣布调高国内恐怖威胁级别至"高级"。

16 日 第十一届中国—东盟博览会暨中国—东盟商务与投资峰会在广西南宁开幕。

20 日 韩国总统朴槿惠前往加拿大和美国进行访问。韩国总统朴槿惠 22 日会见了加拿大总督夫妇。韩加两国于 23 日正式签署韩加自由贸易协定。

22 日 太平洋岛国斐济发表了 17 日的大选结果,在本次具有历史性意义的大选中,现任总理姆拜尼马拉马所领导的第一党获得大胜。

经过激烈角逐和选举机构 8 轮投票,鲍德温·朗斯代尔 22 日当选南太平洋岛国瓦努阿图新任总统。

24 日 日本首相安倍晋三在纽约与澳大利亚总理阿博特举行会谈,双方就加快缔结日澳军方合作新协定一事达成一致。此外,双方还确认将使今年 7 月两国首脑签署的经济伙伴关系协定(EPA)早日生效。

B.20 后　记

自习近平主席 2013 年下半年提出"一带一路"倡议以来，作为新时期中国对外开放与经济外交的重要平台，其受到国内外的关注程度之高是前所未有的。同时，也注定了它对中国经济与周边外交的影响将是巨大的。为此，我们从 2014 年初开始设置了专门的研究机构与团队从事"一带一路"，尤其是海上丝绸之路的研究。本年度报告的专题篇就是他们的初步研究结果。

与往年一样，本报告延续了以中国周边战略环境为主线的研究思路。除了对本地区典型大国的发展趋势进行连续跟踪外，热点篇反映的是本年度发生的与中国密切相关的事件及问题。

作为中国社会科学院亚太与全球战略研究院的一项集体研究成果，尽管全书的框架与思路是统一的，但每篇文章反映的还是作者个人的看法。这就不可避免地会出现学术观点不一致的现象，希望读者予以理解。

在本书的创作与出版过程中，社会科学文献出版社的社长谢寿光先生与他的同事们给予了我们很多帮助。在此我代表本书的编委会对他们表示敬意，同时也对本书作者辛勤的创作表示感谢。最后，也是最重要的，我们希望读者与国内外的同行一如既往地给予支持，提出批评意见，以不断提高报告的质量。

主编

2014 年 12 月

Contents

B I General Report

B.1 Review and Prospect of the Situation of Asia-Pacific in
the Year of 2014 -2015 *Li Xiangyang* / 001

Abstract: Asian economy continued to keep growth moderately in 2014, for the constraints of slow global economy recovery and Asia's structural adjustment. However, it still has acted as the engine of global economic growth. It is estimated that most of Asian economies will grow faster slightly in 2015 than in 2014, as well as accelerate their structure adjustment. The strategy of rebalance in Asia-Pacific presents increasingly offshore balance feature that U.S. put the strategy into practice by its Asian allies. As a result, for one thing, Japan's "normal country" strategy and U.S. strategy of rebalance begins to help each other forward; for another, some claimants try to harm China's core interest by the strategy of rebalance. Under the Ukraine Crisis influence, it is inevitable for Russian to move eastward. After the general election, India's new Asian strategy becomes a point at issue all over the world. In 2014, China made great progress in its neighbor diplomacy based on "qin (closeness), cheng (earnestness), hui (benefit) and rong (inclusiveness)", such as, Asia's new security concept in the Conference on Interaction and Confidence-Building Measures in Asia (CICA), Free Trade Area of the Asia-Pacific (FTAAP) in APEC summit, China-Korea FTA and China-Australia FTA, One Belt and One Road (OBOR).

Keywords: The Strategy of Rebalance in Asia-Pacific; Asia's New Security Concept; Free Trade Area of the Asia-Pacific (FTAAP); China's Neighbour Strategy; One Belt and One Road (OBOR)

B Ⅱ Topics on "One Belt and One Road"

B.2 Economic Feasibility of Silk Road's Strategy

Zhao Jianglin / 013

Abstract: Both the Maritime Silk Road and the Silk Road Economic Belt are kinds of China's strategic arrangement opening to the outside in the new era of China's economic development. Their aims are to achieve long-term stability and prosperity in both China's domestic and external environments. Based on transformation of economic relations between China and its neighbors, both silk roads will seek way to build up an economic system of the common growth.

Keywords: The Maritime Silk Road; The Silk Road Economic Belt; Economic Relations

B.3 21st Century Maritime Silk Road and Regional Connectivity

Wang Jinbo / 025

Abstract: The initiatives on building 21st century Maritime Silk Road and Silk Road economic belt jointly formed a new framework of all-round opening to the outside world and economic diplomacy of China. On the basis of equal consultation, the Building of Maritime Silk Road can realize common development and prosperity of region through economic cooperation, cultural exchanges, and trade investment facilitation. It should be stressed that the building of Maritime Silk Road is not starting from scratch, but rather a continuation and upgrading of existing cooperation. Likewise, the regional connectivity and seamless can exert positive influences on expanding regional production networks, and promoting regional integration. To narrow the economic gap among different countries, to balance the regional development and to improve national economic welfare, can

meet the basic needs of countries along new Silk Road, in terms of joint development and gaining benefits from the building of 21st century Maritime Silk Road and Silk Road economic belt.

Keywords: Maritime Silk Road; Regional Connectivity; Seamless; Factor Mobility

B. 4 Maritime Silk Road and East Asian Cooperation

Wang Yuzhu / 037

Abstract: The quickly changing regional environment come with huge challenge to China, that his, how to make the regional cooperation strategy contribute to China's economic rising. As one of the most important strategies focusing on China's relationship with the externals, Maritime Silk Road (MSR) should play key roles in deepening china's relationship with our neighbors, and in coping with the challenges that China is facing. Building up new cooperation model beyond the traditional wisdom of free trade will be the key pathway that MSR contribute to China economy. And the making of new cooperation model should be started from China ASEAN cooperation.

Keywords: MSR; East Asian Cooperation; New Model

B. 5 21st Century Maritime Silk Road and China-ASEAN
      Destiny Community　　　　　　　　　　*Xu Liping* / 048

Abstract: Co-Building 21st Century Maritime Silk Road is an important initiatives. This initiatives demonstrate the new sprit of new silk road in unity and mutual trust, quality and mutual benefit, inclusive and mutual learning, and this is one of path of building China-ASEAN Destiny Community. ASEAN Countries are important start points in 21st century maritime silk road, it is also one of important pivots. Co-building 21st century maritime silk road not only can strengthen the friendly foundation, but also can build human beings destiny community including China – ASEAN.

Keywords: 21st Century Maritime Silk Road; China-ASEAN Destiny Community; Cultural Community; Development Community; Security Community

B. 6   The Overview of Security Environment to Build the
         "One Belt and One Road"   *Piao Jianyi* / 059

Abstract: Firstly, the paper discussed the strategic significance and impacts to build "One Belt and One Road" (OBAOR). Then, it made a description that the challenges to build "One Belt and One Road" are mainly reflected in the security aspect. On this basis, the paper put forward a concept to construct the security environment of "One Belt and One Road", and made an overview of building the "One Belt and One Road" security environment to from of economic, science and technology, military, cultural, social, ecological, and some other perspectives.

Keywords: One Belt and One Road; The Security Environment

B Ⅲ   Regional Economic Cooperation

B. 7   The APEC Beijing Summit: Retrospect
         and Review on Themes   *Liu Junsheng* / 076

Abstract: It is thirteen years since the APEC Shanghai summit that China hosted the APEC summit again in Beijing. At present, China is the second largest economy in the world, which has and will cause fundamental changes in the regional economic structure. Against such background, the APEC Beijing summit is expected to achieve more progress. In order to better understand the themes of

this summit, the paper tries to give a systematic retrospect and review around the themes, such as the Free Trade Agreement of Asia－Pacific (FTAAP), innovative economic growth, and connectivity. Hopefully, such retrospect and review will be considered as a kind of basic work for the further discuss and deployment of those themes.

Keywords: The APEC Beijing Summit; The Free Trade Agreement of Asia－Pacific (FTAAP); Innovative Economic Growth; Connectivity.

B. 8　Correspond & Differences over Strategic Interests between U. S. and Japan in Trans-Pacific Partnership Agreement

Ge Cheng / 091

Abstract: The trend that the United States and Japan to led Trans-Pacific Partnership Agreement (TPP) negotiation process has becoming increasingly apparent after Japan's accession. The extent and speed of compromise from both sides driven by same and similar strategic interests is now the key whether an agreement of TPP can be reached or, at what time, to be reached. Under the rapidly changing strategic situation in East Asia as background, correspond of U. S. -Japan bilateral strategic interest is very considerable. This is why the two countries have joined TPP, and listed it as the primary cause of the country in the area of economic integration arrangements in the various priority options. Meanwhile, the United States and Japan failed to reach agreement on TPP in the short term, though compromise over specific terms, reflects significant strategic differences between the two sides: in terms of strategic configuration, strategic urgency, domestic situation and economic relations, there are significant differences between the two countries.

Keywords: Trans-Pacific Partnership Agreement; Strategic Interests; Correspond; Differences

B. 9   RCEP and Asia-Pacific Regional Economic Integration

Wang Jinbo / 105

Abstract: The ongoing RCEP and CJK-FTA have become major agenda in changing prospects for Asia-Pacific regional integration. Faced with different degrades of economic development and market openness, however, ASEAN and its six FTA partner countries should take more effective measures to realize negotiation objectives. Different from TPP's emphasis on setting rules, standards and system structures, RCEP is based on effective system of international division of labor in East Asia. The inclusiveness and gradualness of RCEP and the high standards and wide coverage of TPP provide new power, as well as new tracks and modes, for the East Asia or Asia-Pacific regional economic integration.

Keywords: RCEP; TPP; CJK-FTA; Asia-Pacific Regional Economic Integration

₿ Ⅳ   Regional Issue

B. 10   The Four Dramatic Changes on the South

China Sea Issue   *Zhong Feiteng* / 118

Abstract: The South China Sea issue has became more and more complex with the interaction of four forces. Oil and gas resources competition, international arbitration, U. S. intervention and China's power growth leads international anxious to the peaceful resolution. At the same time, technique factors and domestic social economic development require neighboring countries pay more attention to the South China Sea. To some extent, the international corporation was invited into this region and involved into the disputes. Outside forces, especially the United States, were afraid of the China's rise and its power expansion in this region. They send strong signals to urge claimers use non force solutions. Under the new situations, China should take two ways. On the one

hand, it is possible to deal with it through negotiation. On the other hand, China still needs improve various measures to control conflict escalation. The most important lesson needs to keep in mind is that we should maintain confidence on the peaceful solution. We should take a long perspective to create a "multi-wins" on the South China Sea Issues.

Keywords: The South China Sea Issue; Oil and Gas Resources; International Arbitration; The Dotted Line; Chinese Power

B. 11　The Status quo and Outlook of the CICA Mechanism

Yang Danzhi / 130

Abstract: Since it was established 22 years ago, the CICA has made progress in both idea innovation and mechanism building. But several factors, such as the great diversities among the CICA countries, defect of the CICA itself and the great power's intervene will challenge the future development of the CICA. As the initiator of the "Asia security concept" and the new chairman of the CICA, China will play a irreplaceable role in promoting the development of the CICA mechanism.

Keywords: CICA; Confidence Building; Shanghai

B. 12　Process, Causes and Prospects of the "5 · 22"
　　　　Military Coup of Thailand　　　　*Zhou Fangye* / 142

Abstract: By recalling the process of "5 · 22" military coup of Thailand, the paper considers that, the storage reform problem in the national development path selection, the power conflicts between the old and new interest groups, the lack of deliberative democracy in the constitutional system, were the deep-seated primary causes of periodic coups in Thailand. After the coup, Thailand's political situation may appear the following trends. First, military influence will be significantly improved. Second, political power relations will face a structural adjustment. Third, political reconciliation will depend on the development of Sino-Thai strategic cooperation.

Keywords: Thailand; Military Coup; Political Reform

B. 13　2014 Presidential Election's Influence on Political
　　　and Security Situation in Afghanistan　　*Ye Hailin* / 154

Abstract: 2014 Afghanistan Presidential Election is the first time that Afghanistan realizes power transition in the form of election since the US carried out Operation Enduring Freedom. This election is also the most important element that influences development of political situation and changes of security situation in Afghanistan before NATO troops end their tasks in the country. After a brief review of the development of this election, this paper analyzes actions and policy motives of related parties in Afghanistan and also evaluates the effectiveness of their strategies. On this basis, the paper provides a prediction on the future development of political and security situation in Afghanistan.

Keywords: Afghanistan; Presidential Election; Taliban; National Reconciliation

B V　Relations between China and the Regional Powers

B. 14　Sino-Japanese Relations: Game and Running in Transition
　　　　　　　　　　　　　　　　　　　　　　　Li Chengri / 167

Abstract: In December 2013, Shinzo Abe, the Japanese Prime Minister, visited the Yasukuni Shrine, which brought the Sino – Japanese relations into a tension state as "cold economy and cool politics" by casting a dark cloud on the

deteriorating Sino-Japanese relations since the Japanese government "purchasing Island" in 2012 illegally. The Abe regime, on one hand, has been breaking through the exercise of official explanation on the collective self-defense since the post-war decades, following with the pace of country normalization; on the other hand, carrying out the "values" diplomacy actively holding the banner of "active pacifism", while forming a significant external challenges to China'rise gradually. Currently, the Sino-Japanese relation is difficult to improve fundamentally in the short term due to the strategic game with re-positioning the bilateral relations in the running-in state.

Keywords: Abe Regime; Collective Self-defense; Transformation of Sino-Japanese Relations; Strategic Game; Re-position

B. 15　The Status quo and Trend of Sino-ROK Relations

Li Yongchun / 178

Abstract: Under the circumstance in Northeast Asia mainly by the rising rightists in Japan, Japan-DPRK's "suddenly" close and other factors, Chinese President Xi Jinping's state visit to ROK was achieved with fruitful results. China and ROK not only has enhanced the level of bilateral cooperation, but promoted a win-win relations to reach a historical height as well. Although the both sides take differences on certain issues, "the Four Partners" both side have formed greatly enriched the connotation of bilateral strategic partnership between two countries and set a new target for further development. At present, Sino-ROK relations are facing opportunities for the further development of bilateral relations. How to have a new impetus is a common task for two sides. To achieve the goal, the most important thing is to stick to the "Four Insistence".

Keywords: Sino-ROK Relations; Four Partners; Four Insistence

B. 16　The Relationship Between China and Indonesia after General Election　　　　　　　　　　　　　　　　*Xu Liping* / 190

Abstract: In 2014, Indonesia held a general election, resulting in a new Parliament and Government. After general election, Indonesia takes on a new political landscape, that means opposite parties control Parliaments. This will contain the new Government. At the same time, the new Government will face some issues such as polarization between the poor and the rich, energy security, food security and integration of ASEAN. Based on the driven force of Emerging Power of Indonesia, and charisma of the great initiative of 21st Century Maritime Silk Road, the trend of rising relationship Between China and Indonesia is irresistible.

Keywords: General Election; China; Indonesia; Comprehensive Strategic Partnership; 21st Century Maritime Silk Road

B. 17　China-India Relations: Enhancing Mutual Trust, Removing Misgivings and Two-Track Policy
　　　　　　　　　　　　　　　　Wu Zhaoli / 202

Abstract: China is committed political, economic, diplomatic and militarily to the development and consolidation of Strategic and Cooperative Partnership for Peace and Prosperity with India. Dialogue and consultation mechanisms between the two countries have been proceeding in an orderly manner, and those measures has been playing a positive role for bilateral communication and trust-building. The Modi government gave a positive but cautious response to China's foreign policy towards India, and its two-track policy toward China is developing gradually. In the near future, China's foreign policy towards India will not change, and India's two-track policy, i. e. economic cooperation and strategic balance, will be further developed. Border dispute

remains key issue affecting bilateral relations, the conditions to an ultimate solution so far are immature despite the positive factors is accumulating.

Keywords: Sino-Indian Relations; Consultation Mechanism; Two-Track Policy; Border Control

B.18 Tendency of Foreign Policy Evolution of Abbott Administration, Restrained by Economy Difficulties and the Impact to Sino-Australian Relation *Gao Cheng* / 213

Abstract: The essay reviewed foreign policy and its implementation of Australia since Abbott government formed up, analyzed Australian foreign policy and connection with Australian domestic economic situation, discussed recent tendency of Sino-Australian relationship. The article also make the comparative analyze between Abbott government's foreign policy doctrine and Gillard's power balance policy, it argued that Abbott government has been aiming at enhancing Australia-US Alliance, taking it as the milestone of Australian foreign policy, by closely and strongly supporting US's Asia and Pacific/global strategy. Such adjustment could be verified by upgrade of US's military presence in Australia, negative attitude towards China's AIDZ on East China SEA and Russia for its role in the Ukraine Crises. But due to the depression of global resources market, Australia may face long term recession, in this circumstance, China has been and will be the only external strong contributor to help Australia for its economy recovering. It will restrain Abbott government's policy choices on China, Sino-Australian cooperation will continued.

Keywords: Abbott Administration; Sino-Australian Relation; Australia-US Alliance; Iron Ore

B VI Appendix

B. 19   Chronicles of Events of the Asia-Pacific Region / 225

B. 20   Postscript / 245

社会科学文献出版社　皮书系列

❖ 皮书起源 ❖

"皮书"起源于十七、十八世纪的英国,主要指官方或社会组织正式发表的重要文件或报告,多以"白皮书"命名。在中国,"皮书"这一概念被社会广泛接受,并被成功运作、发展成为一种全新的出版型态,则源于中国社会科学院社会科学文献出版社。

❖ 皮书定义 ❖

皮书是对中国与世界发展状况和热点问题进行年度监测,以专业的角度、专家的视野和实证研究方法,针对某一领域或区域现状与发展态势展开分析和预测,具备权威性、前沿性、原创性、实证性、时效性等特点的连续性公开出版物,由一系列权威研究报告组成。皮书系列是社会科学文献出版社编辑出版的蓝皮书、绿皮书、黄皮书等的统称。

❖ 皮书作者 ❖

皮书系列的作者以中国社会科学院、著名高校、地方社会科学院的研究人员为主,多为国内一流研究机构的权威专家学者,他们的看法和观点代表了学界对中国与世界的现实和未来最高水平的解读与分析。

❖ 皮书荣誉 ❖

皮书系列已成为社会科学文献出版社的著名图书品牌和中国社会科学院的知名学术品牌。2011年,皮书系列正式列入"十二五"国家重点图书出版规划项目;2012~2014年,重点皮书列入中国社会科学院承担的国家哲学社会科学创新工程项目;2015年,41种院外皮书使用"中国社会科学院创新工程学术出版项目"标识。

中国皮书网

www.pishu.cn

发布皮书研创资讯,传播皮书精彩内容
引领皮书出版潮流,打造皮书服务平台

栏目设置:

- □ **资讯**:皮书动态、皮书观点、皮书数据、皮书报道、皮书发布、电子期刊
- □ **标准**:皮书评价、皮书研究、皮书规范
- □ **服务**:最新皮书、皮书书目、重点推荐、在线购书
- □ **链接**:皮书数据库、皮书博客、皮书微博、在线书城
- □ **搜索**:资讯、图书、研究动态、皮书专家、研创团队

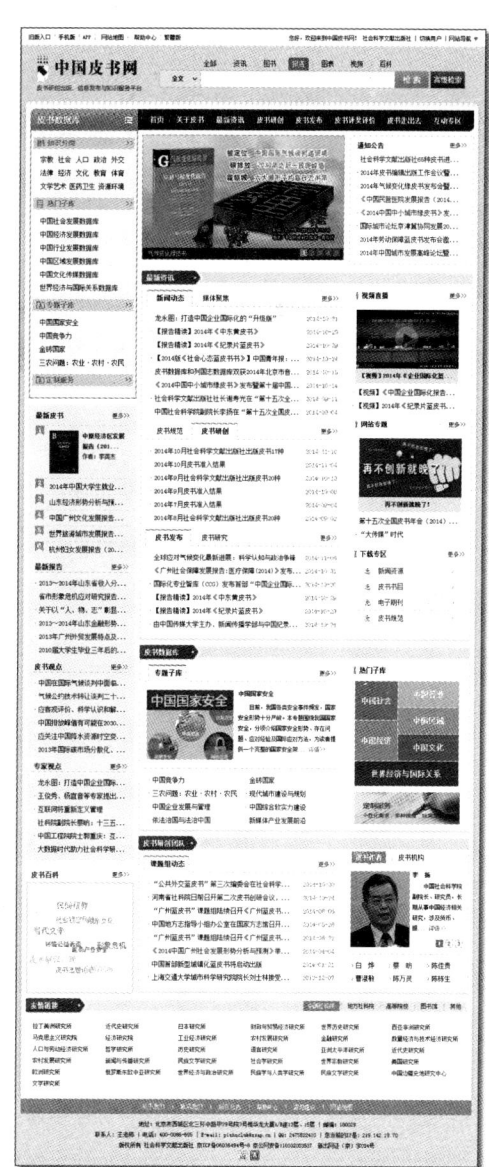

中国皮书网依托皮书系列"权威、前沿、原创"的优质内容资源,通过文字、图片、音频、视频等多种元素,在皮书研创者、使用者之间搭建了一个成果展示、资源共享的互动平台。

自2005年12月正式上线以来,中国皮书网的IP访问量、PV浏览量与日俱增,受到海内外研究者、公务人员、商务人士以及专业读者的广泛关注。

2008年、2011年中国皮书网均在全国新闻出版业网站荣誉评选中获得"最具商业价值网站"称号;2012年,获得"出版业网站百强"称号。

2014年,中国皮书网与皮书数据库实现资源共享,端口合一,将提供更丰富的内容,更全面的服务。

法律声明

"皮书系列"(含蓝皮书、绿皮书、黄皮书)之品牌由社会科学文献出版社最早使用并持续至今,现已被中国图书市场所熟知。"皮书系列"的LOGO( )与"经济蓝皮书""社会蓝皮书"均已在中华人民共和国国家工商行政管理总局商标局登记注册。"皮书系列"图书的注册商标专用权及封面设计、版式设计的著作权均为社会科学文献出版社所有。未经社会科学文献出版社书面授权许可,任何使用与"皮书系列"图书注册商标、封面设计、版式设计相同或者近似的文字、图形或其组合的行为均系侵权行为。

经作者授权,本书的专有出版权及信息网络传播权为社会科学文献出版社享有。未经社会科学文献出版社书面授权许可,任何就本书内容的复制、发行或以数字形式进行网络传播的行为均系侵权行为。

社会科学文献出版社将通过法律途径追究上述侵权行为的法律责任,维护自身合法权益。

欢迎社会各界人士对侵犯社会科学文献出版社上述权利的侵权行为进行举报。电话:010-59367121,电子邮箱:fawubu@ssap.cn。

社会科学文献出版社

权威报告·热点资讯·特色资源

皮书数据库
ANNUAL REPORT(YEARBOOK) DATABASE

当代中国与世界发展高端智库平台

www.pishu.com.cn

皮书俱乐部会员服务指南

1. 谁能成为皮书俱乐部成员？
- 皮书作者自动成为俱乐部会员
- 购买了皮书产品（纸质书/电子书）的个人用户

2. 会员可以享受的增值服务
- 免费获赠皮书数据库100元充值卡
- 加入皮书俱乐部，免费获赠该纸质图书的电子书
- 免费定期获赠皮书电子期刊
- 优先参与各类皮书学术活动
- 优先享受皮书产品的最新优惠

3. 如何享受增值服务？

（1）免费获赠100元皮书数据库体验卡

第1步 刮开附赠充值的涂层（右下）；

第2步 登录皮书数据库网站（www.pishu.com.cn），注册账号；

第3步 登录并进入"会员中心"—"在线充值"—"充值卡充值"，充值成功后即可使用。

（2）加入皮书俱乐部，凭数据库体验卡获赠该书的电子书

第1步 登录社会科学文献出版社官网（www.ssap.com.cn），注册账号；

第2步 登录并进入"会员中心"—"皮书俱乐部"，提交加入皮书俱乐部申请；

第3步 审核通过后，再次进入皮书俱乐部，填写页面所需图书、体验卡信息即可自动兑换相应电子书。

4. 声明

解释权归社会科学文献出版社所有

皮书俱乐部会员可享受社会科学文献出版社其他相关免费增值服务，有任何疑问，均可与我们联系。

图书销售热线：010-59367070/7028
图书服务QQ：800045692
图书服务邮箱：duzhe@ssap.cn

数据库服务热线：400-008-6695
数据库服务QQ：2475522410
数据库服务邮箱：database@ssap.cn

欢迎登录社会科学文献出版社官网
（www.ssap.com.cn）
和中国皮书网（www.pishu.cn）
了解更多信息

社会科学文献出版社 皮书系列
SOCIAL SCIENCES ACADEMIC PRESS (CHINA)

卡号：192463599833
密码：

子库介绍
Sub-Database Introduction

中国经济发展数据库

涵盖宏观经济、农业经济、工业经济、产业经济、财政金融、交通旅游、商业贸易、劳动经济、企业经济、房地产经济、城市经济、区域经济等领域,为用户实时了解经济运行态势、把握经济发展规律、洞察经济形势、做出经济决策提供参考和依据。

中国社会发展数据库

全面整合国内外有关中国社会发展的统计数据、深度分析报告、专家解读和热点资讯构建而成的专业学术数据库。涉及宗教、社会、人口、政治、外交、法律、文化、教育、体育、文学艺术、医药卫生、资源环境等多个领域。

中国行业发展数据库

以中国国民经济行业分类为依据,跟踪分析国民经济各行业市场运行状况和政策导向,提供行业发展最前沿的资讯,为用户投资、从业及各种经济决策提供理论基础和实践指导。内容涵盖农业,能源与矿产业,交通运输业,制造业,金融业,房地产业,租赁和商务服务业,科学研究环境和公共设施管理,居民服务业,教育,卫生和社会保障,文化、体育和娱乐业等 100 余个行业。

中国区域发展数据库

以特定区域内的经济、社会、文化、法治、资源环境等领域的现状与发展情况进行分析和预测。涵盖中部、西部、东北、西北等地区,长三角、珠三角、黄三角、京津冀、环渤海、合肥经济圈、长株潭城市群、关中一天水经济区、海峡经济区等区域经济体和城市圈,北京、上海、浙江、河南、陕西等 34 个省份及中国台湾地区。

中国文化传媒数据库

包括文化事业、文化产业、宗教、群众文化、图书馆事业、博物馆事业、档案事业、语言文字、文学、历史地理、新闻传播、广播电视、出版事业、艺术、电影、娱乐等多个子库。

世界经济与国际政治数据库

以皮书系列中涉及世界经济与国际政治的研究成果为基础,全面整合国内外有关世界经济与国际政治的统计数据、深度分析报告、专家解读和热点资讯构建而成的专业学术数据库。包括世界经济、世界政治、世界文化、国际社会、国际关系、国际组织、区域发展、国别发展等多个子库。